"十四五"职业教育国家规划教材

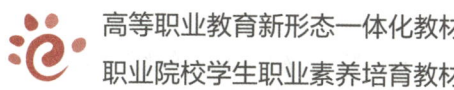
高等职业教育新形态一体化教材
职业院校学生职业素养培育教材

雷锋式职业人素质训练教程

（第三版）

主　编　罗慧玲　佟　艳　张秀洁
副主编　黄锦玲　胡慧敏　李成蹊
　　　　赵丽梅　王青春　赵金轶

中国教育出版传媒集团
高等教育出版社·北京

内容提要

本书是"十四五"职业教育国家规划教材、职业院校学生职业素养培育教材。本书课程设计凸显"素质训练"特色，能有效地增强高职职业素养课程教学的互动性和实效性。本书共有爱国、责任、高效、敬业、创新、诚信、友善、奉献八个素质点，每个素质点下有两个素质训练项目，每个训练项目以"读雷锋日记""讲雷锋故事""学职场雷锋""悟品质内涵""测职业品质""练职业素质""成良好习惯"七个任务为主线进行设计。

作为高职院校及企事业单位大力弘扬雷锋精神、培育高素质工匠人才的职业素养实训教材，本书旨在培育具有"螺丝钉"般敬业精神和"钉子"般创新精神的"雷锋式职业人"，对全面提升职业人的道德素质和职业素养、促进我国民族产业的进步具有深远的意义。

本书配套有在线开放课程，使用者可登录"智慧职教"网站学习课程。本书随书二维码链接了微课等相关资源，可供学生即扫即学。教师如需获取电子课件等配套资源，请登录"高等教育出版社产品信息检索系统"（https://xuanshu.hep.com.cn/）免费下载。

图书在版编目（CIP）数据

雷锋式职业人素质训练教程 / 罗慧玲，佟艳，张秀洁主编. -- 3版. -- 北京：高等教育出版社，2025.8.
ISBN 978-7-04-065513-1

Ⅰ. B822.9

中国国家版本馆CIP数据核字第20251LG160号

LEIFENGSHI ZHIYEREN SUZHI XUNLIAN JIAOCHENG

策划编辑	李伟楠 李沁濛	责任编辑	李沁濛	封面设计	王 琰	版式设计	马 云
责任绘图	裴一丹	责任校对	刘丽娴	责任印制	耿 轩		

出版发行	高等教育出版社	网　址	http://www.hep.edu.cn
社　址	北京市西城区德外大街4号		http://www.hep.com.cn
邮政编码	100120	网上订购	http://www.hepmall.com.cn
印　刷	山东韵杰文化科技有限公司		http://www.hepmall.com
开　本	787mm×1092mm 1/16		http://www.hepmall.cn
印　张	19	版　次	2016年9月第1版
字　数	370千字		2025年8月第3版
购书热线	010-58581118	印　次	2025年8月第1次印刷
咨询电话	400-810-0598	定　价	44.80元

本书如有缺页、倒页、脱页等质量问题，请到所购图书销售部门联系调换
版权所有　侵权必究
物　料　号　65513-00

编写委员会

顾　　问：曲建武　李建华　卓长立

主　　任：祝　磊

常务副主任：杨延斌　侯玉林　李　毅　张政利　陈建军　刘凤岐　刘晓飞　时　伟
　　　　　　罗慧玲

副　主　任：胡克伟　陈立新　李　健　王青春　贾德民　曲耀春　黄铭珊　赖浪涛
　　　　　　张宝利　黄策先　陈　平

委　　员：佟　艳　张秀洁　李立华　李吉珊　黄锦玲　罗　珍　胡慧敏　李成蹊
　　　　　　赵金轶　霍　峻　白秀秀　熊美兰　赵丽梅　解雅梦　赵　菲　张远航
　　　　　　余旭阳　肖　伟

参编单位：
　　　　　长沙职业技术学院　　　　　　　长沙民政职业技术学院
　　　　　辽阳职业技术学院　　　　　　　抚顺职业技术学院
　　　　　辽宁农业职业技术学院　　　　　长沙幼儿师范高等专科学校
　　　　　锦州师范高等专科学校　　　　　营口职业技术学院
　　　　　辽宁工程职业学院　　　　　　　辽宁轨道交通职业学院
　　　　　福建卫生职业技术学院　　　　　烟台汽车工程职业学院
　　　　　梧州职业学院　　　　　　　　　山河智能装备股份有限公司
　　　　　济南阳光大姐服务有限责任公司　湖南雷锋纪念馆

第三版前言

雷锋是时代的楷模,雷锋精神是永恒的。

2019年中华人民共和国成立70周年,雷锋获评"最美奋斗者";2021年中国共产党成立100周年,雷锋精神被纳入中国共产党人的精神谱系。2023年习近平总书记作出重要指示指出,"60年来,学雷锋活动在全国持续深入开展,雷锋的名字家喻户晓,雷锋的事迹深入人心,雷锋精神滋养着一代代中华儿女的心灵。实践证明,无论时代如何变迁,雷锋精神永不过时。"

党的二十大报告指出:"在全社会弘扬劳动精神、奋斗精神、奉献精神、创造精神、勤俭节约精神,培育时代新风新貌。"雷锋精神正是这"五种精神"的有机统一。雷锋的"螺丝钉"精神和"钉子"精神与现代企业所强调的"爱岗敬业""精益求精"的精神品质,其内涵实质高度一致。为社会输送大批"雷锋式职业人",为行业企业培养大批"雷锋式工匠人才",为推进中国式现代化建设提供高素质人才支撑,正是新时代赋予我们的责任使命。

早在2013年3月毛主席题词"向雷锋同志学习"50周年之际,长沙职业技术学院率先提出了培育"雷锋式职业人"的育人理念,成立了湖南省社科普及基地"雷锋精神研究基地",围绕雷锋精神融入高技能人才培养开展理论与实践研究,为"雷锋式职业人培育工程"的实践提供理论支撑。本教材依托的课题有:教育部人文社会科学研究项目"高职高专院校思想政治理论课在培育新时代雷锋式职业人中有效途径研究与实践"(项目号:18JDSZK130)、湖南省社科基金课题"雷锋精神与现代职业精神融合研究"(项目号:14WTC28)、湖南省教育科学"十二五"规划课题"雷锋精神融入高职学生职业精神培育研究"(项目号:XJK014BZY042)、湖南省大学生思想政治教育示范建设项目"高职雷锋式职业人素质训练工程"(项目号:14FS17),通过研究构建了"雷锋式职业人"职业品质内容体系和培育模式,创新了高校德育方法与途径,提高了学生职业道德素质,彰显了雷锋精神的时代价值。

12年来,长沙职业技术学院先后携手抚顺职业技术学院、辽阳职业技术学院、辽宁农业职业技术学院、济南阳光大姐服务有限责任公司、山河智能装备股份有限公司等20余家单位,深入学习领会习近平总书记关于传承和弘扬雷锋精神的重要论述和重要指示,依据中共中央办公厅、国务院办公厅印发的《关于推动现代职业教育高质量发展的意见》《关于加强新时代高技能人才队伍建设的意见》《关于深化现代职业教育体系建设改革的意见》等文件精神,不断加强和改进大学生思想政治教育工作,培育和践行社会主义核心价值观,致力于通过传承和弘扬雷锋精神,不断提升学生职业道德素质,为社会培养大批高素质能工巧匠和高技能人才,为此共同打造了这本具有时代特色的适用于应用型本科和职业院校学生职业素质提升的实践教学教材。2022年,本教材获评"十四五"职业教育国家规划教材,相关成果获评湖南省职业教育教学成果奖特等奖。

  教材拥有丰富的学习雷锋精神的教学资源,所配套的教学资源库是长沙职业技术学院罗慧玲教授主持建设"民族文化传承与创新资源库——雷锋精神传承与创新资源库",开发在线课程共24门,其中有3门为湖南省职业教育精品在线开放课程,目前资源库在国家智慧职教平台上使用,注册用户超10万人,全国高校企业用户单位超过2 000家。教学中如何使用教材与配套资源呢?一是在思政课上使用。教材中设计的素质训练项目与《思想道德与法治(2023年版)》相关章节内容进行了充分对接(见绪论),教师可以在思政课上进行素质训练,让思政课更鲜活,更有体验感,有利于提高思政课的互动性与实效性。二是以课程思政方式融入专业课。资源库丰富的学雷锋素材以思政元素融入专业课教学中,有力推动了课程思政与思政课程同向同行。三是以实践教学方式用于主题班会课和社团活动。教材采用模块化教学和项目任务驱动的体例设计,配套开发了"重走雷锋路"(湖南线和辽宁线)两条研学线路云课堂,具有实践性、互动性、体验性,能有效推动知信行统一。教材用于主题班会课,可以帮助辅导员有效开展素质训练活动和社会实践,提高学生道德素质与职业素养,使用时可根据学生专业不同,选择资源库上对应专业的课程来配套学习使用,增强针对性和实效性。

  2023年3月教育部印发《教育系统关于新时代学习弘扬雷锋精神 深入开展学雷锋活动的实施方案》指出,"教育系统要坚持把传承雷锋精神作为立德树人的重要内容,立足战线特点和优势,坚持知信行统一,将雷锋精神深度融入学校教育教学和人才培养的全过程、各方面。"为此,长沙职业技术学院创建了全国高校首家"雷锋精神职业教育实践教学基地"和"雷锋精神职业教育展示馆",基地立项为湖南省社科普及基地、湖南省新时代文明实践中心、长沙市爱国主义教育基地,至今接待调研参观人员超过10万人次。2023年3月3日长沙职业技术学院牵头成立了"全国雷锋精神职业教育联盟",来自全国150余所职业院校和企事业单位代表出席活动。2024年5月15日,高校"常态化学雷锋"专题研讨活动暨"重走雷锋路"启动仪式在长沙职业技术学院举行,2024年11月9日全国雷锋精神职业教育联盟第二届年会在辽阳职业技术学院召开。至此,在全国职业院校中掀起了常态化学雷锋的新高潮。

  2025年1月,中共中央、国务院印发《教育强国建设规划纲要(2024—2035年)》指出要"打造培根铸魂、启智增慧的高质量教材""开展中国共产党人精神谱系教育""充分发挥红色资源育人功能,支持学生参加红色研学之旅"。为适应新时代新要求,教材编写组启动了第3次改版。由"时代楷模"大连海事大学曲建武教授,长江学者、武汉大学博士生导师李建华教授,全国人大代表、济南阳光大姐服务有限责任公司卓长立董事长任教材顾问;长沙职业技术学院党委书记祝磊担任编委会主任;由湖南省教书育人楷模、湖南省思政名师工作室主持人、湖南省社科普及基地——雷锋精神职业教育研究基地首席专家、长沙职业技术学院党委副书记罗慧玲教授任第一主编,负责本书顶层设计、框架策划、体例编写、总纂定稿等工作。具体章节的编写人员是:

前言及绪论　长沙职业技术学院　罗慧玲;

素质一　辽阳职业技术学院　高群(微课:孙长明、夏菁菁);

素质二　抚顺职业技术学院　张秀洁(微课:王丹、李斯瑶);

素质三　长沙职业技术学院　胡慧敏、李成蹊(微课:张红鑫、高群、刘朝霞);

素质四　抚顺职业技术学院　王志泓(微课:张东亮、史永华);

素质五　长沙职业技术学院　黄锦玲、向娅妮(微课:张秀洁、王志泓、黄锦玲、王华丽);

素质六　辽阳职业技术学院　周诗宇(微课:姚玲、解雅梦);

素质七　抚顺职业技术学院　孙长明(微课:杨炼、黄琴、高莹);

素质八　辽阳职业技术学院　郭靖(微课:周泽晞、谭云桥);

附录案例一　长沙职业技术学院　罗慧玲(微课:黄策先);

附录案例二　抚顺职业技术学院　尹瑞雪;

附录案例三　辽阳职业技术学院　佟艳;

附录案例四　福建卫生职业技术学院　熊美兰;

附录案例五　济南阳光大姐服务有限公司　陈平;

案例审编:营口职业技术学院王青春、锦州师范高等专科学校赵金轶。

视频审编:长沙职业技术学院何潇湘、刘成荧。

由于时间仓促,本书内容难免存在不妥之处,敬请批评指正。

编　者

2025 年 6 月

第一版前言

本书是长沙职业技术学院与抚顺职业技术学院、辽阳职业技术学院、浙江商业职业技术学院等兄弟院校,依据教育部《高等职业教育创新发展行动计划(2015—2018)》(教职成〔2015〕9号)精神,为加强和改进大学生思想政治教育工作、培育和践行社会主义核心价值观、弘扬雷锋职业精神、提升高职学生职业道德素质而共同打造的思想政治理论课实践教学教材,是湖南省社科基金课题"雷锋精神与现代职业精神融合研究"(项目号:14WTC28)和湖南省教育科学"十二五"规划课题"雷锋精神融入高职学生职业精神培育研究"(项目号:XJK014BZY042)的理论研究成果,也是湖南省大学生思想政治教育示范建设项目"高职雷锋式职业人素质训练工程"(项目号:14FS17)的实践研究成果。

本书由长沙职业技术学院、抚顺职业技术学院、辽阳职业技术学院、浙江商业职业技术学院4所学院组织教师共同编写。雷锋的足迹由湖南长沙走向辽宁辽阳、抚顺,如今,雷锋精神的种子已经播撒在中华大地上。长沙职业技术学院地处雷锋第一故乡雷锋镇,抚顺职业技术学院和辽阳职业技术学院地处雷锋第二故乡辽宁省,浙江商业职业技术学院一直致力于弘扬雷锋职业精神,4所院校在获取雷锋文献研究资料、接受雷锋精神熏陶等方面具有得天独厚的优势,一直坚持用雷锋精神兴校育人,并在人才培养上取得了显著成效。

2013年3月,在毛主席题词"向雷锋同志学习"50周年之际,长沙职业技术学院率先提出了培养"雷锋式职业人"的教育理念,并在全院学生中全面推进雷锋式职业人素质训练工程。通过素质训练、日常管理、课堂渗透的方式来实现雷锋职业品质的内化,成效明显,学生素质得到全面提升。2014年7月至2016年3月,长沙职业技术学院先后和3所省内兄弟院校和3所省外兄弟院校签订了共育雷锋式职业人的合作协议,形成了最早的雷锋式职业人教育联盟。

2014年,长沙职业技术学院成立雷锋职业精神研究基地,通过系列研究为实践育人提供理论支撑,特别是通过湖南省社科课题"雷锋精神与现代职业精神融合研究"和长沙市社科重大课题"雷锋精神职业化研究"的理论研究、湖南省高校大学生思想政治教育示范建设项目"雷锋式职业人素质训练工程"的实践研究,全面构建了"雷锋式职业人"职业品质内容体系和培育模式,创新了高校德育方法与途径,提高了学生职业道德素质,促进了雷锋精神职业化进程,彰显了雷锋精神的时代意义。本书是该系列课题的研究成果。4所学院在此基础上联手打造新教材,共同培育雷锋式职业人,这些新理念、新举措得到了社会各界的高度赞许和兄弟院校的大力支持,在此一并表示感谢。

本书由中南大学博士生导师、伦理学专家李建华教授担任顾问,长沙职业技术学院院长张红专教授任主审,对编写全过程进行指导和审定。长沙职业技术学院工会主席兼思政课部主任罗慧玲副教授负责本书的顶层设计、框架策划、总纂定稿等工作。抚顺职业技术学院院长张树和、副院长陈锡德,辽阳职业技术学院院长王会勇、思政部主任佟艳,浙江商业职业技术学院校长张宝忠、社会科学学院院长王勇教授负责本书的审定工作。长沙职业技术学院胡慧敏、彭赛红、黄琴老师负责书稿校订工作。

具体章节的编写人员是:

前言、绪论、后记——长沙职业技术学院　罗慧玲
素质1——辽阳职业技术学院　李佳霖
素质2——抚顺职业技术学院　张秀洁
素质3——长沙职业技术学院　李吉珊
素质4——抚顺职业技术学院　王志泓
素质5——长沙职业技术学院　黄锦玲
素质6——辽阳职业技术学院　解雅梦
素质7——抚顺职业技术学院　孙长明
素质8——辽阳职业技术学院　肖凤伟
附录案例1——长沙职业技术学院　罗慧玲
附录案例2——抚顺职业技术学院　王晓莹
附录案例3——辽阳职业技术学院　佟艳

由于时间仓促,大量文稿内容有待修订完善,不妥之处,敬请批评指正。

编　者

2016年8月

目 录

绪论　1

素质一　爱国　7
项目一　爱国爱家——家国情怀训练 // 8
项目二　感恩报恩——感恩行动训练 // 21

素质二　责任　37
项目三　信念坚定——责任意识训练 // 38
项目四　目标明确——人生规划训练 // 52

素质三　高效　69
项目五　积极行动——行动力训练 // 70
项目六　持之以恒——坚持力训练 // 85

素质四　敬业　99
项目七　专心致志——专注力训练 // 100
项目八　精益求精——细节意识训练 // 112

素质五　创新　125
项目九　勇于创新——创新思维训练 // 126
项目十　敢于创业——创业能力训练 // 141

素质六　诚信　155
项目十一　诚实守信——诚信意识训练 // 156
项目十二　遵纪守法——法治思维训练 // 171

素质七　友善　185
项目十三　文明有礼——交往礼仪训练 // 186
项目十四　团队协作——合作能力训练 // 200

素质八　奉献　213
项目十五　宽厚仁爱——爱的能力训练 // 214
项目十六　甘于奉献——豁达品质训练 // 228

附录一　高职院校开展"雷锋式职业人"培育的典型案例　241
案例一　打造常态化学雷锋的职校样板——长沙职业技术学院用雷锋精神兴校育人案例 // 242

案例二 用雷锋精神引领校园文化建设——抚顺职业技术学院用雷锋精神兴校育人案例 // 250

案例三 让优秀成为习惯 做雷锋式职业人——辽阳职业技术学院用雷锋精神兴校育人案例 // 256

案例四 争当追"锋"青年 做雷锋式白衣天使——福建卫生职业技术学院用雷锋精神兴校育人案例 // 263

案例五 雷锋伴我行 阳光进万家——济南阳光大姐开展学雷锋活动八年探索与实践 // 269

附录二 精品阅读 275

第一篇 忠于"职业信仰"——像雷锋那样追求职业理想 // 276

第二篇 乐观、感恩、负责——像雷锋那样工作 // 280

附录三 雷锋生平 283

参考文献 287

绪 论

2023年2月，习近平总书记对深入开展学雷锋活动作出重要指示，"让学雷锋在人民群众特别是青少年中蔚然成风，让学雷锋活动融入日常、化作经常，让雷锋精神在新时代绽放更加璀璨的光芒，为全面建设社会主义现代化国家、全面推进中华民族伟大复兴凝聚强大力量。"雷锋精神作为中华民族的时代精神，与社会主义核心价值观高度契合，蕴含了丰富的价值内涵，展现出经久不衰的时代魅力。雷锋是人民心中的道德丰碑，也是爱岗敬业、精益求精的优秀职业人。

一、雷锋是个优秀职业人

雷锋不仅是一名优秀的军人，也是一名优秀的职业人。他16岁参加工作，一生经历了公务员、农民、工人、军人4个职业岗位。在每一个工作岗位上，他都能将工作做到极致，"干一行爱一行、专一行精一行"，既具有"钉子"般的开拓创新精神，也具有"螺丝钉"般的爱岗敬业精神。短短6年职业生涯，雷锋多次立功，获奖无数，由一名孤儿迅速成长为抚顺市人大代表，他的职业生涯和成长历程可以作为年轻人的重要借鉴，他高尚的职业道德和优秀的职业品质值得每一个年轻人认真学习。

（一）感恩与责任

雷锋在日记中写道："如果你是一滴水，你是否滋润了一寸土地？如果你是一缕阳光，你是否照亮了一片黑暗？"拥有生命，就应该感恩天地万物；生活美好，就要回报社会。雷锋对党和国家充满感激之情，在感恩的动力驱使下，他用自己的行动回报党和国家的培育，最终成长为一个全心全意为人民服务的无私奉献者和责任担当者。

（二）敬业与创新

从通讯员、拖拉机手、工人、战士的职业发展历程中，我们可以看出，雷锋不仅是脚踏实地的实干家，更是勇于探索的创业者和创新者。他"干一行爱一行"，积极主动，勤勤恳恳，忠于职守，脚踏实地地把工作做到极致，这就是雷锋爱岗敬业、精益求精的

"螺丝钉"精神。他"专一行精一行",钻研业务,自强不息,锐意进取,大胆创新,"一个问题总要想出三种办法来解决",这就是雷锋的艰苦创业、开拓创新的"钉子"精神。

(三) 高效与诚信

雷锋认为,人的生命是有限的,只有将有限的生命投入到无限的为人民服务当中,才能实现自己的人生价值。因此,他学会了珍惜时间、管理时间、利用时间。追求效率,这是雷锋积极向上的人生态度。雷锋具有严谨的规则意识和法律思维。他忠诚老实,诚实守信。老百姓送的东西,什么可以要,什么不能要,他清清楚楚,绝不含糊。

(四) 友善与奉献

每个人在自己的成长道路上都不可避免地会遇到困难,雷锋能正确认识困难,并在不断战胜困难中赢得自信和快乐。看过雷锋照片的人都知道,他几乎所有的照片都是憨厚的笑脸,彰显出他的乐观向上、知足惜福的人生态度;在工作中,雷锋更懂得与人协作,关心他人,乐于奉献。正如他自己所说:"对待同志要像春天般的温暖。"谦卑温和、乐观友善、豁达奉献,这是雷锋经过历练后确定的人生态度。

二、时代呼唤雷锋式职业人

党的二十届三中全会指出:"教育、科技、人才是中国式现代化的基础性、战略性支撑。"世界各国的竞争说到底是人才竞争、教育竞争。培育雷锋式工匠人才,是适应青年学生健康成长,培养担当民族复兴大任的时代新人的需要;是适应现代企业成长壮大,增强企业核心竞争力的需要;是适应民族产业发展进步,加快建设现代化强国的需要。

(一) 青年学生健康成长的需要

"育人的根本在于立德。"我们的教育绝不能培养出一些"长着中国脸,没有中国心,不带中国情,缺少中国味"的人。雷锋是沐浴着党的阳光雨露成长起来的,服务人民、奉献社会是他始终不渝的人生追求,雷锋精神正是社会主义核心价值观的生动体现。培养雷锋式工匠人才,推进雷锋精神进教材、进课堂、进头脑,有利于促进新时代青年的身心和谐发展,塑造新时代青年的良好精神面貌,培养德智体美劳全面发展,担当民族复兴大任的社会主义建设者和接班人。

(二) 现代企业成长壮大的需要

任何企业的竞争归根到底是人才的竞争,而人才的核心竞争力不仅仅是技术技能,还有职业精神和职业素质。一个具有优秀品质的人,走到哪里都会受到欢迎,创造闪闪发光的价值。雷锋是个优秀的职业人,这是由他的优秀品质决定的,而不在于他从事什么职业。高素质技能人才是支撑企业创新发展的重要力量,培养大批雷锋式工匠人才,能够更好适应企业需要,缓解就业结构性矛盾;更能为企业注入强大动能,增强企业发展活力和核心竞争力。

(三) 民族产业发展进步的需要

当今世界百年未有之大变局加速演进、科技革命产业变革在深入发展,我国迈上全面建设社会主义现代化国家新征程,要以新质生产力强劲推动高质量发展。劳动者是生产力中最活跃、最积极的因素。雷锋身上所展现的精湛技术、职业素养和创新意识与新质生产力所需要的新劳动者是高度契合的,培养大批雷锋式工匠人才,有利于推动劳动要素优化组合,推进产业深度转型升级,以高素质劳动者大军支撑高质量发展,以中国式现代化全面推进中华民族伟大复兴。

三、雷锋式职业人的核心素质

2012年3月2日,中共中央办公厅印发《关于深入开展学雷锋活动的意见》,将雷锋精神时代内涵概括为五个方面:热爱党、热爱祖国、热爱社会主义的崇高理想和坚定信念;服务人民、助人为乐的奉献精神;干一行爱一行、专一行精一行的敬业精神;锐意进取、自强不息的创新精神;艰苦奋斗、勤俭节约的创业精神。2021年9月,雷锋精神纳入中国共产党人精神谱系。

由此可见,"雷锋精神"和"社会主义核心价值观""现代工匠精神"的实质内涵是高度契合的。"雷锋式职业人"是指用雷锋精神武装头脑并指导职业行为,像雷锋一样理想信念坚定、爱岗敬业、敢于创新、勇于创业、乐于奉献的德技双馨的优秀职业人。

本研究团队将"雷锋精神""社会主义核心价值观""现代工匠精神"三者有机结合,提炼出"雷锋式职业人"的8种核心素质,包括爱国、责任、高效、敬业、创新、诚信、友善、奉献。8种核心素质可分为动力素质、行动素质、合作素质三类。其中,爱国、责任属于动力素质;高效、敬业、创新属于行动素质;诚信、友善、奉献属于合作素质。这3种类型的8种素质组成的雷锋式职业人的核心素质体系(如图0-1)。从职业素质形成的心理学机制来看,动力素质是基础,是产生行动素质和合作素质的内在驱动力;行动素质是在动力素质的基础上经过自我激励而派生出来的素质;合作素质是在动力素质基础上经过人际协调而派生出来的素质。因此行动素质和合作素质由动力素质派生出来,反过来行动素质和合作素质通过自我激励和人际互动又增强和巩固了动力素质,促进一个人更加感恩、更具责任感,表现出坚定的信仰和强大的内驱动力。8种素质相互作用,有机地构成了雷锋式职业人的核心素质体系。

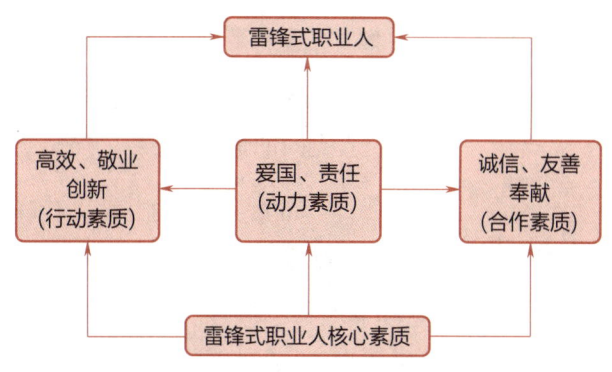

图0-1 雷锋式职业人核心素质体系

学习过程中,我们要更加注重通过素质训练实现品质内化。同时,本书将雷锋式职业人八种核心素质的训练项目与《思想道德与法治》(2023 年版)的相关章节内容进行了对接(表 0-1),内容上与思政课的相关章节融会贯通;形式上增加了思政课的互动性,有效地提高了思政课的实效性。

表 0-1　本书与《思想道德与法治》(2023 年版)章节一体化实训设计一览表

核心素质及类型		素质训练项目	素质训练内容举例	《思想道德与法治》对接章节
动力素质	1. 爱国	爱国爱家	家国情怀训练	撰写爱国电影观后感、"中国制造 2025"主题演讲、制作"中国美、家乡美"设计方案	第三章第二节 做新时代的忠诚爱国者
		感恩报恩	感恩行动训练	计算"我的成长成本"、撰写一篇感恩父母的日志、讲述"成长中的恩人"的故事;"企业家回报社会"案例训练、感恩训练	第五章第二节 吸收借鉴优秀道德成果
	2. 责任	信念坚定	责任意识训练	讲述"我的家庭使命""中国梦和我的梦"演讲;职责意识训练、自信心训练、积极心态训练、担当意识训练	第二章第一节 理想信念的内涵及重要性
		目标明确	人生规划训练	制订学业生涯规划、职业生涯规划、制订人生规划	
行动素质	3. 高效	积极行动	行动力训练	时间管理训练、终结拖延训练、学会做计划写行动日志	第一章第二节 正确的人生观
		持之以恒	坚持力训练	意志力训练、耐挫能力训练	第一章第三节 创造有意义的人生
	4. 敬业	专心致志	专注力训练	自制力训练(嗜好收敛、情绪管理)、注意力训练	第四章第一节 全体人民共同的价值追求
		精益求精	细节意识训练	注重细节、放物有序训练	
	5. 创新	勇于创新	创新思维训练	发散思维训练、逆向思维训练、辩证思维训练	第三章第三节 让改革创新成为青春远航的动力
		敢于创业	创业能力训练	空间管理能力训练、工作任务管理训练、压力管理训练、吃苦能力训练、共赢思维训练、节约意识训练、自强精神培育训练	第三章第一节 中国精神是兴国强国之魂

续表

核心素质及类型			素质训练项目	素质训练内容举例	《思想道德与法治》对接章节
合作素质	6.诚信	诚实守信	诚信意识训练	诚实案例训练、劳动合同训练、契约意识训练、信守承诺训练、质量意识训练	第五章第三节 投身崇德向善的道德实践
		遵纪守法	法治思维训练	法律思维训练、底线思维训练、规则意识训练、权利义务意识训练	第六章第四节 自觉尊法学法守法用法
	7.友善	文明有礼	交往礼仪训练	口头语言表达训练、身体语言表达训练、站姿坐姿训练、接待礼仪训练、微笑训练、问候语训练	第五章第三节 投身崇德向善的道德实践
		团队协作	合作能力训练	同级合作训练——尊重理解、随和大度、示弱求助、共赢思维；上下级合作训练——服从意识、大局意识、超前意识	第五章第三节 投身崇德向善的道德实践
	8.奉献	宽厚仁爱	爱的能力训练	共情倾听训练、目光赞赏训练、真诚赞美训练、求同存异训练、包容心训练、做有心人训练	第五章第二节 吸收借鉴优秀道德成果
		甘于奉献	豁达品质训练	分享意识训练、服务能力训练、大局意识训练、生命感悟训练	第一章第三节 创造有意义的人生

四、做新时代"雷锋式职业人"

2018年9月28日，习近平总书记在抚顺市雷锋纪念馆参观时指出："如果13亿多中国人、8 900多万党员、400多万党组织都能学习雷锋精神，都能在自己的岗位上做一颗永不生锈的螺丝钉，我们的凝聚力、战斗力将无比强大，我们将无往而不胜。"建设社会主义现代化国家需要成千上万具有优秀职业品质的青年人，用雷锋职业精神武装起来的大学生，必将成为产业发展、民族进步的主力军。我们要严格要求自己，以习近平新时代中国特色社会主义思想为指导，传承和弘扬雷锋精神，在新征程上做新时代的新雷锋。

(一)立志高远，胸怀宽广

心有多大，舞台就有多大。一个自私自利、没有大局观念的人，不可能有广阔的发展前景。雷锋精神的实质，是全心全意为人民服务。作为一位职业人，要将个人前途和国家命运结合起来,将个人选择和社会需要结合起来。胸怀国家发展、民族兴衰,只有这样,我们才能获得动力,在工作中才能严格要求自己,用一丝不苟的精神促进产业发展。

(二) 立即行动,重在实践

雷锋的品质体现在日常行为的点点滴滴,真正要铸就雷锋精神,关键在于实践与行动。我们要像雷锋那样,发扬"螺丝钉"精神,干一行爱一行、爱岗敬业、扎扎实实,勤勤恳恳地工作;像雷锋那样,发扬"钉子"精神,用"挤"劲儿和"钻"劲儿,管理时间,钻研技术,精益求精,大胆创新;像雷锋那样,艰苦奋斗,勤俭节约,独自成长,担当责任;像雷锋那样,向需要帮助的人伸出援助之手,赠人玫瑰,手留余香。这些都应该体现在我们每一天的日常行为之中。因为,品质是一种沉淀。

(三) 自我反省,自我激励

雷锋喜欢写日记,是因为他是一个懂得自我反省、自我总结的人。人的灵魂正是在自我反思中得到升华。曾子曰:"吾日三省吾身。"人总有犯错误的时候,总需要一点时间坐下来总结反省。我们可以在晚上睡觉前进行自我反省、自我总结,边回顾当天学习工作,边记录自省内容,并对第二天的学习工作做好安排,以便提高学习工作效率,避免相同错误。这种"自省+计划"的自我管理训练非常有利于自我激励品质的形成。

课程介绍

人与动物最大的差异就是人的社会性,人与人最大的差异是人的内在品质,人的品质从自身角度来说,决定了个人的精神境界和身心健康;从社会角度来说,决定了社会文明的程度,进而决定人们的幸福指数,以及整个社会的凝聚力和发展前景。

素质一

爱国

项目一

爱国爱家——家国情怀训练

> 对每一个中国人来说,爱国是本分,也是职责,是心之所系、情之所归。对新时代中国青年来说,热爱祖国是立身之本、成长之基。
> ——2019 年 4 月 30 日习近平在纪念五四运动 100 周年大会上的讲话

训练目的

理解家国情怀的基本内涵,铸牢中华民族共同体意识,厚植家国情怀、涵养进取品格,以奋斗姿态激扬青春,积极投身社会主义现代化强国建设,拥有像雷锋那样"爱国爱家"的职业品质。

▶ 任务一:读雷锋日记

现在我是普通一兵,对党和人民没做出什么贡献,但是我有决心,永远听党和毛主席的话,紧紧跟着党和毛主席走,永远忠于党,忠于人民,兢兢业业为党工作一辈子,老老实实为人民服务,坚决完成黄继光未完成的事业。我随时准备献身祖国,必要时,我一定像黄继光那样,贡献自己的生命,做祖国人民的好儿子。

(1962年4月15日)

任务二:讲雷锋故事

义务劳动是最好的"止疼药"

1957年初夏的一个星期天,雷锋因腹痛出门取药,在归队的路上看到抚顺市第二建筑公司正在将原来的灰渣场改建为"本溪路小学"。雷锋听闻由于砌砖师傅们工作速度快,导致砖头紧缺,需要人手加快运砖速度,他立马忘记了出门的原因,撸起袖子,推着一辆独轮车,迅速加入了运砖的队伍中。

工人们发现了雷锋,纷纷询问雷锋是哪个单位的,谁叫他来干活的,雷锋却笑而不语,埋头干活。雷锋的行动,受到了工地人员的关注,工地的女播音员激动地在大喇叭里说道:"有一位不愿透露姓名的解放军战士,毅然放弃休息时间,加入我们的队伍,与我们并肩战斗,他说想为我们承建的小学添一块砖。这位战士已经不声不响地推了十几车砖了。"女播音员继续提高声音说道:"同志们,这名解放军战士用满腔热情为社会主义添砖加瓦,让我们向他学习,鼓足干劲,为确保本溪路小学今年秋季开学而奋斗!"受到广播消息的鼓舞,工地上的工人们争分夺秒,干得更加起劲了。不一会儿,砖块数量就满足了砌砖的需要。

午休的哨子响起,雷锋完成了任务,正准备走时,女播音员领着建筑公司的团总支书记跑过来围住雷锋表达感谢,并询问他的姓名。在周围人的强烈要求下,雷锋不得不留下自己的姓名和单位信息。下午抚顺市第二建筑公司工区党总支组织工人敲锣打鼓把感谢信送到了雷锋所在的队伍,雷锋的班长听说了这件事情,又关心又责备地对雷锋说:"你看你这个星期天过的!生病还去干活,快点吃药。"雷锋笑着对班长说:"我现在都好了,我发现参加义务劳动是最好的止疼药。"

(来源:《榜样·雷锋的故事》,有删改)

【故事启迪】

雷锋是一个心中始终装着祖国和人民的人,即使在自己生病的情况下,遇到义务劳动也主动带病参加。我们要像雷锋那样全心全意为人民服务,从生活中的小事做起,主动承担社会责任,乐于奉献、服务人民。

任务三：学职场雷锋

1. 倡导爱国奉献精神 做新时代奋斗者
——记"时代楷模"王继才

王继才（1960—2018），2003年10月加入中国共产党，曾任江苏省灌云县开山岛民兵哨所所长。

1986年至2018年，王继才与妻子克服重重困难，守卫孤岛32年。在异常的困难面前，他从不低头，在邪恶势力面前更表现出了一位守岛卫士的凛然正气。哪怕被犯罪分子高价利诱，甚至打击报复，他也从未放弃守卫开山岛。32年来，夫妻二人发现并报告9起走私偷渡线索，其中6次被成功破获，为国家挽回巨额经济损失。

为保障开山岛的安全，王继才夫妻的巡岛工作从未间断。"突然海面狂风骤起，刮得我们睁不开眼，但是我们还是坚持巡查一遍岛的周围和海面。"这是2013年8月12日王继才在巡逻日志中写到的。巡岛一周需要大概1小时，岛上还有很多陡峭的台阶，王继才身体不好，一天两次巡岛工作并不轻松。营房建在小岛高处，一边从门口到操场有109级台阶，另一边到操场有62级，这段路一共171级台阶，岛上共有台阶508级。32年，23 000多小时的巡岛，这里的每一级台阶、每一块岛石都是夫妻俩守岛的见证。

只要天气允许，王继才夫妇每天都会升国旗，哪怕没有国歌伴奏，没有一根像样的旗杆，也从来没有停过。他曾说："岛再小，它也是我们祖国的一部分。"1993年，开山岛民兵哨所被国防部嘉奖为"以劳养武"先进单位，获得江苏省军区一类民兵哨所的荣誉。2014年，王继才夫妇被评为全国"时代楷模"。2018年7月27日，王继才在执勤时突发疾病，经抢救无效去世，年仅58岁。

2018年8月，中共中央总书记习近平对王继才同志的先进事迹作出重要指示，他强调：我们要大力倡导爱国奉献精神，使之成为新时代奋斗者的价值追求。32年来，王继才以孤岛为家，与海水为邻，尽忠职守，不负党、不负祖国、不负人民的重托，将爱国主义精神付诸行动，奉献自己的美好年华，为祖国边疆筑起一道坚固的堡垒，用生命诠释了共产党员的使命与担当。王继才同志把爱国之情、报国之志融入国家改革发展的伟大事业之中，融入人民创造历史的伟大奋斗之中，以无怨无悔、甘于奉献、为国效力的精神品格，诠释了"有风有雨是常态，风雨无阻是心态，风雨兼程是状态"的爱国奉献精神的深刻内涵。

2. 中国式现代化和美丽乡村建设的一面旗帜
——记呼和浩特市恼包村党总支书记李恒彪和他的一班人

恼包村位于内蒙古呼和浩特市新城区,是革命老区村。全村959户3 100人,由汉、蒙、维、满、回五个民族组成。辖区面积9.6平方公里。"恼包"一词源自蒙语"敖包"的音译,意思为"石头堆积的小山"。

历史上恼包村地势低洼、土地贫瘠,村集体经济薄弱,村民们的生活长期处于贫困线上。2012年一场山洪席卷村庄,百余间房屋被冲毁,村民财产损失严重,生产生活陷入困境。在这关键时刻,李恒彪毅然挑起了恼包村党总支书记、村委会主任双重重任,以超常的魄力和胆识,做出了一个改变恼包人命运的决定——重新定位和规划恼包村发展方向和新村蓝图,定下以生态建设为中心,产城融合、宜居建业为主导,以乡村生态文化旅游产业为主,科技、农业、物流等项目为辅的发展目标。

在李恒彪的带领下,恼包村按照新城区大青山前坡生态建设的整体布局,通过政策扶持、政府奖补、村集体自筹、村民众筹,采用整村迁建的方式规划建设的村民住宅区终于建成。2019年10月1日,共和国成立70周年之际,全体村民领到新居钥匙,喜迁新居。同时,恼包村还打造了小桥流水、绿树成荫的江南园林水镇风光,修建了展示恼包村历史沿革和文化传承的文化大院、党建馆、党群服务中心、民俗馆、村史馆、农耕馆、电教馆、图书馆等,廊庭步道、精品民宿、生态养老院、文体活动中心、民俗大集、水世界、摩天轮、勇士部落、职工之家、游客休闲娱乐中心、恼包国际交流中心、旅游接待中心、美食一条街等项目百花争艳、各具特色。村集体及时将集体经济的收入惠及全体村民。目前恼包村提供了就业岗位6 000多个,村集体搭建的文旅产业平台年创收达10.8亿元,村民人均年收入由2012年的1 600元增加到2023年的5万多元,增长了30多倍。

"村民真正实现了劳有所得、住有所居、老有所养、病有所医,实实在在享受到了发展红利,大家发自内心地感党恩、听党话、跟党走。"李恒彪话语间充满了自豪。恼包村先后获评"全国文明村镇""全国乡村旅游重点村""全国乡村治理示范村""国家级森林乡村""全国美丽乡村标准化建设试点村""全国服务农民、服务基层文化建设先进集体""中国最美乡村旅游目的地""全国美丽休闲乡村""国家级旅游休闲街区、国家级文化和旅游夜间消费集聚区"等十多个国家级荣誉称号。村党总支书记、村委会主任李恒彪当选"2021年度感动内蒙古十大人物"。

(来源:《雷锋》杂志,2024年11月上总第155期)

任务四：悟品质内涵

经典故事

先忧后乐　胸怀天下

范仲淹是北宋著名政治家、文学家，他幼年丧父，家境贫寒，每日苦读，终成大器。在名篇《岳阳楼记》中，他写下"先天下之忧而忧，后天下之乐而乐"的千古名句，道出士人应以天下为己任的胸怀。

他为官清正，心系苍生。担任参知政事时，他推行"庆历新政"，虽因触动权贵利益而失败，却开创了北宋改革先河。担任地方官时，他兴修水利、赈济灾民。戍边西北时，他采取"屯田戍边"之策，巩固边防。他捐宅创办苏州府学，开创地方办学先例。范仲淹以民为本、忧国忘家的精神，成为中国士人家国情怀的典范。

品质探析

1. 概念与内涵

家国情怀是指一个人对待家和国的基本态度、观念和感情。家国情怀是个体对国家、对社会、对家庭表现出的大爱，是对国家强盛、人民幸福所展现的理想追求，更是对国家高度认同感、归属感和使命感的体现。

家国情怀的基本内涵包括家国同构、共同体意识和仁爱之情[①]。家国情怀是中华优秀传统文化的基本内涵之一，与民族精神、爱国主义、乡土观念、天下为公等传统观念有紧密联系，强调个体对国家和家庭的深厚热爱、强烈责任感和奉献精神，是一种积极向上的情感和价值观，其实现路径强调修身齐家、重视亲情、忠诚报国、心怀天下。家国情怀在建设幸福家庭、提高公民意识、促进国家发展和社会进步等方面都具有重要的时代价值。

2. 现状与问题

新时代职业院校学生关心时事政治、关心社会改革与发展、关心国家前途命运，拥有浓厚的家国情怀和强烈的爱国情感，但对家国情怀的理解和践行还有一定的不足：一方面他们能感知中华文明的历史价值，但对进一步传承和弘扬中华优秀传统文化缺少全面深

---

① 杨清虎．"家国情怀"的内涵与现代价值［J］．兵团党校学报，2016,（3）：60.

度的思考;另一方面对家庭、社会与国家的责任意识还有待提升,将个人理想与社会发展、国家前途、民族事业兴旺发展的结合还不够紧密。

3. 作用与意义

家国情怀是文化认同、国家认同、民族认同的根基,对实现国家富强、民族振兴、人民幸福具有重要作用。

对职业院校学生而言,厚植家国情怀具有重要意义。一是有助于坚定理想信念,增强担当意识。在学习与思考中形成优良的政治品格,不断提升思想觉悟和理论水平,保持对远大理想和奋斗目标的追求和向往,树立服务人民、奉献社会的人生追求。二是有助于弘扬民族精神,传承优秀文化。在了解、掌握优秀传统文化的同时感悟道德观念和人生智慧,滋养自信,浸润心灵,形成正确的世界观、人生观、价值观,发扬以爱国主义为核心的伟大民族精神,传承家与国的交融互通、共同体命运。三是有助于磨砺坚韧品格,促进全面发展。厚植家国情怀能够让职业院校学生自觉抵制不良信息,明辨是非善恶,增强独立思考和判断能力,形成脚踏实地的坚韧品格,促使学生全面发展。

"青年兴则国家兴,青年强则国家强。青年一代有理想、有本领、有担当,国家就有前途,民族就有希望。"新时代的职业院校学生既生逢其时,又重任在肩,既是追梦人,又是圆梦人,在这个充满机遇和挑战的时代,只有厚植家国情怀,才能成为用技能改变人生、用奋斗成就梦想的"大国工匠"。

▶ 任务五:测职业品质

测试一: 中国灿烂辉煌的历史和日新月异的现在

1. 世界上最早论述教育、教学问题的文章是( )。
   A. 《论演说家的教育》　　　　　B. 《学记》
2. 世界上最古老的东西贸易通道是( )。
   A. 罗马古道　　　　　　　　　B. 丝绸之路
3. 世界上最长的人工运河是( )。
   A. 京杭大运河　　　　　　　　B. 苏伊士运河
4. 世界上最大最重的单体青铜器是( )。
   A. "后母戊"青铜方鼎　　　　　B. 四羊方尊
5. "大禹治水"的故事家喻户晓,大禹治理的是( )。
   A. 长江流域　　　　　　　　　B. 黄河流域

6. 我国第一部纪传体通史是（　　）。

    A.《资治通鉴》　　　　　　　B.《史记》

7. "爆竹声中一岁除,春风送暖入屠苏",这里的"屠苏"指的是（　　）。

    A. 酒　　　　　　　　　　　B. 房屋

8. 中国历史上被誉为"药王"是（　　）。

    A. 孙思邈　　　　　　　　　B. 李时珍

9. "月上柳梢头,人约黄昏后。"描写的是（　　）。

    A. 中秋节　　　　　　　　　B. 元宵节

10. 下面哪一句诗描写的场景最适合采用水墨画来表现。（　　）

    A. 返景入深林,复照青苔上　　B. 孤舟蓑笠翁,独钓寒江雪

11. 党的二十届三中全会指出,（　　）是中国式现代化的基础性、战略性支撑。

    A. 教育、科技、人才　　　　B. 教育、科技、经济

12. 党的二十届三中全会指出,到（　　）年,全面建成高水平社会主义市场经济体制,中国特色社会主义制度更加完善,基本实现国家治理体系和治理能力现代化,基本实现社会主义现代化,为到本世纪中叶全面建成社会主义现代化强国奠定坚实基础。

    A. 二〇二九　　　　　　　　B. 二〇三五

13. （　　）是一个国家、一个民族发展中最基本、最深沉、最持久的力量。

    A. 理论自信　　　　　　　　B. 文化自信

14. 被誉为"中国天眼"的500米口径球面射电望远镜(FAST)于2021年4月1日起正式对全球科学界开放,下列有关"中国天眼"的说法正确的是（　　）。

    A. "中国天眼"之父是姜鹏　　B. "中国天眼"可用来发现脉冲星

15. 中国空间站的名称是（　　）。

    A. 羲和号空间站　　　　　　B. 天宫空间站

16. 建设（　　）是中华民族伟大复兴的基础工程。

    A. 教育强国　　　　　　　　B. 经济强国

17. 党的二十大报告指出,我国基础研究和原始创新不断加强,一些关键核心技术实现突破,战略性新兴产业发展壮大,载人航天、探月探火、深海深地探测、超级计算机、卫星导航、量子信息、核电技术、新能源技术、大飞机制造、生物医药等取得重大成果,进入（　　）国家行列。

    A. 创新型　　　　　　　　　B. 科技型

18. 党的二十大报告提出,当前,世界之变、时代之变、历史之变正以前所未有的方式展开……人类社会面临前所未有的挑战。中国的外交政策宗旨是（　　）。

    A. 构建新型大国关系　　　　B. 维护世界和平、促进共同发展

19. 党的二十大报告指出,人心是最大的政治,统一战线是凝聚人心、汇聚力量的强

大法宝。以( )为主线,坚定不移走中国特色解决民族问题的正确道路,坚持和完善民族区域自治制度,加强和改进党的民族工作,全面推进民族团结进步事业。

A. 全国各族人民大团结　　B. 铸牢中华民族共同体意识

20.( )是解决我国一切问题的基础和关键。

A. 发展　　　　　　　　B. 创新

测试答案

测试二：家国情怀测试[①]

1. 你是否认同"家是最小国,国是千万家"？( )

A. 非常认同　　　　　B. 比较认同　　　　　C. 一般

D. 不认同　　　　　　E. 非常不认同

2. 作为一名新时代的职业院校学生,你对中国国情政策的关心程度如何？( )

A. 总是,能够有自己的想法和见解

B. 经常,会进行一定程度上的思考

C. 一般,只是简单了解,不做深入思考

D. 偶尔,对于当前的国际国内形势不感兴趣

E. 从未,并不关心

3. 你是否经常参加学校或社会组织的以爱国主义精神为核心的主题活动？( )

A. 总是　　　　　　　B. 经常　　　　　　　C. 一般

D. 偶尔　　　　　　　E. 从未

4. 当你游访祖国大好河山时,内心深处的感觉是？( )

A. 非常自豪　　　　　B. 比较自豪　　　　　C. 一般

D. 比较淡定　　　　　E. 没有什么感觉

5. 你对于中国发展所取得的伟大成就有什么样的感觉？( )

A. 非常自豪　　　　　B. 比较自豪　　　　　C. 一般

D. 比较淡定　　　　　E. 没有什么感觉

6. 你如何看待"当国家需要和利益与个人的追求和利益发生矛盾时,我会把国家需要和利益放在首位"这一观点？( )

A. 非常认同　　　　　B. 比较认同　　　　　C. 一般

D. 不认同　　　　　　E. 非常不认同

7. 你如何看待"天下兴亡,匹夫有责"？( )

A. 非常认同,个人就是要以家国大义为己任

---

① 朱瑶瑶.新时代大学生家国情怀的培养路径研究[D].南京信息工程大学,2023:79-85.有删改.

B. 比较认同,在实现个人发展的基础上,愿意为国家发展贡献力量

C. 一般,不知道如何践行

D. 不完全认同,当前主要应为个人成长发展而努力奋斗

E. 不认同,脱离现实生活,对于当前没有现实意义

8. 你是否参加过社会公益活动,参加的主要目的是?(　　)

A. 参加过,主要为了服务社会,帮助别人

B. 参加过,主要为了提高自身精神境界

C. 参加过,主要为了获得别人的赞扬和欣赏

D. 参加过,主要为了完成学校的实践作业

E. 没有参加过

9. 面对国家尊严和利益受到侵害时,你感觉到?(　　)

A. 总是会感到非常愤慨　　　　　　B. 经常会感到愤慨

C. 有时会感到生气　　　　　　　　D. 和自己没有什么关系

E. 从未考虑过

10. 你有崇拜的杰出历史人物吗?家长及亲友是否会经常和你讨论对一些杰出历史人物的看法?(　　)

A. 有,并且父母经常和我讨论

B. 有,但是父母从来不和我讨论

C. 有,有时父母会和我讨论

D. 没有,并且父母从来不和我讨论

E. 我和父母不关心任何历史人物

测试标准:

选 A 得 10 分,选 B 得 7 分,选 C 得 5 分,选 D 得 3 分,选 E 得 0 分。

计分:

题号	1	2	3	4	5
得分					
题号	6	7	8	9	10
得分					
总分					

测试结果分析:

你得了多少分?你觉得自己是一个具有家国情怀的人吗?

任务六：练职业素质

训练一："我的中国心"情景剧表演

1. 训练目的
理解家国情怀的内涵和意义，培养训练组织和沟通能力、表达和思辨能力，引导学生学知识、增才干，涵养进取品格，将个人发展与国家命运紧密相连，以"强国有我"的姿态做时代新人。

2. 训练准备
多媒体教室、表演课件、服装、音响等道具。

3. 训练过程
(1) 组建团队：每 8~12 人组成一个团队；
(2) 布置任务：各团队成员自行讨论演出爱国剧目、确定演出形式、制定演出方案；
(3) 团队展示：每组限定 15~20 分钟进行表演，表演结束后合影留念；
(4) 展示点评：网络投票，计算各团队积分，最后由教师点评。

4. 训练分享
(1) 在展示前，你做了哪些准备，学习了解了哪些故事？
(2) 在展示中，你发挥了怎样的作用？有何收获和感悟？

5. 训练启迪
用生动的语言，感悟初心使命；用鲜活的故事，增进爱国之情；用深刻的感悟，点燃爱国之志。新时代职业院校学生要将"小我"融入"大我"，将青春献给祖国，用实际行动书写新时代的青春华章。

视频 1-1 家国情怀训练

训练二："爱我中华"知识竞赛

1. 训练目的
了解把握家国情怀的内涵及基本要求，深刻领会家国同构观念，铸牢中华民族共同体意识。培养和训练学生的小组协作能力、组织沟通能力、自主学习能力，引导学生厚植家国情怀、提升专业技能，做技能报国的雷锋式职业人。

2. 训练准备
(1) 多媒体教室；

(2) 知识竞赛课件及训练歌曲、视频等素材；

(3) 抢答器、记分牌、小国旗、训练马甲、音响设备等；

(4) 学习反映家国情怀的歌曲、诗词、舞蹈等。

3. 训练过程

(1) 组建训练团队，布置训练任务；

(2) 团队展示队名、口号；

(3) 各团队成员参加答题，并做好分工；

(4) 师生合唱《爱我中华》《大中国》等爱国歌曲。

4. 训练分享

(1) 通过训练，你对家国情怀有了哪些认识和理解？

(2) 请结合自身专业谈一谈如何立足专业，厚植家国情怀，与时代同呼吸共命运？

5. 训练启迪

"家是最小国，国是千万家"，中华儿女要厚植家国情怀，坚定"四个自信"，领会中国精神、传播中国价值、展示中国力量，夯实本领，磨砺品格，做合格建设者和可靠接班人。

【训后延伸】爱国情怀的主要训练方法

我国已建成世界规模最大的职业教育体系，职业教育步入发展的黄金时期，承载着国家强盛、民族振兴的梦想。职业院校学生可从以下几个方面入手，厚植家国情怀，成为新时代的"大国工匠"。

(1) 学习理论知识。认真学习马克思列宁主义、毛泽东思想、邓小平理论、"三个代表"重要思想、科学发展观、习近平新时代中国特色社会主义思想，学习党史、新中国史、改革开放史、社会主义发展史、中华民族发展史，热爱社会主义，拥护祖国统一，坚定中国特色社会主义道路自信、理论自信、制度自信、文化自信，不断提高理论素养，增强国防观念，筑牢爱国主义思想根基。

(2) 传承优秀文化。中华优秀传统文化是中华民族的精神命脉，是涵养社会主义核心价值观的重要源泉，可通过阅读书籍、观看影视作品、参观博物馆、参加校内外组织的实践活动等方式学习历史，感受中华优秀传统文化的魅力。

(3) 参加实践活动。可参加爱国主义教育活动和力所能及的社团活动、公益活动，从自身做起、从小事做起、从现在做起，服务他人、不计报酬、奉献社会，用实际行动彰显爱国主义情怀。

(4) 磨砺坚韧品格。要养成不服输、懂感恩、肯吃苦的坚韧品格，上好学生阶段的每一堂课，不虚度光阴，勤锻炼身体，刻苦学习专业知识，认真钻研技能本领、努力提升专业自信。

▶ 任务七：成良好习惯

我的学习心得

雷锋忠于党、忠于国家、忠于人民，他始终坚持服从党和人民的需要，到祖国最需要的地方去，脚踏实地，默默奉献。我们学习雷锋精神，要厚植家国情怀，把实现个人梦、家庭梦的奋斗道路融入中国梦之中，掌握知识、锻炼技能，用汗水与拼搏书写匠心筑梦、技能报国的青春华章。

我的感想：_____

_____。

我的课后训练

自己制订一个计划，如：每天学习历史文化知识，记录学习情况；观看爱国主义影片；收集历史文化资料，制作讲解家乡风景和文物古迹的PPT；参加志愿服务活动；等等。

我的训练计划

请填写一周"我的训练计划"，记录"我的训练足迹"，填写完成后，由老师作点评。

训练目标	
训练项目	
时间（第　　周）	活动内容
第一天（星期　）	
第二天（星期　）	
第三天（星期　）	
第四天（星期　）	
第五天（星期　）	
第六天（星期　）	
第七天（星期　）	

项目一　爱国爱家——家国情怀训练

我的训练足迹

第一天：...
第二天：...
第三天：...
第四天：...
第五天：...
第六天：...
第七天：...
教师评价：☹ 给予奖励； ☺ 可以； 😐 不错； ☹ 再努力
教师点评：...
....

项目二

感恩报恩——感恩行动训练

一个人只有明大德、守公德、严私德,其才方能用得其所。修德,既要立意高远,又要立足平实。要立志报效祖国、服务人民,这是大德,养大德者方可成大业。同时,还得从做好小事、管好小节开始起步,"见善则迁,有过则改",踏踏实实修好公德、私德,学会劳动、学会勤俭,学会感恩、学会助人、学会谦让、学会宽容、学会自省、学会自律。
——2014年5月4日习近平在北京大学师生座谈会上的讲话

训练目的

树立感恩意识,培育感恩情怀,形成奉献宽容的品质,像雷锋那样具有"感恩报恩"的职业品质。

▶ 任务一：读雷锋日记

　　伟大的党啊——我慈祥的母亲,是您把我从虎口中拯救出来,抚育我成长。是您,给了我无产阶级的思想。是您,给我指出了前进的方向。是您,给了我前进的动力。是您,给了我一切……敬爱的党——我慈祥的母亲,我只有以实际行动来感恩。一、坚决听党的话,一辈子跟着党走。二、刻苦学习,忘我劳动,积极工作,完成党交给我的任务。三、永远忠于党,忠于人民,为共产主义事业奋斗终身。

（1962年2月14日）

▶ 任务二：讲雷锋故事

雷锋的感恩情怀

　　1960年11月8日,是雷锋永远不能忘记的日子。这一天,雷锋光荣地加入了伟大的中国共产党,实现了他最崇高的理想。雷锋曾先后3次向党组织递交入党申请书,每份入党申请书的字里行间,都流露着他的感恩之情。童年时期的雷锋,饱受旧社会的苦难,爷爷、父亲、母亲、哥哥、弟弟在日本帝国主义、国民党反动派、地主、资本家的残害和压迫下相继离世,年仅7岁的雷锋成了孤儿。中华人民共和国成立后,雷锋终于过上了好日子,分土地,上小学……在新中国的帮助下,他健康地长大了。

　　雷锋感恩党,感恩新中国,1956年7月小学毕业时,雷锋这样发言:"我响应党的号召,决定留在农村广阔天地里,去当新式农民……决心做个好农民,驾起拖拉机耕耘祖国大地;将来,如果祖国需要,我就去做个好工人建设祖国;将来,如果祖国需要,我就去参军做个好战士,拿起枪用生命和鲜血保卫祖国,做人类英雄。"雷锋用实际行动报恩,在望城县(今湖南省长沙市望城区)参加农业生产时,他是县里第一个拖拉机手;在鞍山做工人时,他3次被评为先进生产者、18次被评为标兵、5次被评为红旗手;在抚顺入伍后,他荣立三等功2次、二等功1次,还被评为五好战士和节约标兵。雷锋用感恩、报恩回报党、回报祖国、回报人民,是一名真正的共产主义革命战士。

(来源:雷锋杂志微平台《把雷锋精神代代传承下去》,有删改)

【故事启迪】

通过强烈对比,雷锋对党和人民充满感恩之情,并在实际行动中坚决听党话、跟党走,全心全意为人民服务。我们要学习雷锋感恩报恩的优秀品质,积极作为,成为有理想、敢担当、能吃苦、肯奋斗的新时代好青年。

▶ 任务三:学职场雷锋

1. 心怀感恩,用教育点燃山区女孩的梦想
——记"时代楷模"张桂梅

张桂梅,女,满族,中共党员,1957年出生,黑龙江省牡丹江市人,云南省丽江市华坪女子高级中学党支部书记、校长。

1975年,18岁的张桂梅到云南支教,成立家庭,美好的生活已经开启。然而,1996年丈夫因病去世,1997年4月,张桂梅自己又被查出子宫肌瘤,双重打击下,张桂梅心灰意冷,失去了生活的勇气。但是党和政府没有放弃她,得知此事后,华坪县委、县政协、县妇联和她所在的学校纷纷为她捐款,面对大家的帮助,张桂梅坚定了自己教书育人的决心,她带病重返讲台,从未因疾病耽误过一节课。"是这片热土的父老乡亲和我的学生们坚韧、向上的精神感染了我。"从此张桂梅怀着一颗感恩的心扎根于华坪县,全身心扑在教育事业和慈善事业上。在任教期间,张桂梅发现,学校里的女孩不仅数量少,还时不时中途辍学。通过家访,她了解到由于山区家庭普遍贫困,加上受重男轻女观念影响,许多家庭都会通过让女孩辍学打工,或结婚换彩礼的方式换取收入,导致山区女孩辍学率极高。面对这一困境,她萌生了一个大胆的想法:一定要办一所免费的女子高中,让山里的女孩都能免费接受高中教育,让她们有机会实现自己的梦想。

在党和政府以及社会各界的帮助下,张桂梅推动创建了免费招收贫困女生的华坪女子高中。建校初期没有食堂,没有宿舍,环境恶劣,教职工相继离职,学生也因为文化水平差而常常掉队。面对各种困难,张桂梅没有退缩,为了孩子,为了教育事业,她一心扑在改变贫困山区女孩命运的教育事业上(图2-1),十

图2-1 张桂梅

余年来帮助 2 000 余名贫困女生走出大山、考上大学。

"我生来就是高山而非溪流,我欲于群峰之巅俯视平庸的沟壑。"张桂梅扎根边疆教育一线,用知恩之心、报恩之行点燃贫困山区女孩的梦想,用知识阻绝贫困的代际传递,用实际行动彰显着人民教师的责任与担当。

(文字来源:《人民日报》2021 年 03 月 31 日 05 版和 2021 年 07 月 17 日 04 版,有删改;图片来源:新华社)

2. 坚守农业梦想 助力乡村振兴
——记第八批全国岗位学雷锋标兵杜立芝

"有困难找杜站长!"这是山东省聊城市高唐县许多老百姓在田间地头遇到难题时的第一反应,老百姓说的杜站长,就是杜立芝。

杜立芝出生在一个普通的农民家庭,从小立志学农。1986 年,杜立芝从农校毕业后,毅然回到家乡投身"三农"事业。从基层农技推广员到农技站站长,再到高级农艺师,一干就是 38 年。在这期间,杜立芝跑遍了全县 600 多个自然村,写下 70 多本共计 400 多万字的农技日记。

杜立芝靠双脚丈量田地,把先进农业技术送进千家万户,也一步步走进老百姓的心里,她是高唐县农民最认可、最信任的农业专家(图 2-2)。她积极引进先进管理技术,推广新技术种植;她积极改进种植方式,减少化肥和农药用量,累计节本增效 6 400 余万元;她带领农业技术团队,助力乡村振兴,2018 年带头成立"杜立芝党代表工作室",组建"杜立芝农业科技服务团队",传帮带、共进步。在杜立芝的带领下,农业技术团队打通了农技服务"最后一公里"。巾帼心向党,建功新时代。杜立芝凭借自己的努力和突出的成果,先后获评全国先进工作者、全国三八红旗手、第八批全国岗位学雷锋标兵等众多荣誉。

图 2-2 杜立芝与村民分享丰收的喜悦

务农重本，国之大纲。杜立芝用实际行动践行雷锋精神，立足服务人民，传播农业技术，坚守农业梦想，建设农业强国，用技术支持和科技创新绘制了属于"三农"的新画卷，为推进乡村振兴作出了重要贡献。

（文字来源：中国文明网2024年01月23日，有删改；图片来源：山东省文明办）

任务四：悟品质内涵

经典故事

一饭千金

韩信是西汉开国名将，他小的时候生活过得很凄苦。他年少时，因为没有生活来源，总是寄人篱下，受尽了别人的冷眼。后来，韩信靠着在淮阴城下钓鱼，换几个小钱糊口，但很多时候，他钓不上鱼，还是整天饿肚子。在韩信钓鱼的河边常有一位洗衣服的妇人，每次见到韩信饿肚子，她都会把自己的食物分给他吃。韩信非常感激，便说道："以后我有了成就一定要好好报答您！"

后来，韩信用功读书，勤奋练武，加入刘邦旗下，经萧何举荐，成为大将军，先后取得陈仓之战、垓下之战等战役的胜利，汉朝建立后被汉高祖刘邦封为楚王。功成名就后，韩信不忘当年的救济之恩，专程命人寻得当年给过他餐食的妇人，给予千金作为报答，这就是成语"一饭千金"的来历。

品质探析

1. 概念与内涵

感恩是指个体因意识到被帮助或关爱，而产生感谢和报答对方的意愿的一种心理活动和行为表现。感恩的关键在于回报，是对哺育、培养、教导、指引、帮助、支持乃至救护自己的人心存感激，用实际行动予以报答。感恩的主要表现有以下三方面。

第一，感恩党和国家。国家繁荣昌盛，人民才能安居乐业。20世纪上半叶以来，从艰苦卓绝的抗日战争到历尽艰辛的解放战争，中国人民铮铮铁骨战强敌、前仆后继赴国难，谱写了惊天地、泣鬼神的雄壮史诗。职业人应以史为鉴守初心，继往开来担使命，树立"感恩党、跟党走"的意识，做社会主义核心价值观的信仰者、传播者、践行者，为实现中华民族伟大复兴接续奋斗。

第二，感恩他人。爱亲敬长是中华传统美德。"谁言寸草心，报得三春晖"，感恩父母的养育之恩，体谅父母的辛劳；"三人行，必有我师焉"，尊师重道，感恩老师引导我们走入知识的殿堂，领略丰富多彩的世界；"滴水之恩，涌泉相报"，感恩对自己、对社会有恩惠的人，养成感恩、互助、友爱的习惯。

第三，感恩自然。人类社会所有的生产生活都依赖于大自然的馈赠，我们要尊重自然，顺应自然，保护自然，树立生态保护意识，做生态保护的践行者，共同建设美丽中国，助力世界可持续发展。

2. 现状与问题

感恩是积极向上的思考和谦卑的态度，它是自发性的行为。随着经济社会的发展与进步，人民生活越来越好，绝大多数家庭都能够为孩子提供较好的物质生活条件，但部分学生对感恩的内涵理解不够深入，感恩意识和报恩能力有待进一步加强，这方面的问题主要有两点。一是容易以自我为中心，感恩意识淡薄。经常忽视父母、同学、朋友、老师等他人对自己的付出，对周围的人缺乏同理心和感激之情，在生活中遇到困难容易退缩，做事不考虑后果。二是习惯别人的付出和照顾，报恩能力较弱。认为他人给予的关爱是理所应当，在生活中不珍惜宝贵的学习机会、不愿意参加社会实践活动、不付出实际行动报恩等，没有深刻意识到当代青年的社会责任。

3. 作用与意义

当一个人懂得感恩时，便会将感恩化作一种充满爱意的行动，实践于生活中，回报自然、回报人民、回报社会。

第一，感恩是一种处世哲学，有助于提升思想素质和道德水平，形成良好的行为。职业院校学生在知恩、感恩和报恩的过程中，积极感知祖国的繁荣发展、社会的日新月异、集体的团结友爱、父母的无私辛劳、他人的友善帮助，可以养成诚实守信、勇于担当、奉献宽容的优秀品质，实现个体的全面发展，同时还可以拓宽职业院校学生的心胸和视野，帮助他们建立良好的人际关系，为进入职场做准备。

第二，感恩是一种积极情绪，有助于提升爱的能力，形成积极的人生态度。从生活的角度看，感恩能够推动个体将回报恩惠的欲望转化成外在的感恩行为，是发自内心的认可和欣赏，是传递幸福、愉快和关爱，是一种积极的人生态度；从成长的角度看，感恩的心能够改变我们的态度，诚恳的态度能够带动我们的习惯，良好的习惯能够促进我们的性格发展，健康的性格有助于我们收获美丽的人生。

第三，感恩是中华民族的传统美德，有助于传承中华优秀传统文化，推动社会主义和谐社会建设。职业院校学生在感恩党和国家、感恩他人、感恩自然中，明辨是非，不断提升感恩自省能力，自觉维护社会秩序，主动承担社会责任，逐步成为有责任、有担当、有道德的高素质人才，以实际行动促进社会的发展和进步。

◆ 任务五：测职业品质

测试一：感 恩 力

本测试共分为三部分,在某种程度上能反映当代大学生的感恩品质,但不代表个人品质的优劣,请勿将此测试结果作为评价个人道德水平的依据。

一、根据你的认知及实际情况,请对下列的条目做出相应的评价,并在对应栏目上打"√"(见表 2-1)。

表 2-1 感恩力测试

项目	非常符合	比较符合	不确定	较不符合	很不符合
1. 取得学业上的进步,我要感谢父母、老师、同学以及其他人的帮助					
2. 他人的帮助会使我感激不尽,总想在日后给予回报					
3. 想到现在拥有的一切,我内心充满了感恩之情					
4. 生活中让我感激的事情非常多					
5. 这个世界已经没有多少让我感激的事情了					
6. 滴水之恩,当涌泉相报					
7. 随着年龄的增长,我学会了对周围的人和事以及伴我成长的环境表达感恩之情					
8. 有很长一段时间我感觉周围的一切很冷漠					
9. 考上大学主要是我自身努力的结果,与他人关系不大					
10. 以前他人对我的帮助,很多我已经不记得了					
11. 和别人相比,我是一个更加容易感动的人					

续表

项目	非常符合	比较符合	不确定	较不符合	很不符合
12. 每天都会有很多使我感激的事情发生					
13. 我感谢生活给予我许多美好的东西					
14. 我拥有珍贵的亲情、友情和爱情，对此我表示感激					

二、下面列举了一些感恩的说法，请根据你的赞同程度在对应栏目上打"√"（见表2-2）。

表2-2 感恩说法的赞同程度

项目	非常赞同	比较赞同	不确定	较不赞同	很不赞同
1. 感恩是每个大学生美好品德的体现					
2. 对父母、老师、社会等感恩是每个大学生应尽的责任					
3. 大学生应该像感谢父母那样感谢有恩于自己的一切人					
4. 大学生感恩与否对自身影响不是很大					
5. 大学生不该总以施恩者自居，也应该感恩					
6. 大学生应该对有恩于自己的一切人表示感恩					

三、对于各种恩情，不同的人会有不同的回报方式。就你而言，你会采取什么样的方式回报恩情呢？请根据你对各种回报方式的肯定程度在对应栏目上打"√"（见表2-3）。

表2-3 回报恩情的肯定程度测试

项目	肯定会	可能会	不确定	可能不会	肯定不会
1. 用一颗乐观的心热爱生活					
2. 努力给予他人（父母、朋友等）幸福					
3. 尽全力帮助需要帮助的人					
4. 真诚待人					

续表

项目	肯定会	可能会	不确定	可能不会	肯定不会
5. 时刻谨记他人给予的恩情并懂得回报					
6. 努力地好好生活,不轻言放弃					
7. 珍惜自己拥有的一切,树立积极的人生态度,积极地面对生活					
8. 勤奋学习,自强不息,努力提高自身能力					
9. 用宽容的心对待任何人					
10. 关爱社会和自然,努力造福他人					
11. 懂得分享					
12. 不辜负有恩于自己的人(父母、朋友)对自己的期望					
13. 为社会的发展努力奉献自己					
14. 勇于为国家存亡奉献和牺牲自己的利益					
15. 向他人传递感恩之情					
16. 勇敢地承担属于自己的各种责任					
17. 创造维护良好的生活氛围和生存环境					
18. 尊重他人					
19. 端正学习态度,明确学习目标,严谨求实,勇于创新					
20. 多为他人着想					
21. 善于发现生活中的美并懂得欣赏					
22. 保持自信与自爱					
23. 乐于帮助他人,善待他人不求回报					
24. 遵守学校、社会的各种规章制度,敢于揭露不良行为					

测试标准：

第一部分的第1~4项，第6~7项、第11~14项："非常符合"5分，"比较符合"4分，"不确定"3分，"较不符合"2分，"很不符合"1分。第5、第8~10项："非常符合"1分，"比较符合"2分，"不确定"3分，"较不符合"4分，"很不符合"5分。

第二部分的第1~3项、第5~6项："非常赞同"5分，"比较赞同"4分，"不确定"3分，"较不赞同"2分，"很不赞同"1分。第4项："非常赞同"1分，"比较赞同"2分，"不确定"3分，"较不赞同"4分，"很不赞同"5分。

第三部分："肯定会"5分，"可能会"4分，"不确定"3分，"可能不会"2分，"肯定不会"1分。

计分：

第一部分	1	2	3	4	5	6	7	8
得分								
第一部分	9	10	11	12	13	14		
得分								
第二部分	1	2	3	4	5	6		
得分								
第三部分	1	2	3	4	5	6	7	8
得分								
第三部分	9	10	11	12	13	14	15	16
得分								
第三部分	17	18	19	20	21	22	23	24
得分								
总分								

测试结果分析：

总分0~87分：很遗憾，你的感恩之情不是很明显，你很少能感受到身边人对你的关爱，同时对他人的关心也不是很多。别灰心，希望你未来能以一颗发现美的心灵，多多感受来自身边人的善意吧！

总分88~131分：你的感恩之情还需要进一步增强。虽然你也能发现身边的人对你的关怀，但你似乎不太领情，希望你能够多多发现身边的美好，并能多多关爱他人！

总分132~220分：你是一个心怀感恩之人。在生活中，你能够处处以感恩之心对待身边的人和事，以一颗感受关爱的心积极生活，同时，也能够将爱心传递给别人。加油，相信你会传承雷锋精神，知恩、感恩、报恩！

测试二:感恩意识

本测试共有10道单项选择题,请根据自己的实际情况选择最符合的选项。

1. 你觉得你现在的生活学习环境和所处的社会环境怎么样?(　　)

   A. 很不错　　　　　　　　　　　B. 还行

   C. 不好　　　　　　　　　　　　D. 很差,难以忍受

2. 你觉得你与父母相处融洽吗?(　　)

   A. 很不错,经常与他们谈心

   B. 经常沟通,不过好像总觉得有一点代沟

   C. 偶尔和他们沟通,但好像不是很融洽

   D. 觉得他们好烦

3. 你觉得你与朋友同学相处得好吗?(　　)

   A. 都很不错,很和谐　　　　　　B. 很不错的占多数

   C. 处得不错的有那么几个　　　　D. 好像都不是太好

4. 你觉得你的老师怎么样?(　　)

   A. 不错,觉得他们都很负责,应该尊敬他们

   B. 大部分老师我都喜欢,有的还不太适应,但都值得尊敬

   C. 马马虎虎,有的老师不值得尊敬

   D. 都不是好老师

5. 你记得自己直系亲属的生日吗?(　　)

   A. 全记得　　　　　　　　　　　B. 记得几个

   C. 只记得一个　　　　　　　　　D. 一个也记不得

6. 当家人、朋友或者师长指出你的错误时,你是什么反应?(　　)

   A. 虚心接受,努力改正

   B. 权衡利弊再做决定是否改,可能改也可能不改

   C. 不以为然

   D. 内心抵触反感

7. 你会在一些特殊节日,如教师节、春节等向你的师长表示问候吗?(　　)

   A. 经常问候　　　　　　　　　　B. 不经常,不过也常想到

   C. 偶尔,不过次数不多　　　　　D. 从来没有过

8. 当看到你的长辈们为生计日夜操劳,头上白发渐渐多了起来的时候,你会(　　)

   A. 感动并感谢他们,将来要报答他们

   B. 有点感动,但过会儿就忘了

C. 没什么感觉

D. 真没用，一点赚钱的本事都没有

9. 如果你在学校里每个月的生活费用经常超过大部分其他同学，甚至超过你的父母能够承受的范围时，你会怎么想？（   ）

A. 有点对不起他们

B. 有过想法，不过抵制不住口腹的诱惑

C. 没想过

D. 他们供我吃、供我穿、供我上学是应该的

10. 你是否想过用自己的实际行动来报答父母的抚养和老师的教育？（   ）

A. 我一直用实际行动感恩着

B. 也想过，不过行动不多

C. 基本没想到过

D. 从来没想过

测试标准：

选 A 得 10 分，选 B 得 7 分，选 C 得 3 分，选 D 得 0 分。

计分：

题号	1	2	3	4	5
得分					
题号	6	7	8	9	10
得分					
总分					

测试结果分析：

你得了多少分？你觉得自己是一个懂得感恩的人吗？

▶ 任务六：练职业素质

训练一：知恩识恩——亲情账单

1. 训练目的

了解把握知恩、识恩及感恩的基本内涵、表达方式，培养训练学生的知恩、识恩和感恩能力，进而提升帮父母分忧解难的能力，学会感恩父母，树立家庭责任和担当意识，并将感

恩之情转化为报恩之行。

2. 训练准备

(1) 多媒体教室；

(2) 笔和纸；

(3) 背诵《游子吟》。

3. 训练过程

(1) 情境渲染(播放背景音乐《感恩的心》)；

(2) 学生朗诵《游子吟》；

(3) 感恩父母的伟大。

感受父爱：父爱是山，无论有多大的困难，他总是你坚实的依靠；父爱是路，无论你走到哪里，他都伴你延伸，为你指点迷津，给你一路阳光。

感受母爱：母爱是水，无论你遇到什么困难，她都能滋润你的心房；母爱是风，无论你走到哪里，她都用自己的双臂环绕你，保护你，陪你走过人生最远的路。

(4) 调查：你了解你的父母吗？

你父母亲的生日是？

你父母亲的体重是？

你父母亲的身高是？

你父母亲的鞋码是？

你父母亲喜欢的食物是？

你父母亲喜欢的歌曲是？

视频2-1
感恩品质
训练

(5) 计算：亲情账单

花销明细	一天(元)	一月(元)	一学期(元)	一年(元)
吃饭				
零用钱				
买衣服				
通信费用				
外出游玩				
其他开销				
年度总花费				

4. 训练分享

(1) 结合你父母的年收入，请回答：你的花销在家庭年收入中的占比是多少？

(2) 请结合自身实际谈一谈，你将如何回报社会和国家？

5. 训练启迪

父母用爱呵护孩子长大,全身心付出,不在意回报。在成长道路上,常怀感恩之心的人是最幸福的,常怀感恩之情的生活是最甜美的。我们要学会感恩,懂得报恩,用语言大声表达对父母的爱、对他人的爱、对国家的爱,用实际行动回报父母、回馈社会、回报国家。

训练二:感恩报恩——我的2035年

1. 训练目的

学习把握感恩报恩的基本内涵,了解"十四五"时期的"中国速度",培养训练学生的感恩报恩能力,提升其理论联系实际的能力,引导帮助学生学会感恩、懂得报恩,并激发出身在学校、心系国家的家国情怀。

2. 训练准备

(1) 多媒体教室;

(2) 纸和笔。

3. 训练过程

(1) 感恩于心——观看视频《我和我的祖国》。

(2) 感恩于情——分享观看感悟。

(3) 知恩善报——搭乘"2035年幸福号列车",写下2035年的畅想。

(4) 报恩于行——许下承诺。

4. 训练分享

(1) 请结合自身实际谈一谈你参加训练的感悟心得?

(2) 你将如何实现你的2035年畅想?

5. 训练启迪

感恩是中华优秀传统文化,更是中国自古以来推崇的核心价值之一。在中华文化中,回报父母之恩叫"孝",回报朋友之恩叫"义",回报祖国之恩叫"忠"。我们要传承和弘扬感恩精神,饮水思源、乐于助人、担当奉献,用实际行动为祖国的发展贡献力量。

【训后延伸】感恩行动的主要训练方法

识恩情、会感恩、能报恩是感恩行动的重要路径。职业院校学生可从以下几个方面入手,感恩他人、技能报国,将感恩精神发扬光大。

(1) 提升感恩行动意识。要学习中华优秀传统文化和社会主义核心价值观,深刻理解感恩的内涵。在生活实际中感恩社会、感恩父母、感恩他人,拥有健康向上的感恩认识。

(2) 勇敢表达感恩之情。可敞开心扉与他人沟通学会建立良好的人际关系,有效利用电话、微信、短视频等形式勇敢表达感恩之情,形成知恩报恩的好习惯。

(3) 参与感恩实践活动。可积极投身校内外实践活动,通过社团活动、志愿活动、实习实训等方式,磨炼意志、拓宽视野、提升职业素养,在实践活动中懂得理解和尊重、关心和鼓励,亲身经历感恩之情和报恩之行。

(4) 树立责任担当意识。要增强责任意识,勇担职业教育的使命,立足专业发展,坚守技能报国,用自己的行动成就祖国美好的明天,让"中国制造"闪耀世界。

▶ 任务七:成良好习惯

我的学习心得

雷锋出生在苦难的旧中国,成长于社会主义革命和建设年代,社会的鲜明对比让雷锋对党充满感恩之情。新时代青年处在全面建设社会主义现代化国家的新征程、新时代,饮水思源,缘木思本,更要时刻谨记革命先烈为夺取革命胜利作出的巨大奉献,珍惜来之不易的美好生活,像雷锋那样听党话、感党恩、跟党走,夯实职业本领,弘扬职业精神,创造无愧于时代的青春业绩。

我的感想:_____
_____。

我的课后训练

自己制订一个感恩计划,比如每天都感受身边人对自己的帮助,并记录细节;记录自己帮助别人的情况;做一些关爱集体,感恩父母,感恩他人的事;参加一些志愿服务活动;等等。

我的训练计划

请填写一周的"我的训练计划",并记录"我的训练足迹",由老师点评。

训练目标	
训练项目	
时间(第　　周)	活动内容
第一天(星期　　)	
第二天(星期　　)	
第三天(星期　　)	
第四天(星期　　)	
第五天(星期　　)	
第六天(星期　　)	
第七天(星期　　)	

我的训练足迹

第一天：
第二天：
第三天：
第四天：
第五天：
第六天：
第七天：
教师评价：☻给予奖励；☺可以；😐不错；☹再努力
教师点评：

素质二 责任

项目三

信念坚定——责任意识训练

> 奋斗是青春最亮丽的底色,行动是青年最有效的磨砺。有责任有担当,青春才会闪光。
> ——2022年5月10日习近平在庆祝中国共产主义青年团成立100周年大会上的讲话

训练目的

增强责任意识、使命意识,培养勇于担当的精神品质;立足平凡岗位,专注工作,钻研业务,以高度的社会责任感和精湛的技艺全心全意为人民服务,像雷锋那样信念坚定,具备责任意识和担当精神。

▶ 任务一:读雷锋日记

人民的困难,就是我的困难,帮助人民克服困难,贡献自己的一点力量,是我应尽的责任。

(1961 年 9 月 11 日)

我觉得一个真正的革命者,他是大公无私的,所作所为,都是对人民有益的,他的责任是没有边的……

(1961 年 10 月 10 日)

▶ 任务二:讲雷锋故事

雷锋坚持履行自己的神圣职责

雷锋在抚顺当兵时,曾是一名救火英雄。1960 年 8 月初的一个傍晚,雷锋正在和班里的战友研究汽车理论,突然发现西边的一栋房子里冒出了浓烟,蹿出了火苗,雷锋立刻站起来说:"不好,一定是加工厂起火了!"他喊上大家向起火地点跑去。到了现场,雷锋奋不顾身攀上房脊,挥起扫帚与烈火展开了搏斗。大火扑灭后,雷锋的鞋子烧坏了,衣服烧破了,手也烧伤了。

没过多久抚顺发大洪水,运输连接到了抗洪抢险的命令。雷锋忍着刚刚参加救火被烧伤的手的疼痛,和战友们在上寺水库大坝连续奋战了七天七夜,记二等功一次。

有一次,望花区召开大生产号召动员大会,声势很大。雷锋上街办事,正好看到这个场面,于是取出存折里攒的 200 元钱(存折里共有 203 元),跑到望花区党委办公室要求捐献,要为建设祖国做贡献。接待他的同志实在无法拒绝他的这份情义,只好收下一半。过了不久,辽阳遭受了百年不遇的洪水,雷锋又将另外 100 元捐献给了辽阳人民,他为国家建设、为灾区,捐献出了自己的全部积蓄。

【故事启迪】

当祖国和人民有困难的时候,雷锋总是义不容辞地把责任和担当扛在肩上,视祖国和人民的利益高于一切,满腔热忱地奔赴祖国最需要的地方,奋不顾身地参与抢险救灾,尽心尽力地帮助困难群众。新时代青年要像雷锋一样牢固树立责任意识和担当精神,坚定理想信念、勇担时代使命,把青春献给伟大的祖国。

▶ **任务三：学职场雷锋**

1. 祖国的土地一寸都不能少
——记守护山南国土的卓嘎和央宗

"河的源头在北方，心之所向是祖国。"

2017年感动中国人物、"时代楷模"卓嘎和央宗姐妹（图3-1），像扎根雪域边陲的格桑花，谱写了爱国守边的动人故事和时代赞歌。

图3-1 卓嘎和央宗

卓嘎和央宗姐妹生活的西藏山南市隆子县玉麦乡，地处中印边境。因为出行不方便，很多人都陆续搬离了玉麦。她们的父亲桑杰曲巴是个老民兵，放牧守边34年，从未离开过这片土地。卓嘎、央宗姐妹在父亲的带领下，加入了中国共产党，父女3人以放牧为生，守护着祖国数千平方公里的土地。1964年至1996年的34年间，桑杰曲巴家是这片土地上仅有的一户人家。一个爸爸，两个女儿，一栋房子，既是乡政府，也是他们的家。

父亲桑杰曲巴常对卓嘎和央宗说："如果我们走了，这块国土上就没有人了！"这句话，两个女儿记了一辈子。她们知道，守护土地，就是守护国家。父亲去世后，卓嘎、央宗姐妹俩接过守边重任，一天也没有离开。冬去春来、日月轮回，风吹雨打、花开花落，姐妹俩始终高举爱国守边的旗帜，始终秉持"家是玉麦，国是中国，放牧守边是职责"的坚定信念，如磐石般坚守在玉麦，向世界宣告：我站立的地方是中国！祖国的土地一寸都不能少！

2017年10月28日，习近平总书记给卓嘎、央宗姐妹回信，肯定她们父女两代接力为国守边的行为，感谢长期为守边固边履行神圣职责、忠诚奉献的同志，勉励广大农牧民群众扎根雪域边陲,守护好国土,建设好家乡。如今的玉麦乡人丁兴旺,建立起完备的乡级基层组织,人烟稀少的广袤土地也有了公安边防部队驻守,央宗的儿子索朗顿珠也在大学毕业后回到了玉麦,越来越多的人如卓嘎和央宗两姐妹一样,以发自内心的神圣责任感守望着中华人民共和国玉麦乡的土地。

2. 安置一个人,温暖两个家
——"阳光大姐"用"爱心+责任"演绎精彩人生

济南阳光大姐服务有限责任公司(以下简称"阳光大姐公司")是一家家政服务机构,主要为失业妇女提供教育培训、就业安置、权益维护等系列化服务,为社会家庭提供家政服务。

阳光大姐公司用"爱心+责任"的服务理念打造专业团队,力求在担当社会责任中拓展自己的发展空间。2010年,公司发布国内家庭服务行业首份基于ISO26000的《企业社会责任报告》。阳光大姐公司自筹资金筹建了雷锋展览馆,把雷锋精神融入企业文化中,并且通过开展"雷锋伴我行,阳光进万家"行动,引领全国家政服务人员学雷锋、做雷锋,成为雷锋式服务员,用"安置一个人,温暖两个家"的服务宗旨促社会就业创业。

2013年11月27日,习近平总书记视察山东,在阳光大姐公司招聘展位前指出,家政服务大有可为,家政从业者要讲诚信,提高职业化水平。

其实,卓长立董事长(图3-2)自己也曾是下岗女工,20多年前她逆境求生,两次创业,创办的阳光大姐公司目前已累计安置就业两百余万人次。如今,"阳光大姐"商标被认定为同行业首个"中国驰名商标"。

图3-2 "阳光大姐公司"董事长卓长立

如今,阳光大姐公司已被确定为全国家庭服务业国家级服务标准化示范单位,先后获得全国"三八"红旗集体、全国就业先进企业、全国居家养老进社区示范单位、工人先锋号、青年文明号、全国居家养老进社区示范单位、山东省诚信示范单位等荣誉称号。

任务四：悟品质内涵

经典故事

毫不利己专门利人的白求恩

白求恩同志具有毫不利己、专门利人的伟大精神，这种精神的一个重要体现就是他对工作极端负责，这种责任感贯穿于白求恩的每一个行动之中。

有一次，白求恩在病房里看到一个小护士给伤员换药，发现药瓶里装的药与药瓶上标签的名称不一致，也就是说，药瓶里的药不是应该用的药，这怎么行呢？如果药用错了，会导致生命危险。白求恩严肃地批评了那个小护士，告诉她，做事这样马虎，是会出人命的！随后，白求恩用小刀把瓶子上的标签刮掉，并说："我们要对同志负责，以后不允许再出现这种情况。"小护士挨了批评，脸涨得通红，眼泪都要流出来了。白求恩心里很生气，但他控制着自己的情绪说："请你原谅我脾气不好，可是，做卫生工作不认真，不严格要求不行啊！"事后，白求恩向政委提出，要加强教育，提高工作人员的责任心，才能把工作做好。

白求恩不仅用高超的医术救治伤员，还主动提出要办一所模范医院。为此，他亲自编写教材，亲自制作医疗器械，亲自为八路军医生上课，为八路军培训了大批的医务人员。千方百计改进工作，提升八路军医疗卫生水平，这也体现了他对工作极其负责任的态度。

毛主席对白求恩评价极高，说他是"一个高尚的人，一个纯粹的人，一个有道德的人，一个脱离了低级趣味的人，一个有益于人民的人"。

品质探析

1. 概念与内涵

责任意识，就是清楚自己的责任并能自觉履行社会职责，把责任转化到实际行动中去的心理表现。责任意识是一种自觉意识，也是一种传统美德。

习近平总书记强调"空谈误国、实干兴邦"。增强责任意识，关键在于履行职责。责任意识主要表现在三方面：一是主动学习，深明大义。新时代，新征程，新任务，当代青年要树立坚定的理想信念，与祖国同呼吸、共命运，就要坚持学习，紧跟时代步伐，明白肩负的时代责任，自觉担当时代赋予的使命。二是从小事做起，从身边做起。要立足岗位，认真做事，态度积极，把工作做到尽善尽美；日常生活中遵纪守法，乐于助人，爱护环境，讲文明有礼貌。三是提升专业技能，增长专业才干。以时不我待、只争朝夕的工作精神，干实事、实干事、多干事，以苦干实干体现时代特质，切切实实把干事创业的激情融入社会变革进步的时代潮流中。

2. 现状与问题

职业院校学生中仍然存在集体观念和责任意识较为薄弱的现象，主要表现有：一是自我意识较强。容易以自我为中心，放任自己，缺乏足够的自律精神；依赖性强，重权利享受，轻义务履行，不懂回报，感恩意识不强。二是责任意识淡薄。集体意识、公德意识、诚信意识不强，重个人价值，轻社会价值。三是承受能力不强。缺乏承担责任的勇气，在发生过失和错误时，有些人选择采用回避或者掩饰的方法；遇到挫折，如学业不顺、发展受阻、恋爱受挫、人际协调不好等问题，可能出现严重的心理问题，甚至采取极端行为。

3. 作用与意义

责任意识有利于提升工作能力，充分发展自我。有责任心的人会把圆满完成工作当成自己的义务，为了更有效地完成工作努力付出，包括努力学习新知识、借鉴他人的经验、及时总结工作经验、做好档案管理等；有责任意识的人坚韧不拔，遇到问题不会打退堂鼓，会主动想尽一切办法去解决问题。因此，有责任意识的人工作能力必然越来越强，道德境界必然越来越高，人格必然越来越完美。

较强的责任意识有利于内涵建设提升，助推单位发展。有责任意识的人工作认真仔细，能够在执行工作前做好周密计划与充分准备，从而把工作做得井井有条，让工作流程化和标准化，有利于提高单位的工作效率；有责任意识的人有组织纪律性，能够以大局为重，服从和协调配合，减少工作矛盾，有利于发挥单位的团队作用；有责任意识的人自律可靠，说到做到、有始有终，一言一行值得信赖，承诺过的事情能够负责到底，有利于减少单位的监督成本。

▶ 任务五：测职业品质

测试一：你有责任意识吗？

下列各题中，每题有 3 个备选答案，根据你的实际情况，选择一个最适合你的答案：是；否；不确定。

1. 你是否觉得自己具有很强的责任意识？
2. 你是否经常准时赴约？

3. 你是否信守这样的格言——"值得做的事就得做好"?
4. 你总是被别人依赖吗?
5. 你是否喜欢顺其自然地生活?
6. 你是否经常把事情留到非做不可的时候才做?
7. 你是否偶尔有这样的倾向——"凡事顺其自然"?
8. 你是否很难做那种需要持续集中注意力的工作?
9. 你是否觉得万事开头难?
10. 你是否常常丢三落四?
11. 一般来讲,你是一个无忧无虑的人吗?
12. 你喜欢写评论文章吗?
13. 一般来讲,你是否以一种严肃、负责的态度对待人生?
14. 你被认为是一个不容易相处的人吗?
15. 如果你说出来要做某事,你是否从不食言,尽管做此事可能很困难?
16. 在工作中你是否有时草率粗心?
17. 你接到信件后就立即给别人回信吗?
18. 一般来讲,你对未来不太关心吗?
19. 你能问心无愧地说你比大多数人都守信用吗?
20. 如果需要在早晨某一时刻起床,你是否记得设置闹钟?
21. 你是否总是奉行这样的准则——"劳于先而后享乐"?
22. 作为投票人,在选举中,你是否觉得选谁都无所谓?
23. 上学时,你是否偶尔逃过学?
24. 你是否经常熬夜导致无法按时起床?
25. 你是否宁愿寻找果皮箱,也不会把废物随手扔在马路上?
26. 你定期做牙科检查吗?
27. 你对自己的身体状况了解吗?
28. 你是否有时装病以逃避不愉快的责任?
29. 你是否觉得,为自己晚年精打细算毫无意义?
30. 如果在街上捡到一件值钱的东西,你是否会把它交给警察?

计分:

选项	1+	2+	3+	4+	5-	6-	7-	8-	9-	10-	11-	12-	13+	14+	15+
是															
否															
不确定															

续表

选项	16-	17+	18-	19+	20+	21-	22-	23-	24-	25-	26+	27+	28-	29-	30+
是															
否															
不确定															
总分															

测试标准：

计分表中，题号后标"+"号的：肯定回答得1分，否定回答不得分，无法确定的得0.5分。题号后标"-"号的：否定回答得1分，肯定回答不得分，无法确定的不得分。

测试结果分析：

得分在15分以上：具有较强的责任意识，做事情认真细致，稳重谨慎。

得分在15分以下：缺乏责任意识，做事情漫不经心，不拘礼仪，容易失信。

测试二：你的升职潜力有多大？

这套测试题可以对你的情感驾驭能力、业务能力、精力充沛度、人际关系和谐度、跟领导的沟通能力、竞争意识等心理方面进行综合测试，每道题只能选一个答案。

1. 尽管你很努力地工作，但客观地分析一下，你的领导对你的工作满意吗？（　　）
   A. 不满意　　　　　　B. 有些不满意　　　　C. 不知道是否满意
   D. 比较满意　　　　　E. 非常满意

2. 每天忙忙碌碌地辛苦工作，你感到来自工作的压力有多大？（　　）
   A. 压力很大　　　　　B. 有点压力　　　　　C. 没有感到压力
   D. 比较轻松　　　　　E. 工作非常轻松

3. 你能从容不迫地负担繁重工作而不感到过分疲劳和力不从心吗？（　　）
   A. 工作很繁重疲劳　　B. 有点力不从心　　　C. 一般
   D. 精力比较充沛　　　E. 精力非常充沛

4. 你为自己心中设定的职业发展目标付出过有效的行动吗？（　　）
   A. 还没有　　　　　　B. 有些努力　　　　　C. 不知道该怎么努力
   D. 正在努力中　　　　E. 付出了很多努力

5. 请总结一下自己：每天在工作中是否开心？（　　）
   A. 不开心　　　　　　B. 有些不开心　　　　C. 谈不上开心与否
   D. 比较开心　　　　　E. 非常开心

6. 工作中，你是否经常主动找机会跟上司进行沟通(比如单独谈话、一起就餐等)？（　　）

A. 从不主动   B. 有些不主动   C. 无所谓
D. 比较主动   E. 非常主动

7. 你是否认为职场上应该一切随缘,万事莫强求,不给自己定目标更好?(　　)
A. 完全同意   B. 有些不同意   C. 没仔细想过
D. 不太同意   E. 完全不赞同

8. 你对待工作的态度是积极乐观还是比较消极悲观?(　　)
A. 悲观   B. 不是太乐观   C. 不乐观也不悲观
D. 比较乐观   E. 非常乐观

9. 在朋友或者家人面前,你常发泄倾诉工作方面的牢骚和不满吗?(　　)
A. 经常   B. 偶尔   C. 特殊情况才有
D. 比较少   E. 极少

10. 你的计划或决定是不是常常因外界影响而改变?(　　)
A. 经常是   B. 多半会有些改变   C. 有道理就接受
D. 一般不会   E. 极少改变

11. 你鄙视那些业务能力平平但很会跟老板搞关系并很得老板赏识的人吗?(　　)
A. 非常鄙视   B. 有些瞧不起   C. 无所谓
D. 能理解接受   E. 值得学习

12. 与你在一起工作的同事跟你的关系怎么样,是否真的都很喜欢你?(　　)
A. 自己很孤立   B. 一些同事不喜欢自己   C. 一般
D. 多数都喜欢自己   E. 都很喜欢

13. 你是否喜欢在有竞争压力的环境中工作?(　　)
A. 不喜欢   B. 有些不喜欢   C. 无所谓
D. 比较喜欢   E. 非常喜欢

14. 你是否认为自己怀才不遇?(　　)
A. 绝对不是   B. 好像不是   C. 没想过
D. 有点是   E. 是的

15. 你认为工作中有话直说的性格是个好性格并值得提倡吗?(　　)
A. 是的   B. 不完全是   C. 无所谓
D. 不是   E. 绝对不是

16. 工作中你经常主动提出有建设性的创新想法吗?(　　)
A. 绝不多管闲事   B. 不太主张   C. 没创新想法
D. 不经常   E. 经常

17. 当你工作中遇到不顺心的事时,你能控制自己的情绪保持沉默不语吗?(　　)
A. 不控制,顺其自然   B. 不是太控制   C. 偶尔控制

D. 多数情况如此　　　　　E. 总是如此

18. 你在工作中的表现是不是很有耐心？（　　）

　　A. 没有耐心　　　　　B. 有时候没耐心　　　　C. 看事情的情况

　　D. 有一定耐心　　　　E. 非常有耐心

19. 你认为自己在工作方面还有很多卓越才能没有机会施展吗？（　　）

　　A. 绝对不是　　　　　B. 不是　　　　　　　　C. 没想过

　　D. 不完全是　　　　　E. 是的

20. 你愿意并相信你有能力去做更有挑战的事吗？（　　）

　　A. 绝不是的　　　　　B. 有些不是　　　　　　C. 不太清楚

　　D. 有些是　　　　　　E. 完全是的

测试标准：

得分：A为1分，B为2分，C为3分，D为4分，E为5分，然后把20道题的测试结果分数累加起来。

测试结果分析：

20~30分：目前这种状态，没有发展潜力，你该彻底反思一下自己，或者好好休一个长假。

31~50分：虽然你有了一些职场上的经验，但在很多方面有待改进。

51~70分：你在单位属于普通员工，不愿意承担太大的责任，没有太大的成功愿望，缺少创新意识，在本职工作上至少在一年内没有进一步发展的可能。

71~90分：你是个有理想、有抱负、爱思考并充满激情的人，愿意从事富有挑战性的工作，有望近期内在职场上再上一个新台阶。

91~100分：你是个有领导才能、有个人魅力的人，你很想在事业上开拓自己的版图。你的优秀品质注定会让你在众多人中脱颖而出。

▶ 任务六：练职业素质

训练一：角色扮演，感悟责任

1. 训练目的

通过盲行训练，引导和帮助学生感悟责任、明确责任，进而树立起责任担当意识。

2. 训练准备

教师根据本学校实际情况设计好盲行路线，盲行路线应有跨越、下蹲等多种形式的障碍。训练可以在室内进行，也可以将室内室外训练融合在一起。根据划分的小组人数准备盲行眼罩,可准备一个适合的音乐作为背景。

3. 注意事项

训练要求地面平整,周围没有硬、凸、尖的物体,务必保证安全。活动过程中,要保持安静,教师提醒学生事先不要交流,设计暗号,在行进过程中注意感悟和体验。

4. 训练过程

将学生划分为偶数个小组,分别扮演"盲人"和"拐杖"两个角色。一组扮演看不见世界的"盲人"。"盲人"戴上眼罩后原地转3圈,失去方向感后体验盲人的无助。另一组扮演帮助盲人的"拐杖"。由"拐杖"帮助"盲人"完成有障碍的盲行路线行走。在行走过程中,"盲人"和"拐杖"禁止进行语言交流,"拐杖"只能用肢体动作引导"盲人"。所有小组完成一次行走后交换角色,重新体验。在"盲人"与"拐杖"角色互换的行走过程中,最好不要选择原来的伙伴,每次体验都以陌生对象为最佳。

5. 训练分享

通过体验角色,感悟责任,学生对责任意识有了一定的认识,懂得一个人只有树立责任意识才能顺利完成任务,做好工作。

6. 训练启迪

在训练中,学生通过扮演角色,感悟责任,深刻认识到责任就是做好分内应做的事。承担责任对每个人来说都不难,无论是在家里、学校,还是在社会中,只要大家明确责任,做好自己应做的事,就是一个有责任意识,对社会有用的人。

训练二:专注细致,践行责任

视频3-1
责任能力
训练

1. 训练目的

让学生在问题情境中思考,训练其责任意识。

2. 训练准备

准备小纸条,书写答案。

3. 训练过程

了解问题情境,形成认知:学院要在次日上午8点召开"学雷锋座谈会",此次会议非常重要,所有人必须都准时参加,院长要求秘书安排并通知所有参会的人员,秘书也要参加会议并做记录。体验角色,实践责任行为:如果你是负责该会议的秘书,你将如何安排你的相关工作?

4. 训练分享

你负责哪项工作?你觉得还可以从哪些方面开展这项工作?

注重细节与工作效率之间有什么关系?

平时你注重细节吗?在学习和生活中是如何做到注重细节?

5. 训练启迪

多数人的工作只是一些具体、琐碎、单调的事,但这就是工作,就是生活,是成就大事不可缺失的基础。生活的一切是由细节构成的,决定成败的必将是看似微不足道的细节,细节的竞争才是最终和最高的竞争层面。

【训后延伸】责任意识的主要训练方法

第一,文化陶冶。责任意识是大学生形成健全人格的基础,是能力发展的催化剂。学校要充分利用宣传阵地,营造有利的文化氛围,进行责任心的渗透教育,以达到唤醒学生责任意识的目的。古今中外,多少仁人志士,他们的精神气节令人赞叹不已,归结起来,这些精神气节都源于高度的责任意识。让学生收集杰出人物的典型事迹,了解这些杰出人物的责任感,再通过读书心得汇报会等形式,让学生畅谈阅读体会,产生情感共鸣、陶冶情操。

第二,榜样激励。孔子曰:"其身正,不令而行;其身不正,虽令不从。"以教师的职业为例,教师的一言一行,对学生的影响至关重要,身教重于言教。对于教师的言谈举止,学生的眼睛是"录像机",耳朵是"录音机"。一个对工作有责任心的教师,会给学生留下深刻的印象,成为学生的楷模,学生的责任心会在教师潜移默化的影响下逐步增强。

第三,制定目标。如在教学过程中,师生可以共同制定一个难度适宜的奋斗目标。这样,大家就会齐心协力地朝着共同的方向不断努力,集体责任感自然会得到加强。在班干部选举上,采取民主选举、轮流任职的方式,让每一位学生都有机会走上成长的岗位,都能体验主人翁的自豪感。在日常生活中,要开展大学生自我管理、自我教育系列活动。要增设班级服务岗位,让更多的学生承担班级活动的各项责任,使每一位学生都能在班级内有为同学服务的机会,真正确保人人有事干,事事有人干,人人有责负,从而提高学生的服务能力和责任意识,使学生得到锻炼。

第四,常规训练。培养学生的责任意识,必须通过他们自己的行为和体验,让学生亲身实践。要对学生进行良好习惯的行为规范训练。行为规范训练要有重点、有要求、有落实、有检查、有总结。为了使学生形成稳定的习惯,行为规范训练要反复进行、持之以恒,训练内容要滚动进行。要在活动中引进竞争机制,增强每个成员的责任心,进而使学生的责任意识得到良好培养。

▶ 任务七：养成良好习惯

我的学习心得

雷锋是一个积极履责、敢于担当的人。一代人有一代人的使命，一代人有一代人的担当。新时代大学生要像雷锋一样，勇于担当负责，积极主动作为，扎根人民、奉献国家，做有志向、懂感恩、负责任、有作为的时代新人。

我的感想：_____

_____。

我的课后训练

1. 和自己的家人（比如爷爷、奶奶、爸爸、妈妈）做一次深入的交流和沟通：了解自己家族的发展脉络；了解家人为家庭所作的努力、付出的艰辛；了解自己成长历程中家人的呵护和关爱。

家庭成员（姓名）	与本人关系	从事工作	对家族贡献	对我的影响	我想对他（她）说的话

2. 结合课堂教学内容，以"中国梦，我的梦———我的家国使命"为题，撰写1 000字的演讲稿。

我的训练计划

给自己制订一个为学校、院系、班级、同学服务的计划，比如每天坚持清除操场上的杂物、每天坚持擦黑板、每天坚持打扫教室卫生、每次关掉长流水和长明灯等，记录坚持的情况；或者长期坚持做好一件事，如坚持每天跑步、每天阅读、每天学会几个单词等，形成良好的行为习惯。请填写一周的"我的训练计划"并记录"我的训练足迹"，并由老师点评。

训练目标	
训练项目	
时间(第　　周)	活动内容
第一天(星期　)	
第二天(星期　)	
第三天(星期　)	
第四天(星期　)	
第五天(星期　)	
第六天(星期　)	
第七天(星期　)	

我的训练足迹

第一天:
第二天:
第三天:
第四天:
第五天:
第六天:
第七天:
教师评价: 给予奖励; 可以; 不错; 再努力
教师点评:

项目三　信念坚定——责任意识训练

项目四

目标明确——人生规划训练

在实现中华民族伟大复兴的征程上，中国共产党是先锋队，共青团是突击队，少先队是预备队。入队、入团、入党，是青年追求政治进步的"人生三部曲"。中国共产党始终向青年敞开大门，热情欢迎青年源源不断成为党的新鲜血液。

——2022年5月10日习近平在庆祝中国共产主义青年团成立100周年大会上的讲话

训练目的

进行学业规划、职业生涯规划，确立符合自身发展特点、社会发展需要的职业目标、人生追求，像雷锋那样具备"目标明确"的职业品质。

▶ 任务一：读雷锋日记

我今天听一位同志对另一位同志说"人活着就是为了吃饭……"，我觉得这种说法不对。我们吃饭是为了活着，可活着不是为了吃饭。我活着是为了全心全意为人民服务，是为人类的解放事业——共产主义而奋斗。

(1962年8月6日)

我响应党的号召，决定留在农村广阔天地里，去当新式农民……决心做个好农民，驾起拖拉机耕耘祖国大地；将来，如果祖国需要，我就去做个好工人建设祖国；将来，如果祖国需要，我就去参军做个好战士，拿起枪用生命和鲜血保卫祖国，做人类英雄。

——雷锋在小学毕业典礼上的发言(1956年夏)

▶ 任务二：讲雷锋故事

立志成为光荣的人民解放军

1949年8月，中国人民解放军路过雷锋的家乡。雷锋看见宿营的队伍一住下来便对老乡问寒问暖，还帮助老乡挑水、扫地，买柴买菜按价付钱，不拿群众一针一线，就从心底萌生了要参军的愿望。于是，他找到部队的连长，说明了自己的情况和想要参军的心愿。连长得知雷锋苦难的身世后告诉他，他还小，等长大了才能当兵，并把一支钢笔送给了他，鼓励他要好好学习，长大了才能保卫和建设祖国。

1959年12月初，新一年的征兵工作开始了，雷锋迫切要求参加中国人民解放军，但焦化厂的征兵名额有限，且雷锋在工地的表现十分突出，领导舍不得放他走，不同意他报名。这可急坏了雷锋，他跑了几十里路，来到辽阳市人民武装部向余政委讲述自己的经历，表明了参军的志愿和决心。

武装部的余政委和工程兵派来的接兵领导专门研究了雷锋的入伍问题，认为他是苦孩子出身，经过实际工作的锻炼，政治素质好，入伍动机明确，虽然身高不高，体重不足55公斤，身体条件差些，但他在农场开过拖拉机，在工厂开过推土机，多次被评为社会主义建设积极分子和先进工作者，相信他入伍会成长得更快。经过反复考虑后，二人最终决定批准雷锋入伍，雷锋也终于实现了自己参军的愿望。

【故事启迪】

16岁的雷锋在高小毕业典礼上对自己的人生进行了长远的规划,此后6年,他言行合一,实现了人生的三大规划目标,成了好农民、好工人、好战士。当代青年要像雷锋那样,学会规划人生,制定自己的人生蓝图,脚踏实地往前走,与时代同行,与行业同步,充分对接新技术、新标准、新需求,只有这样才能将理想变成现实。

▶ 任务三:学职场雷锋

1. 一生只为一条渠
——记"当代愚公"黄大发

黄大发,贵州省遵义市播州区平正仡佬族乡原草王坝村党支部书记,他历时36年,带领村民在悬崖绝壁上开凿出一条主渠长7 200米、支渠长2 200米的"生命渠",用坚持与实干兑现"水过不去,拿命来铺"的誓言,被誉为"当代愚公"(图4-1)。

图4-1 黄大发

草王坝过去缺水严重,村里人去最近的水源地挑水来回要走两个小时。1958年,黄大发当选草王坝大队大队长。他许下承诺"一定要想方设法通上水,让大家吃上米饭",这句话成了黄大发的人生信条。为解决缺水问题,草王坝由公社牵头,村里组成施工队,黄大发任指挥长,开始修建"红旗大沟",计划打通隧道建成沟渠,引来大山背后的螺丝河水。由于资金、技术等原因,工程只打通了116米长的隧道,水渠后来被废弃,但黄大发并没有放弃,因为他心中始终有一个执念:我是村干部,有责任修通水渠,解决村里人畜饮水问题,改变贫困现状。1989年,54岁的黄大发向组织申请到枫香水利站跟班学习水利知识和开凿技术。

经过多方奔走和申请,1992年年底,修渠工程终于立项。第二年正月初三,水渠工程冒着大雪开工。黄大发既当指挥长又当技术员,年近六旬的他总是冲在最前面。在修擦耳岩段时,一处倒悬的崖壁成了难题,年近六十的黄大发把麻绳系在自己身上吊下悬崖测量。修渠期间,黄大发的女儿和孙子相继因病去世,黄大发承受着悲痛,坚守在修渠一线。

1994年,水渠的主渠贯通,河水第一次满满当当地流进草王坝村。群众用黄大发的名字给这条渠命名为"大发渠"。水渠修好后,黄大发又带领群众修村路、架电线、"坡改梯"、建学校,改变了当地贫穷落后的面貌,用实际行动践行了新时期愚公移山精神。

2017年,黄大发获"时代楷模"称号;2019年,黄大发获"最美奋斗者"荣誉称号;2020年,黄大发获评"全国劳动模范";2021年,中共中央授予黄大发"七一勋章"。黄大发同志以坚定的信仰和不屈的精神书写了绝地逢生的精彩传奇,展现了贫困山区党员百折不挠的独特魅力。

2. 为职业院校学生"量身定制"大思政课
——"全国教书育人楷模"王学利

王学利,新疆农业职业技术大学马克思主义学院党总支书记、院长、教授,2024年获评为"全国教书育人楷模",成为职业院校思政教育的标杆人物(图4-2)。

图4-2 王学利

专心教学　创新教法

王学利深知,职业院校的学生与普通高校学生在学习背景、职业规划等方面存在显著差异。为此,他提出了"案例导引、问题核心、三元融汇、五维协同"的高职问题式专题化教学模式。通过案例导引,解决亲和力问题;通过问题核心,提高针对性;通过三元融汇,将课前网络自学、课中研学、课后实践体验有机结合;通过五维协同,打造线上与线下、课堂与实践、思政课与课程思政、思政课与日常教育、思政课与育人体系协同的"大思政课"育人生态圈。他还积极推动思政教育的数字化转型,主导开发了"壹网情深"——新疆大思政课移动学习平台,旨在通过线上学习、互动和实践,进一步拓宽学生的学习渠道。他认为,新时代的职业教育评价体系应该更加多元化,不能仅仅依赖理论知识的考核,而是需要将实践表现、社会服务、人际关系等纳入评价范围,形成一个全方位的综合评价体系。

躬耕教坛　潜心育人

王学利发现，职业院校的学生往往缺乏自信。为了帮助学生树立自信，王学利和团队花费 3 年时间，编写了《高职德育活动课读本》，以 24 个专题形式将德育贯穿于学生在校生活的全过程，并将每周三下午列为德育活动时间。课程根据学生的成长阶段设置不同的专题，如"立志成才""认识自我优势""志愿服务""企业文化融入"等，引导学生认识自我，进行职业生涯规划，逐步提升自我管理能力和社会责任感。学生的自信心和职业前景预期得到了显著提升。2024 年年初，王学利被确诊了尿毒症，面对一周三次的透析治疗，面对医生"考虑生命长度和宽度"的忠告，面对同事焦急的休息劝解，他始终不忘自己的使命与担当。他常说"能为国家高职思政课建设做点事，吃点苦是值得的，而且我是累并快乐着！"

王学利将家国情怀、教师情怀倾注于一方讲台，用 37 年的坚守和创新，生动诠释了新时代教育工作者的责任意识与担当精神。

(来源：《中国青年报》、新疆农业职业技术大学，有删改)

▶ 任务四：悟品质内涵

📖 经典故事

为中华之崛起而读书

1911 年年底，周恩来在奉天(今辽宁省沈阳市)东关模范学校上学。当时正是中国社会发生剧烈变动的时期，很多人特别是年轻人思想困惑，没有明确的理想追求，没有人生奋斗的目标。一天，魏校长亲自为学生上修身课，题目是"立命"，就是给学生讲怎样立志。他向学生提出一个问题："请问你们为什么读书？"周恩来一直默默地坐在那里，若有所思，后来校长点名让周恩来回答，他站起身来，非常郑重地回答道："为中华之崛起而读书！"

"为中华之崛起而读书！"回答得多好啊！一句话，表达了周恩来从小立志振兴中华的伟大志向。

🔍 品质探析

1. 概念与内涵

人生规划就是根据社会发展需要和个人发展志向，通过对自身资源的合理配置，对自己的未来发展做出策划设计。从横向来说，人生规划包括：学习规划、职业规划、健康规划、情感规划、养老规划、资金规划、幸福规划等；从纵向来说，人生规划包括：长远规划、近期规划等。

2. 现状与问题

调查显示，部分职业院校学生人生目标不明确，自身定位不精准，学习工作效率不高，常常感到迷茫。导致这种现象的主要原因有三点：一是缺乏对自身的研究，自我认识不全面。老子在《道德经》中用"知人者智，自知者明"这句话强调自我认知的重要性，其中"明"指的是对自己有清醒的认识和理解，包括自己的优点、缺点、能力、性格、品行等。一个人对自我认知不全面，就会导致自身定位不清晰，对于自己适合学什么、将来适合做什么，没有清晰的认识。二是缺乏社会调研，实践锻炼不足。身处日新月异的信息化时代，很多年轻人缺乏应有的社会实践经验，对社会需要什么岗位，岗位需要什么样人才不是很清楚。三是缺乏科学指导，存在功利心理。确定职业目标时，容易受外界因素干扰，产生功利心理，比较注重职业的社会地位和职业薪酬，对职业选择缺乏坚定的信念，在进行职业规划时缺乏科学指导。

3. 作用与意义

人生规划让我们能更理性地思考未来，能够初步尝试和选择未来适合自己从事的事业和生活，培养规划决策能力和执行计划的素质。明晰的人生规划对个人成长意义重大。

人生规划具有强大的导向性作用。人的目标决定人生的方向。有一个非常著名的关于目标对人生影响的跟踪调查，调查表明：今天的结果不是今天决定的，而是由10年前自己制定的目标决定的；目标明确的人更能获得成功的未来。"如果你知道自己为什么而生，那么全世界都会为你让路。"只有当我们确定人生的目标后，我们才能把所有的力量和资源都集中在这个方向上，全力以赴去实现理想。

人生规划能产生强大的内驱力。具有明确目标的人意志力更强，能产生坚韧不拔的决心，克服艰难险阻，完成单调乏味的工作，忍受琐碎而又枯燥的细节，迎接每一个挑战，直至抵达成功；明晰的人生规划和明确的工作目标，更容易让人成功。心理学家认为，人天生是目标的追求者，一旦达到一个目标，又会为第二个目标继续启程上路。只要目标在前，人就会不断前行，产生强大的内驱力，最终成为走得更远的人。

▶ 任务五：测职业品质

测试一：霍兰德职业性格测试

针对下列各题，请根据你的实际情况，回答"是"或"不是"。

1. 你喜欢把一件事做完再做另一件事吗？（　　）
2. 你喜欢引人注目吗？（　　）
3. 你喜欢在做事之前,对事情做细致的安排吗？（　　）
4. 你喜欢使用锤子一类的工具吗？（　　）
5. 你认为自己更多是属于思考型而非情感型的人吗？（　　）
6. 你喜欢做实际工作吗？（　　）
7. 你具有研究自然科学的能力吗？（　　）
8. 你喜欢对难题做深入的研究和探讨吗？（　　）
9. 你动手能力强吗？（　　）
10. 你喜欢解决数学难题吗？（　　）
11. 你怕难为情吗？（　　）
12. 你喜欢自行车、电视、收音机吗？（　　）
13. 你喜欢独立做实验吗？（　　）
14. 你喜欢照顾别人吗？（　　）
15. 你喜欢交际吗？（　　）
16. 你喜欢修电器和做罐头一类的事情吗？（　　）
17. 你责任心强吗？（　　）
18. 你对教育工作感兴趣吗？（　　）
19. 你具有冒险精神吗？（　　）
20. 你喜欢修理家具吗？（　　）
21. 你喜欢零售店员的工作吗？（　　）
22. 你具有音乐、戏剧、艺术方面的才能吗？（　　）
23. 你善于为自己的观点辩护吗？（　　）
24. 你对咨询工作感兴趣吗？（　　）
25. 你喜欢组织各种活动吗？（　　）
26. 你喜欢记者工作吗？（　　）
27. 你喜欢当经理吗？（　　）
28. 你喜欢写诗或小说吗？（　　）
29. 你喜欢绘画吗？（　　）
30. 你具有唱歌跳舞方面的特长吗？（　　）
31. 你喜欢遵照上级的批示做细致的工作吗？（　　）
32. 你做一项工作,既仔细又有效吗？（　　）
33. 你喜欢生物课吗？（　　）
34. 你喜欢自然研究方面的工作吗？（　　）

35. 你喜欢办公室的统计类工作吗?(　　)
36. 你喜欢分类工作吗(如报刊邮件分类)?(　　)
37. 你喜欢独立工作吗?(　　)
38. 你喜欢阅读自然科学方面的书籍和杂志吗?(　　)
39. 你喜欢有条不紊的事务性工作吗?(　　)
40. 你喜欢物理课程吗?(　　)
41. 你喜欢社交活动吗?(　　)
42. 你喜欢与人协作吗?(　　)
43. 你具有较好的口才吗?(　　)
44. 你能帮助后进的甚至是犯错误的同学吗?(　　)
45. 你喜欢结交朋友吗?(　　)
46. 你喜欢做行政工作吗?(　　)
47. 你喜欢记账工作吗?(　　)
48. 你善于做别人的思想工作吗?(　　)
49. 你是一个沉静而不易动感情的人吗?(　　)
50. 你善于整理报纸、杂志、书籍吗?(　　)
51. 你是一个感情丰富的人吗?(　　)
52. 你喜欢打字的工作吗?(　　)
53. 你喜欢在许多人面前发表言论吗?(　　)
54. 你喜欢介绍商品吗?(　　)
55. 你喜欢参加收款工作吗?(　　)
56. 你喜欢参加会谈吗?(　　)
57. 你喜欢写作文吗?(　　)
58. 你具有丰富的想象力吗?(　　)
59. 当你接受新任务时,你喜欢用独特的方式完成吗?(　　)
60. 你能创造出新事物吗?(　　)

测试标准:

"是"记1分,"不是"记0分。下面六种类型得分最高的类型,即是你对应的类型,由此可以反映出你所感兴趣的职业。当得分最高项不止一种类型时,这说明你的职业适应性比较广泛,得分最低项则说明你不太适合从事该类型的职业。

测试结果分析:

A. 传统型

题号:31、32、35、36、39、47、49、50、52、55

性格说明:喜欢有序的、分工明确的工作。

适合职业：办公室职员、银行职员、图书管理员、会计、计算机操作员、统计员、交通管理员等。

B. 社会型

题号：19、21、23、25、27、46、48、53、54、56

性格说明：善于言辞、喜欢与人相处，为别人提供帮助。

适合职业：咨询师、培训师、教师、临床心理学家、就业指导顾问、商品营销人员等。

C. 事业型

题号：22、26、28、29、51、57、58、59、60

性格说明：自信、精力充沛、爱冒险、善于领导和组织活动。

适合职业：推销员、经理、电影电视节目制作人、政治家、社会活动家等。

D. 探索型

题号：5、7、8、10、13、33、34、37、38、40

性格说明：倾向于通过思考来解决问题。

适合职业：设计师、分析师、物理学家、生物学家、社会科学家、实验研究人员等。

E. 现实型

题号：1、2、3、4、6、9、11、12、16、20

性格说明：倾向于技能型、体力型且多合作的职业。

适合职业：机械、动植物管理方面的职业，生产技术方面的职业，手工技术方面的职业，机械设备运转以及工程安装等需要熟练技能方面的职业。

F. 艺术型

题号：14、15、17、18、24、30、41、42、43、44、45

性格说明：具有超乎常人的创造及想象能力。

适合职业：作家、画家、艺术家、作曲家、戏剧导演、诗人、演员等。

测试二：你的性格特点是什么？

请依据你真实的状态进行回答。

1. 你走路时是（　　）

A. 大步快走　　　　B. 小步快走　　　　C. 不快，仰着头

D. 不快，低着头　　E. 很慢

2. 和人说话时，你（　　）

A. 手臂交叠地站着　　　　B. 双手紧握着

C. 一只手或两手放在臀部　　D. 碰着或推着与你说话的人

E. 玩着你的耳朵、摸着你的下巴或用手整理头发

3. 你何时感觉最好？（　　）

A. 早晨　　　　　　　　B. 下午及傍晚　　　　　C. 夜里

4. 坐着休息时,你的（　　）

A. 两膝盖并拢　　　　　　　　B. 两腿交叠

C. 两腿伸直　　　　　　　　　D. 一腿蜷在身下

5. 碰到让你发笑的事时,你的反应是（　　）

A. 开怀地大笑　　　　　　　　B. 笑着,但不大声

C. 轻声地、咯咯地笑　　　　　D. 羞怯地微笑

6. 当你去一个派对或社交场合时,你（　　）

A. 很大声地入场以引起注意

B. 安静地入场,找你认识的人

C. 非常安静地入场,尽量保持不被注意

7. 当你非常专心工作时,有人打断你,你会（　　）

A. 欢迎他　　　　　　　B. 感到非常恼怒　　　　C. 在上述两者之间

8. 下列颜色中,你最喜欢哪一组颜色？（　　）

A. 红或橘色　　　　　　　　B. 黑色　　　　　　　C. 黄或浅蓝色

D. 绿色　　　　　　　　　　E. 深蓝或紫色　　　　F. 白色

G. 棕或灰色

9. 你经常梦到你在（　　）

A. 下落　　　　　　　　　　B. 打架或挣扎　　　　C. 找东西或人

D. 飞或漂浮　　　　　　　　E. 你平常不做梦　　　F. 你的梦都是愉快的

10. 临入睡的前几分钟,你在床上的姿势是（　　）

A. 仰躺,伸直　　　　　　　　B. 俯躺,伸直　　　　C. 侧躺,微蹬

D. 头睡在一只手臂上　　　　　E. 被盖过头

测试标准：

1. A. 6　B. 4　C. 7　D. 2　E. 1
2. A. 4　B. 2　C. 5　D. 7　E. 6
3. A. 2　B. 4　C. 6
4. A. 4　B. 6　C. 2　D. 1
5. A. 6　B. 4　C. 3　D. 5
6. A. 6　B. 4　C. 2
7. A. 6　B. 2　C. 4
8. A. 6　B. 7　C. 5　D. 4　E. 3　F. 2　G. 1
9. A. 4　B. 2　C. 3　D. 5　E. 6　F. 1

10. A. 7 B. 6 C. 4 D. 2 E. 1

现在将所有分数相加,再对照后面的分析。

测试结果分析:

低于 21 分:内向的悲观者。人们认为你是一个害羞的、神经质的、优柔寡断的人,永远要别人为你做决定,不想与任何事或任何人有关。

21~30 分:缺乏信心的挑剔者。你的朋友认为你勤勉刻苦、很挑剔。他们认为你是一个谨慎的、十分小心的人,一个缓慢而稳定辛勤工作的人。

31~40 分:以牙还牙的自我保护者。别人认为你是一个明智、谨慎、注重实效的人。也认为你是一个伶俐、有天赋、有才干且谦虚的人。

41~50 分:平衡的中庸者。人们常常认为你是一个新鲜的、有活力的、有魅力的、好玩的、讲究实际的人;一个经常成为群众注意力的焦点,但是足够平衡的人,不至于因此而昏了头。

51~60 分:吸引人的冒险家。别人认为你是一个令人兴奋的、活泼易冲动的人;是一个天生的领袖,一个做决定会很快的人,虽然你的决定不总是对的。

60 分以上:傲慢的孤独者。别人认为对你必须"小心处理"。在别人的眼中,你是自负的自我中心主义者,是一个有极端支配欲、统治欲的人。

▶ 任务六:练职业素质

训练一:职业生涯探索

1. 训练目的

带领组员了解各种不同职业类型的主要特征;帮助组员在充分了解自己的基础上,探索和发现适合自身的职业类型,为以后的职业决策打下必要的基础;引导组员将自己的职业选择与个人学习、生活和成长联系起来,尽力实现协调和统一。

2. 训练准备

在 6 个不同的地方摆放标牌,标牌上分别写有:A 岛、I 岛、C 岛、R 岛、S 岛、E 岛。准备采访单、签字笔数份,播放轻松欢快的音乐。

3. 训练过程

首先要说明游戏背景:如果有机会让你到以下 6 个岛屿旅游,不用考虑费用等问题,你最想去的是哪个?请按照喜欢程度选出 3 个。

A 岛:美丽浪漫的岛屿。岛上遍布美术馆、音乐厅,弥漫着浓厚的艺术文化气息。同时,当地的原住民还保留了传统的舞蹈、音乐与绘画,许多文艺从业者都喜欢来这里找寻灵感。

I岛:深思冥想的岛屿。岛上人迹较少,建筑物多僻处一隅,平畴绿野,适合夜晚观星。岛上有多处天文馆、科博馆以及科学图书馆等。岛上居民喜好沉思、追求真知,喜欢和来自各地的哲学家、科学家、心理学家等交流心得。

C岛:现代、秩序井然的岛屿。岛上建筑十分现代化,是新颖的都市形态,以完善的户政管理、地政管理、金融管理见长。岛民个性冷静保守,处事有条不紊,善于组织规划。

R岛:自然原始的岛屿。岛上保留有热带的原始植物,自然生态保持得很好,也有相当规模的动物园、植物园、水族馆。岛上居民以手工见长,自己种植花果蔬菜、修缮房屋、打造器物、制作工具。

S岛:温暖友善的岛屿。岛上居民个性温和、十分友善、乐于助人,社区自成一个密切互动的服务网络,多互助合作,重视教育,弦歌不辍,充满人文气息。

E岛:显赫富庶的岛屿。岛上的居民热情豪爽,善于企业经营和贸易。岛上的经济高度发达,处处是高级饭店、俱乐部、高尔夫球场。来往者多是企业家、经理人、政治家、律师等。

每位组员找到自己最喜欢的小岛,并围成一圈。当所有组员都找好岛屿之后,两两组合进行角色扮演,一个扮演采访者,另一个扮演被采访者。5分钟后,组员交换角色,进行第二轮采访。

公布答案:

选择A岛是艺术型(Artistic)。喜欢的活动:创造。喜欢自我表达,喜欢写作、音乐、艺术和戏剧。喜欢的职业:作家、艺术家、音乐家、诗人、漫画家、演员、戏剧导演、作曲家、乐队指挥和室内装潢设计人员。

选择I岛是研究型(Investigative)。喜欢的活动:处理信息(观点、理论)。喜欢探索和理解、研究那些需要分析、思考的抽象问题;喜欢独立工作。喜欢的职业:实验室工作人员、生物学家、化学家、社会学家、工程设计师、物理学家和程序设计员。

选择C岛是事务型(Conventional)。喜欢的活动:组织和处理数据。喜欢固定的、有秩序的工作或活动,希望确切地知道工作的要求和标准;愿意在一个大的机构中处于从属地位。喜欢的职业:会计师、银行出纳、簿记、行政助理、秘书、档案文书、税务专家和计算机操作员。

选择R岛是实用型(Realistic)。喜欢的活动:事务性的工作。喜欢户外活动或操作机器,不喜欢在办公室工作。喜欢的职业:制造业、渔业、野外生活管理业、技术贸易业、机械业、农业、技术岗位、林业、特种工程师和军事工作。

选择S岛是社会型(Social)。喜欢的活动:帮助别人。喜欢与人合作,热情关心他人的幸福,愿意帮助别人解决困难。喜欢的职业:教师、社会工作者、心理咨询师、服务性行业人员。

选择 E 岛是企业型(Enterprising)。喜欢的活动：领导和影响别人，或为了达到个人或组织的目的而善于说服别人；希望成就一番事业。喜欢的职业：商业管理、律师、营销人员、市场或销售经理、公关人员、采购员、投资商、电视制片人和保险代理。

4. 训练分享

你为什么选择这个小岛居住？你所选择的职业属于哪一类？有什么特点？你选择这个职业的原因是什么？你想通过这个职业获得什么？你认为自己能否做好这个职业？为什么？

5. 训练启迪

职业没有高低贵贱之分，从事任何职业都是在以某种特定的形式承担着责任，都在为社会做贡献。没有最优秀的职业，只有最适合自己的职业。只有找到能施展自己才华的舞台，才能跳出最美丽的舞蹈；只有找到自己适应的社会位置，才能人尽其才、各显神通。

训练二：人生规划拍卖会

1. 训练目的

思考自己人生中最重要的是什么？学生通过对问题的思考，明确人生的目标；在交流分享中，同学之间彼此启发、相互学习，明晰自己的人生规划。

视频 4-1
人生规划
训练

2. 训练准备

提前布置"人生生命线"的作业，根据作业总结拍卖标的；准备拍卖道具。

3. 训练过程

（1）每个人有 6 000 元资金参加竞拍。这 6 000 元代表每个同学一生的心血和精力，按 100 元 = 1 年换算，6 000 元 = 60 年。

（2）每件物品的底价均为 1 000 元，每次竞拍以 500 元为单位，价高者得。每件物品的最高出价喊价 3 次后无人加价则击槌成交，成交后不能随意改换。若一次出价 6 000 元，则立即成交。

（3）将印有拍卖品的清单发给学生，学生可以思考准备出价拍卖。

4. 训练分享

到目前为止，你做了哪些规划？在拍卖过程中，你是不是什么都没买？为什么？你买了些什么，后悔吗？

5. 训练启迪

人生规划就是我们的行动指南，直接影响我们的职业选择与职业发展。习近平总书记曾说过，青年人要"扣好人生第一粒扣子"。人生规划正如一颗纽扣，每一个目标、每一个理想、每一份事业都是从这一颗纽扣开始,它是一块基石,也是命运的闸门。人生之路是漫长的,但紧要处只有几步,尤其当年轻的时候,一定要及时规划,不负年华,不忘初心。

【训后延伸】人生规划的主要训练方法

第一,分析你的需求。你也许会问这一步怎么做呢?不妨试试以下方法:开动脑筋,写下10条未来5年你认为自己应做的事情,要确切,但不要过分顾虑哪些是自己做不到的,给自己的头脑充分的空间。

第二,进行SWOT分析。分析完你的需求,试着分析自己的性格、所处环境的优势和劣势,一生中可能会有哪些机遇,职业生涯中可能有哪些威胁。

第三,长期和短期的目标。根据你认定的需求,自己的优势、劣势、可能的机遇来勾画自己长期和短期的目标。在这个长期目标的基础上,你可制定自己短期目标来一步步实现。

第四,明确自己会遇到的阻碍。确切地说,写下阻碍你达到目标的障碍,比如自己的缺点、所处环境中的劣势,这些缺点一定是和你的目标有联系的,而不是分析自己所有的缺点。当你发现自己的不足时,就下决心改正它,这能使你不断进步。

第五,制订提升计划。提升计划要明确,要有期限。你可能会需要提高某些技能,或学习新的知识和技能。

第六,学会寻求帮助。外力的协助和监督会帮你更有效地完成这一步骤。

第七,分析自己的角色。制订一个明确的实施计划,重要的是明确根据计划你要做什么。应随时反思一下所在单位对你的要求和期望是什么,做出哪种贡献可以使你在单位中脱颖而出。成功的人士会不断对照单位的投入来评估自己的产出价值,并保持自己的贡献在单位的要求之上。

▶ 任务七:成良好习惯

我的学习心得

雷锋是一个目标明确、敢于追梦的人。新时代大学生要担好时代之责,像雷锋一样与时代发展同频共振,到艰苦地区、基层一线去,到祖国最需要的地方去,扎根祖国大地,练就过硬本领,服务人民、奉献社会,为建成社会主义现代化强国贡献青春力量。

我的感想:_____

_____。

我的课后训练

为帮助同学们认识自己的价值观，找到自己的动力，让生命的活水源源不绝，请思考下面的问题，写下自己内心最真实的想法，进一步明确自身的价值观。

(1) 如果我是个富翁，我会：_____；
(2) 在这个世界上我最想改变的一件事是：_____；
(3) 我一生中最想要的是：_____；
(4) 我在什么情况下表现最好：_____；
(5) 我最关心的事是：_____；
(6) 我幻想最多的事是：_____；
(7) 我的父母最希望我能：_____；
(8) 我生命中最大的喜悦是：_____；
(9) 熟知我的人认为我是：_____；
(10) 我相信：_____。

我的训练计划

给自己制订一个周计划、月计划、学期计划，比如一周读一本专业书籍；一个月学会一项技能，如吹笛子、滑冰、骑自行车、学习设计软件的操作等；一个学期每天坚持看书……以上计划都要记录坚持的情况。请填写一周、一月、一学期的"我的训练计划"并记录"我的训练足迹"，并由老师点评。

训练目标	
训练项目	
时间（第　　周）	活动内容
第一天（星期　　）	
第二天（星期　　）	
第三天（星期　　）	
第四天（星期　　）	
第五天（星期　　）	
第六天（星期　　）	
第七天（星期　　）	

我的训练足迹

第一天: _____
第二天: _____
第三天: _____
第四天: _____
第五天: _____
第六天: _____
第七天: _____
教师评价:☺给予奖励; ☺可以; ☺不错; ☹再努力
教师点评: _____
_____

素质三 高效

项目五

积极行动——行动力训练

> 每一项事业,不论大小,都是靠脚踏实地、一点一滴干出来的。"道虽迩,不行不至;事虽小,不为不成。"这是永恒的道理。
> ——2018年5月2日习近平在北京大学师生座谈会上的讲话

训练目的

养成积极行动、高效工作的良好习惯,提高工作效率,做到今日事今日毕,像雷锋那样具备"积极行动"的职业品质。

任务一:读雷锋日记

当我把全车螺丝检查紧定完毕的时候,接到首长的指示,叫我马上出车,护送一个重病号到卫生连。我急忙收拾工具,出车护送。临走前,我看了下手表,已是下午1点了。

这时我的肚子也感到有些空了。凑巧,我连炊事员给我送来了一盒午饭,大家叫我吃了饭再走。但是我想,阶级兄弟病重,处在紧要关头,抢救同志要紧,不能耽误时间,于是起车出发。

(1962年6月22日)

▶ 任务二:讲雷锋故事

积极主动的雷锋

雷锋不论走到哪里,从事什么样的工作,都以一种积极主动、勤勤恳恳、认认真真、坚持不懈的态度把事情做好、做到位。

高小毕业后,雷锋放弃了升学机会,选择回乡务农。他在乡政府做通讯员,负责传达、接待和内部勤务。一天,县委组织部干事黄菊芳来到乡政府。县委机关的通讯员参军走了,她来物色合适的人选接任,当天正好是雷锋接待了她。活泼可爱又机灵勤快的雷锋吸引了黄菊芳的注意,雷锋主动给她看了自己写的"苦难的家史,我的理想"的小册子,打动了黄菊芳。她进一步了解到,雷锋在乡政府不仅把本职工作干得很好,而且主动到食堂种菜,救助困难户。在他的眼里,到处都是活儿,到处都是应该做的事,应该帮的人。乡长极力推荐雷锋到县委工作,雷锋也敏锐地意识到这是一个宝贵的机会,主动再次找到黄菊芳,表达了自己的意愿,最终如愿进入了县委机关,成了一名公务员。

在县委机关,雷锋比同龄人成熟和进步得更快,也明白了把打水、扫地这样的小事做好、做到位,同样能做出成绩,得到认可,这成了雷锋以后在"职场"中百战百胜的秘诀。雷锋还喜欢承接一些别人绕着走的难题和艰苦工作,比如县里开展治沩工程,考虑他年纪小不让他去,但雷锋不愿享清福,而是坚决要求去艰苦的治沩工地历练自己。

雷锋认为:"在我们前进的道路上,不可能不遇到些暂时的困难,这些困难的实质,'纸老虎'而已。"当我们遇上时间紧、难度大的任务时,也应该把它当成是一个锻炼自己、展示自己的机会,积极主动,接受挑战,超越自我。

【故事启迪】

雷锋不是运气好,而是以自己的主动、坚持抓住了人生中转瞬即逝的宝贵机遇。他高小毕业立志要当新式农民、好工人、好战士,仅六年时间,雷锋就用实际行动完美兑现诺言。我们要像雷锋一样以坚定的信念、执着的追求和高效的行动去实现自己的职业理想。

▶ 任务三：学职场雷锋

1. 走在时间前面的人
——鞍山钢铁公司工人、全国先进生产者王崇伦

王崇伦，辽宁辽阳人，全国先进生产者，曾是鞍钢工人，先后任鞍钢工会主席、中华全国总工会副主席、哈尔滨市委副书记。

1949年8月，新中国成立前夕，年轻的王崇伦进入鞍钢轧辊厂工作，成为一名刨工，是当时鞍钢职工中为数不多的年轻高级技工之一。1951年6月，王崇伦调至鞍钢机修总厂四机修厂工具车间。1952年，王崇伦所在的工具车间接到为中国人民志愿军加工飞机副油箱拉杆的紧急任务，考虑到时间紧、任务重，王崇伦大胆创新，设计并制造出利用刨床加工拉杆的特殊卡具，比之前用铣床加工提高工效24倍，产品全部达到一级品标准。这年秋天，王崇伦光荣地加入了中国共产党。1953年，王崇伦作为鞍钢北部机修厂工具车间的刨工，相继成功改进7种工具、卡具，发明了"万能工具胎"，用一年时间完成了几年的生产任务，成为全国最先完成第一个五年计划的一线工人，被誉为"走在时间前面的人"（图5-1）。

图 5-1　王崇伦

20世纪60年代初，王崇伦又主动请缨，和同事们在设备简陋的车间里搞技术革新。在他的带领下，由500多名干部、技术人员组成的团队联合攻关，历时一年，先后突破十几项重要技术难题，实现100多项革新，终于成功试制出大型轧辊等一些过去只能依靠进口的设备，填补了我国冶金史上的空白。

1956年和1959年王崇伦被评为全国先进生产者，出席了全国先进生产者大会。1954年至1973年先后14次受到毛泽东主席的接见。2002年2月，王崇伦因病逝世。"走在时间前面的人"虽已远去，却永远留在时间长河中，激励一代代人奋勇争先。

(来源：《人民日报》，有删改)

2. 青春的力量：高效行动与积极进取

新时代新征程上，青年学生勇敢追梦、积极行动，用高效的行动力和积极进取的精神，

诠释了青春的力量,担当了时代的责任与使命,成了新时代的新雷锋。

张友鹏:一技在手,逐梦前行

张友鹏是长沙职业技术学院信息工程与商务学院旅游管理专业的学生(图5-2)。他以卓越的"六边形"实力和坚定的志愿服务精神,成了校园里的风云人物。张友鹏深知,技能不仅是个人发展的基石,更是服务社会的有力工具。他不仅在学业上表现出色,获得了2022—2023年度国家奖学金,还在各类技能大赛中屡获佳绩,获得职业院校技能大赛导游服务赛项省赛奖项3项,国赛奖项2项。

张友鹏的高效行动力体现在他对时间的充分利用上,他常常把自己"关"在教室里,反复练习导游词,模拟讲解场景,不断磨炼自己的导游服务技能。正是这种不懈的努力,让他在职业技能大赛中脱颖而出。张友鹏还积极参与社会志愿服务活动。他带领团队在2023年暑期社会实践"推普助力乡村振兴"服务队中,通过问卷调查、调研走访、诵读经典、义务讲解、电商直播等方式,在当地老少居民、游客中推广普通话,团队获得2023年"推普助力乡村振兴"全国大学生暑期社会实践志愿服务活动优秀团队,受到了教育部与团中央的表扬与赞赏,他本人获评2023—2024年度"中国大学生自强之星"奖学金。

图5-2 张友鹏在母校开展经验交流

邬振中:从军营到校园,走好正步人生路

邬振中是长沙职业技术学院建筑与艺术设计学院的学生,曾服役于中国人民解放军仪仗大队,他的故事充满了军人的坚毅与执着。他在2020年通过层层选拔,进入了中国人民解放军仪仗大队,经历了六个月的高强度新兵训练,终于获得机会参与了庆祝中国共产党成立100周年大会的升国旗任务。

邬振中的高效行动力体现在他对梦想的执着追求上。为了参军入伍,他每天坚持锻炼,从村子里到镇上、从家乡到湘西,从3公里到31公里,他一路奔跑,朝着梦想出发。在体检和政审顺利通过后,他因优异的体能、身高、形象被仪仗队接兵干部一眼选中,成了众多接兵班长口中"湖南批次里的'好苗子'"。

在仪仗大队,邬振中经历了严酷的训练,每天训练10小时以上,为了统一动作形成肌肉记忆,班长们用线来固定动作,头部向上15度,手部贴紧,踢腿高度35厘米,一个动作一练就是一整天。他的努力没有白费,最终在天安门前他接受了党和人民的检阅,完成了升国旗任务。

退役复学后,邬振中成了学校国旗护卫队的教官,他一遍又一遍地为新生进行标准队列动作示范(图5-3)。他的视频《一个人走出千军万马的气势》在网络上广泛传播,全网播放量达到了上亿次,被人民日报、中国青年报、央视新闻采访报道,成为退役军人学生的优秀典型代表。

视频5-1
邬振中担任学校国旗班教官

图5-3　邬振中在学校升国旗

李明辉:"雷锋学子"助力暖心"归家路"

梧州职业学院2023级公共事务管理专业2班李明辉同学长期积极投身学雷锋志愿服务活动,有志成为有担当精神的新时代青年,为构建和谐社会、助力国家发展贡献青春力量,获评"全国铁路优秀志愿者"(图5-4)。

他热心投身于梧州南站志愿服务活动,为旅客提供购票指导、行李搬运、咨询引导等贴心服务,累计志愿时长943.25小时,闪耀着新时代新雷锋的"光"和"热",是青年学生投身社会实践与社会服务的生动缩影。近年来,梧州职业学院"雷锋学子"身影遍布梧州城乡,他们身体力行奋斗在工业生产、乡村振兴、社会服务的一线,成为梧州市青年志愿者队伍的主力军,受到各界好评。

图5-4　梧州职业学院学生李明辉

任务四：悟品质内涵

经典故事

酷爱书法　苦练成才

晋代大书法家王羲之，在 12 岁时，从父亲的枕头下发现前人写的《笔论》，便偷偷地拿来读。父亲说："不要性急，等你长大了，我会教你的。"可王羲之回答说："学习是不能等待的，像走路一样，不停地走，才能前进。等我长大了再学，那就太晚了。"在这种精神的支配下，王羲之长期坚持勤学苦练，其书法终于达到了炉火纯青的境界，被后人尊称为"书圣"。

品质探析

1. 概念与内涵

行动力是指具备主动性，能主动策划、积极行动、突破自己，不断趋向目的的行为能力。具有行动力的人，规划性强、主动性强，具备一定冒险精神，愿意主动尝试，倾向于在做的过程中学习和提升，克服困难和挫折，一步一个脚印直奔目标。

行动力的个人特质主要体现在规划性、驱动力、坚持力三个方面。规划性是指主动领受工作任务，积极商讨任务的难点、问题，寻求解决办法与对策；驱动力是指在面对工作任务时，倾向于立即采取行动，并以自己的行动带动工作进展；坚持力是指相信自己能将工作做好，遇到困难时具备较坚韧的意志力。

2. 现状与问题

职业院校学生在行动力上主要存在以下几方面问题。一是社会交往能力有待提高。具体表现为：缺乏坚韧不拔的意志；与他人交往中容易被动等待社交机会、回避社交场合。二是良好的学习习惯有待养成。具体表现为：学习目的不明确，自信心不足，行动力不强，存在拖拉、畏难情绪；学习缺乏自主性和刻苦钻研精神，纪律松散，出现上课看小说、玩手机、闲聊，甚至缺课、逃课等现象。三是良好的生活习惯有待养成。具体表现为：生活自理能力不强，放物无序，生活习惯不好，就寝时间随意，没有养成早睡早起、锻炼身体的好习惯。

3. 作用与意义

积极行动有利于提高工作效率。对个人而言，行动力是实现目标的关键。它能将计划从梦想转变为现实。当代青年处于信息爆炸的时代，想要适应新质生产力，必须更新知识，积极实践、努力探索，养成立即行动的好习惯，不断提高学习和工作效率。对组织而言，团队成员的执行力直接影响工作效率和成果。一流的计划、二流的执行，很难产生好的效果；二流的计划、一流的执行，却有可能产生不错的结果。世上没有一开始就完美的计划，但一流的执行可以让计划在执行过程中不断得到修订和完善，逐步变得完美。同时，强大的执行力有助于营造积极向上的工作氛围，激发团队成员的创造力和潜能。

积极行动有利于经验的积累。一个人成功与否取决于思考力、决策力和行动力。绝大多数人，往往是思考过多而决策力不足，所以常常生活在后悔当中，太多的后悔，都是因为不敢做决定，怕失败、怕冒险、怕吃亏、怕上当，殊不知，到最后反而吃了更大的亏，他们失去了实践机会的同时，也失去了宝贵的经验积累。

积极行动有利于结果趋向成功。"世界上最伟大的力量，就是改变的力量"。任何行业的成功者，在创业初期，都有一个共同的特质，那就是敢闯、敢拼、敢冒险。守业需要清醒和理智，而创业需要勇气和拼搏。如果我们做事总是那么小心翼翼、瞻前顾后，往往会一事无成。成功者必须经历"明确目标、详细计划、立刻行动、修正行动、坚持到底"几个阶段，才能走向成功。我们有了计划，就应该立即行动，积极实施，在行动中克服一切困难，不断提升自我境界和意志品质，以此获得更大的胜利。

▶ 任务五：测职业品质

测试一：你有行动力吗？

下面有30道题目，请对各题给出自己的答案。各数字所代表的含义分别是：

A——完全不像我　　　　B——不太像我　　　　　　C——很难说像不像我
D——比较像我　　　　　E——完全像我

1. 我尽可能有效地把每一分钟用在工作上。（　　）
2. 我很少把工作带回家做。（　　）
3. 我觉得每天要做的事太多了，24小时不够用。（　　）
4. 我尽可能减少工作时间。（　　）

5. 我不满于工作现状,经常寻求新的发展机会。(　　)
6. 我有潜力改善工作现状,但我不想卷入激烈的竞争中去。(　　)
7. 如果熬夜有助于准时完成工作,我可以彻夜不眠。(　　)
8. 对我而言,工作没有特别的意义,只是为了养家糊口。(　　)
9. 我喜欢挑战,愿意同时做多份工作。(　　)
10. 我觉得"多做无益",因为多做事会惹人猜疑和嫉妒。(　　)
11. 为了我的理想和目标,我经常利用业余时间加班。(　　)
12. 按我的本性,其实我根本不想工作。(　　)
13. 当我把工作交给别人时,总是担心别人能否胜任。(　　)
14. 我觉得"小富即安"是一种很好的状态,无须去拼搏。(　　)
15. 我目前比任何同年龄或同职务的人做了更多的事。(　　)
16. 我休假时很轻松,尽情享受,什么事也不想,也不做。(　　)
17. 朋友们说我是"工作狂",工作太拼命了。(　　)
18. 碰到好天气,我可以放下一切工作,到郊外玩玩。(　　)
19. 我总是感觉时间不够,总有一些杂事等待处理。(　　)
20. 我不想出人头地,因为我怕被出名连累。(　　)
21. 我总是停不下来,一刻不工作就会令我忧心如焚。(　　)
22. 做人何必那么辛苦!懂得理财就可以不必辛苦地工作。(　　)
23. 我经常设定高目标,做一些超出自己能力的工作。(　　)
24. 我喜欢聊天、逛街,和闲暇的人交朋友且心情愉悦。(　　)
25. 我工作时可以将一切抛在脑后,即便是重要的私事。(　　)
26. 上网是我的爱好,只是为了放松心情,打发时间。(　　)
27. 我遇事总是先做了再说,在做中改进。(　　)
28. 做事之前先想好各种结果,选择最好的方式去做。(　　)
29. 我做事时总是一马当先,带领大家一起做。(　　)
30. 我遇事先看看别人怎么做,然后才跟着一起做。(　　)

测试标准:

单数题号按正向计分:答案 A—1 分,答案 B—2 分,答案 C—3 分,答案 D—4 分,答案 E—5 分。双数题号按反向计分:答案 A—5 分,答案 B—4 分,答案 C—3 分,答案 D—2 分,答案 E—1 分。然后再将单数题分和双数题分相加起来,便是你的总分。

你的总分是:_____

测评结果分析:

第一类:106 分以上,行动力很强。

第二类:91~105 分,行动力较强。

第三类：76~90 分，行动力一般。

第四类：61~75 分，行动力较差。

第五类：60 分以下，行动力很差。

这五类中，你是哪一类？如果是 90 分以下，即第三类到第五类，你应注意培养自己的行动力，否则，你在职场中的发展将较为缓慢。

测试二：你是自己时间的主人吗？
——时间管理能力测验

下面 30 道题目，符合你的情况，则回答"是"，反之回答"否"。

1. 每天都留出一点时间，供做计划和思考工作如何开展。（　　）
2. 做明确的书面远期、中期、近期计划，并经常检查计划执行情况。（　　）
3. 热爱所做的工作，保持积极的心态。（　　）
4. 把每天要办的事按重要程度排序，尽量先完成重要的事情。（　　）
5. 在一天工作开始前，已经编好当天的工作次序，拟订了每日计划。（　　）
6. 用工作成绩和效果来评价自己，而不单纯以工作量来评价自己。（　　）
7. 把工作注意力集中在目标上，而不是集中在过程上。（　　）
8. 每天都在向人生的远期、中期目标迈进。（　　）
9. 习惯于以小时工资来计算你的时间，浪费时间你会后悔。（　　）
10. 合理利用上下班途中的时间。（　　）
11. 留出足够的时间，以便处理危机和意外事件。（　　）
12. 控制午饭的食量，避免下午打瞌睡。（　　）
13. 采取某些措施以减少无用资料和刊物占用你的时间。（　　）
14. 只有在不可避免的情况下才利用书面形式处理事情，一般选用电话形式沟通。（　　）
15. 采取某些措施以减少不速之客占用你的时间。（　　）
16. 经常给自己规定工作期限。（　　）
17. 你认为时间很宝贵，所以从来不在对失败的懊悔和气馁上浪费时间。（　　）
18. 你的行动取决于自己，而不是取决于环境或他人的影响。（　　）
19. 尽可能早地中止那些毫无收益的活动。（　　）
20. 随身携带一些书籍和空白卡片，以便在排队等待时间里随时阅读或记录心得。（　　）
21. 经常运用"80/20 法则"——将时间花在重要且少数的事情上。（　　）
22. 养成了凡事马上行动、立即就做的习惯。（　　）

23. 尽量对每一种工作只做一次彻底处理。（   ）
24. 善于应用节约时间的各种工具。（   ）
25. 当天工作结束时,总要检查一下哪些工作没按原计划进行,并分析原因,寻找补救方法。（   ）
26. 将重要的工作安排在你工作效能最佳的时间做。（   ）
27. 将时间分段,找出自己每一天中的最佳时段。（   ）
28. 定期检查自己的时间支配方式,以确定有无各种时间浪费的情形。（   ）
29. 经常或定期进行时间统计。（   ）
30. 根据工作需要有选择性地参加商业集会,而不是凭兴趣参加。（   ）

测试标准：

以上各题,回答"是"得 1 分,回答"否"得 0 分。

测试结果分析：

总分在 24~30 分,说明你的时间管理能力很强。

总分在 18~23 分,说明你的时间管理能力一般,有待进一步提高。

总分在 18 分以下,说明你时间管理能力较弱,有待大力提升。

▶ 任务六：练职业素质

训练一：时间计划管理

视频 5-2
时间管理
训练

1. 训练目的

学会有效管理时间,更有效地安排自己的工作与学习计划,掌握重点,合理有效地利用时间。

2. 训练准备

足够的彩笔、一张纸。

3. 注意事项

画时间规划图的目的是启发同学思考如何合理安排自己的时间,画完后的交流很重要。教师根据同学的时间管理计划做出恰当的点评。

4. 训练过程

（1）规划一天时间。说一说你的时间安排,画一画你一天的时间分布,科学规划你一天的时间。

填图说明：图 5-5 的圆代表一天 24 小时,将圆分成平均的 12 份,每份代表 2 小时。

如果你的睡眠占 8 小时,请将 4 份涂成一种颜色,标明"睡眠",用同样的方法标出"上课""用餐""课外学习"等时间。

哪些是高效的时间?哪些是低效的时间?哪些是必花的时间?哪些是浪费的时间?科学规划你一天的时间。

(2) 学习管理时间方法。

① 时间管理的重点,是制订待办单、日计划、周计划和月计划。

待办单:将你每日要做的工作事先列出一份清单,按照重要性和紧急程度排出优先次序,确认完成时间,以突出工作重点。避免遗忘、未完事项留到明天。

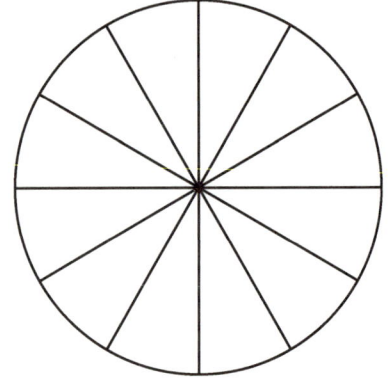

图 5-5　时间规划示意图

待办单主要包括的内容:非日常工作、特殊事项、行动计划中的工作、昨日未完成的事项等。

使用待办单的注意事项:每天在固定时间制订待办单(一起床就做),只制订一张待办单,每完成一项工作就划掉一项。待办单要为应对紧急情况留出时间,最关键的是要每天坚持制订并执行。

每周周末做出下周的学习工作计划;每月月末做出下月的学习工作计划;每季季末做出下季的学习工作规划;每学期末做出下一学期的学习工作规划等。

② 时间"四象限"法。著名管理学家科维提出一个时间管理理论,即把工作按照重要和紧急两个不同的程度进行划分,基本上可分为四个"象限":既紧急又重要(如学习任务、技能等级考试等)、重要但不紧急(如建立人际关系、新的机会等)、紧急但不重要(如电话铃声、不速之客进入等)、既不紧急也不重要(如客套的闲谈、无聊的信件等)。时间管理理论的一个重要观念是:个人应有重点地把主要的精力和时间集中放在处理那些重要但不紧急的学习与工作上,这样可以做到未雨绸缪,防患于未然。

5. 训练分享

请谈一谈你在学校中是怎样统筹安排时间的?如何珍惜时间的?请其他同学评议。

6. 训练启迪

时间管理是个人财富之源。对处在学校中的学生来讲,做好时间管理意味着自己的学业将会突飞猛进。"80/20 原则"表明,我们应该把最佳的时间用在最重要的事情上。所谓"好钢用在刀刃上",保持焦点,一次只做一件事情,一个时期只有一个重点。聪明人要学会抓住重点,远离琐碎。每个人的最佳学习时间都不相同,所以,要把自己的"黄金时间"进行合理安排,以便提高学习效率。

训练二：终 结 拖 延

1. 训练目的
认识拖延的危害，想办法控制自己的拖延思维方式和行为习惯。

2. 训练准备
一支笔、一张纸。

3. 注意事项
培养自信心，提高自我监控能力和自我改变能力。教师帮助学生制定恰当、合适的目标，并将目标转化为执行计划。

4. 训练过程
经学者研究，70%的大学生存在学业拖延现象，20%的成年人每天存在拖延行为，全球有近10亿人存在拖延现象。我国的一项职场调查发现，超过50%的人承认自己有拖拉的习惯。以上研究证明，拖延症覆盖很广，绝不是可以忽略的小事。

① 看完以上事实数据，你有何感想？
② 你有过哪些拖延行为？
③ 拖延的危害有哪些？

5. 训练分享
请谈一谈你拖延的经历，你的感受怎样？计划怎样改变？

6. 训练启迪
一个好的计划是梦想成真的一半，而行动则是梦想成真的另外一半。只想不做的人只能产生思想垃圾。成功是一把梯子，双手插在口袋里的人是爬不上去的。

我们正处于一个塑造梦想的时期，只要勇敢地迈出行动的那一步，就称得上是梦想的追逐者。行动会感染别人，也会给自己带来更多的机会。"我的幻想毫无价值，我的计划渺如尘埃，我的目标不可能达到？"一切的一切毫无意义，除非我们付诸行动。我现在就付诸行动！

【训后延伸】行动力的主要训练方法

1. 自我暗示法
在心理学上，自我暗示指通过主观想象某种特殊的人与事物的存在来进行自我刺激，达到改变行为和主观经验的目的。例如：一边大声地喊出三句话：(1) 动起来！(2) 打起精神来！(3) 很快就会好！这三句话，次序不可颠倒，因为它们是一种自外向内的强化刺激。一边用中指与拇指打一个"响指"。这里既包含了激发，也包含了自我暗示，并有身心运用技巧。"动起来"，是不管三七二十一，不要坐着想，而要赶快动起来（尤其是身体要动）；"打起精神来"，是提醒自己要立即进入精神饱满的状态，这里既包括心灵也包括身体，是全身心进入富有朝气的状态；"很快就会好"是树立前进的信心，只要有信心，人就容易保持朝气，容易调动潜能，将事情很快办好。

2. 自己做决定，提高行动内驱力

试着把决策的主动权交给自己，考虑"我想怎么做"，而不是"别人会怎么做"，从中获得反馈，积累经验，提升自信心。同时，多去生活中探索自己的兴趣所在，和喜欢的事为伍，身心自然会进入一种高度唤醒的状态。

3. 减法思考，化繁为简

许多事是在"想"中算了的，却是在"干"中成了的。最好的方式是把脑中的想法，逐条写在笔记上，定期检视，删除错误的、不必要和不重要的，只保留少数真正重要的事情，从而避免无用思考，让自己尽快行动起来。

4. 正向思考，换个角度看问题

把能实现目标的已有条件，以及实现目标之后的好处一一写下来，想象"坚持完成目标后，自己如何优秀、如何发光"的场景，增强信心和意志力。同时学会换个角度去思考，比如当行动失败时感到开心，因为只有行动的人才会遇到失败。

5. 先力求完成，再追求完美

所有的完美，都要建立在完成之上，不要想着一步到位。没有谁一提笔就成了大作家，只有先完成一部作品，再不断修改和完善，最终完成一部巨著的作家。接受自己一开始的不完美，充分发挥自己的优点，而不是一心只想着自己的缺点，这样我们面对失败才能更有力量，最终实现完美的目标。

6. 从小目标开始，立即行动

任何庞大复杂的事，都可以被拆解成小单元、小模块、小碎片，用这种方式逐步完成一个大任务，使自己保持在"有进度"的状态，能够增强自己的信心和成就感，这是继续行动的动力。

7. 找准黄金时间，善用截止时限

做事的时候关掉或远离你的电子产品，专注在重要的工作上。记录自己每天的行为，找到自己精神最集中、生产力最高的黄金时段。为每个小目标设定截止期限，用倒计时的方式让自己更有急迫感，让拖延"无处遁形"。

▶ 任务七：成良好习惯

我的学习心得

雷锋是一个有梦想，有追求，有行动的人。每个人都有梦想，都想要实现梦想。我们应该向雷锋同志学习,投身时代大潮,勇担时代使命与责任,去拼搏创造,只争朝夕、不负韶华,用实际行动创造美好幸福的生活。

我的感想:_____

_____。

我的课后训练

请按步骤撰写"我的行动计划",公开进行宣誓及展示(表5-1)。

第一步:设定目标。写下你想要完成的某件事或某个目标。注意不要过于宽泛,要可操作、可量化、易实现。比如,把"我要减肥",改为"1个月内通过跑步减3斤"。

视频5-3
行动力
训练

第二步:分解目标。将大目标细化为若干步骤或小目标,并且设置时间进度,一步步执行。比如将"跑步锻炼身体",细化为"第1天跑5分钟,第2天跑8分钟……"慢慢增加,直到形成习惯,最终达到每天跑半个小时的目标。

第三步:优化环境。找到一个合适的场所,提高行动的效率,尽可能排除人、事、物等多重因素的干扰。比如写报告,可以选择安静、学习氛围浓厚的图书馆,而不是可能有人听歌、玩游戏的宿舍。

第四步:自我强化。适当给予自己奖励或惩罚并找好监督者,注意:越是接近目标完成时越要进行强化,避免功亏一篑。比如,看看手头的任务,已经完成80%了,那么可以告诉自己:做完就放松一下——购物、看剧;但是,做不完就要接受惩罚——帮寝室同学搞卫生或是拿快递一个星期。

表5-1 "我的行动计划"展示

任务目标	任务细化	完成时间	完成地点	任务奖惩

我的训练计划

创立目标—设计步骤—时间分析,创建时间日志,充分利用时间间隙,击退拖延的冲动,提高记忆力和速读技巧,处理"多重任务",进行优先选择,战胜分心,执行二八定律,是完成目标的有效方法。请填写一周的"我的训练计划",并记录"我的训练足迹",由老师点评。

训练目标	
训练项目	
时间(第　　周)	活动内容
第一天(星期　　)	
第二天(星期　　)	
第三天(星期　　)	
第四天(星期　　)	
第五天(星期　　)	
第六天(星期　　)	
第七天(星期　　)	

我的训练足迹

第一天：---
第二天：---
第三天：---
第四天：---
第五天：---
第六天：---
第七天：---
教师评价：☻ 给予奖励；☺ 可以；☹ 不错；☹ 再努力
教师点评：---

项目六

持之以恒——坚持力训练

心中有阳光,脚下有力量,为了理想能坚持、不懈怠,才能创造无愧于时代的人生。

——2016年4月26日习近平在知识分子、劳动模范、青年代表座谈会上的讲话

训练目的

养成认准目标全力以赴、绝不轻言放弃的良好职业习惯,培养敢于吃苦、乐于吃苦,形成像雷锋那样"迎难而上、持之以恒"的职业品质。

▶ 任务一:读雷锋日记

今天是星期日,我没有外出,给班里的同志洗了五床褥单,帮高奎云战友补了一床被子,协助炊事班洗了六百多斤白菜,打扫了室内卫生,还做了一些零碎事……总的来说,今

天我尽到了一个勤务员应尽的义务,虽然累一点,却感到很快活。班里的同志感到很奇怪,不知道是谁把褥单都洗得干干净净的。高奎云同志惊奇地说:"谁把我的破被子换走了?"他还不知道是我给他补好的呢!我觉得当一名无名英雄是最光荣的。今后还应该多做一些日常的、细小的、平凡的工作,少说漂亮话。

(1961年10月15日)

▶ 任务二:讲雷锋故事

雷锋练习投掷手榴弹

雷锋刚刚入伍时,参加了投掷手榴弹的训练。尽管雷锋拼尽全身力气,却始终不能将手榴弹扔过及格线,这让雷锋焦躁不安:这可怎么好,一个人不及格,会影响全班的成绩。更重要的是作为一名解放军战士,连个手榴弹都投不及格,还谈什么保卫祖国呢?他不禁自问:难道我真要被这个小小的手榴弹制服吗?我一定要把手榴弹投过及格线!雷锋对自己说着,再次来到操场。冰雪覆盖的操场上,北风似狼一样地号叫着扑面而来,扬起的雪粒扑打在脸上像刀割一样疼,可雷锋根本顾不上雪冷风寒,甩甩胳膊,运运劲儿,又开练了。投弹不及格的原因在于手臂力量不够,雷锋深知这一点,因此练完投弹后,他又来到单杠前练起了引体向上。杠子高,每向上一次,都要使出很大的力量。冰冷的铁杠,凉得刺骨,他忍耐着,一下、两下、三下……汗水浸透了衬衫,北风吹来,寒意入骨,他还在练……直到班长发现他很久没有回宿舍,命令他回去休息,他才停下练习。可是第二天天还没亮,他又悄悄起来,向操场奔去……终于,在实弹考核中,雷锋取得了优异的成绩。

【故事启迪】

投手榴弹不达标,雷锋没有退缩,而是起早贪黑地苦练,用远超常人的毅力和努力,提升臂力、提高技巧,最终实现了从不达标到优秀的跨越。我们也要像雷锋一样敢于直面困难,迎难而上,超越自我。

任务三：学职场雷锋

1. 坚持不懈，成就华为
——任正非与华为的奋斗之路

1987年，已过不惑之年的任正非来到深圳创业，成立了华为，初期仅有6名员工，注册资本2.1万元人民币。公司最初做代理生意，然而，正当代理销售交换机事业步入正轨的时候，华为却突然遭遇断货危机。"外国人到中国是为了赚钱，他们不会把核心技术教给我们。而指望我们引进、引进、再引进，那么企业永远也不能独立。"深深醒悟的任正非，便带领华为毅然踏上自主研发之路。

团队在深圳南油工业大厦租用一层楼，既是办公室，也是宿舍。员工们日夜攻关，困了就在床垫上休息，醒来继续接着干。1991年年底，华为自主设计的新型程控交换机正式推出，一年后，销售额首次突破一亿元。1993年年初，华为在深圳蛇口一个小礼堂内举办年会，年近五十岁的任正非站在一个由几张桌子拼成的简易台子上说："我们活下来了！"说完，他泪流满面。可是，在这样一场庆功会上，任正非却当场宣布：暂且不能把赚来的钱作为奖金，而是要马上投入一款大型产品的研发，华为自主创新的脚步不能停……

任正非曾表示："华为的生存靠的是技术，而不是关系。"即使在资金紧张时期，华为仍坚持将年收入的10%以上投入研发。2000年后，华为逐步拓展海外市场，从亚非拉地区起步，最终进入欧美高端市场。2019年，面对美国制裁，华为海思半导体"备胎计划"转正，任正非在采访中说："华为不会轻易认输，我们早有准备。"

从一家小规模的通信设备供应商发展到全球领先的通信设备制造商和解决方案供应商，华为的成功离不开任正非的坚持与远见。任正非的故事证明：即使起步艰难，只要专注技术、敢于拼搏，就能创造奇迹。正如他所说："没有退路，就是胜利之路。"

（部分来源：《党建》杂志2023年第12期，有删改）

2. 坚守初心，与光同行

在伟大事业建设中，无数人执着坚守，在各自领域践行初心使命，有人为孩子撑起成长天空，有人为群众打通诉求通道。平凡岗位上的不凡坚持，汇聚成温暖人心的力量。

柏剑：坚守"梦想之家"，为困境儿童撑起一片天

柏剑，葫芦岛人，锦州师范高等专科学校毕业生，鞍山市华育学校体育教师。

1995年至今，30年间，他养育困境家庭孩子300多名，2011年创建中国第一个正式注册的公益马拉松俱乐部。他租了一个商业门店租住，起名为"梦想之家"，组织培养这

个特殊的大家庭里的孩子参加各类比赛,荣获各类比赛奖牌1 300多块。培养和输送276个大学生,输送部队42人,其中现役13人,转业29人。输送各专业队专业运动员32人,其中现役6人,退役26人。培养出12名国际健将(中国籍4名、外国籍8名)。"梦想之家"旨在打造一个能让这群特殊孩子们健康快乐成长的"人间天堂"。柏剑曾荣获全国五一劳动奖章、全国模范教师、全国优秀德育工作者、全国百名优秀体育教师、全国真情人物、感动中国提名候选人、2008年北京奥运会境外火炬手、辽宁省十大杰出青年、辽宁省学雷锋标兵等荣誉称号,其先进事迹被国内外百余家媒体宣传报道。

雷鸣:坚守"服务热线",做群众诉求的守护者

贾明锋,播音名雷鸣,1997年就读于营口幼儿师范学校(现营口职业技术学院),2002年毕业后,考入营口广播电视台,任营口广播电视台首席主持人、十佳主持人,《政风行风热线》部主任,现为新闻综合频率总监。

他创办并主持广播《营口政风行风热线》和电视《聚焦政风行风》栏目,为百姓解决诉求问题43 760件,做到了"件件有回音,事事有着落",问题办结率高达95%,回复率100%,收到了各界好评。

常有人说,"舆论监督类的节目不好做,监督深刻了,得罪职能部门;监督肤浅了,流于形式,群众不满意"。雷鸣则认为"其实这两者并不矛盾,关键是要看是否真正把群众的利益放在心上,是否真正想为群众办实事。如果真正为群众利益着想,职能部门就不会怕监督;如果真正为百姓办实事,也不怕得罪职能部门"。

正是有着全心全意为民服务的情怀,他所主持的《政风行风热线》节目和带领的部门曾被评为"辽宁省十佳栏目""辽宁省工人先锋号""辽宁省行风建设先进单位"等,雷鸣被中国广播电视协会评为"全国广播电视优秀主持人""辽宁省十佳新闻工作者",他的家庭被评为"全国五好文明家庭""辽宁省最美家庭"。

▶ 任务四:悟品质内涵

📖 经典故事

持之以恒　磨杵成针

唐代大诗人李白小时候非常顽皮,上课时总喜欢走神。一天放学后,李白在路边看到一位老婆婆正拿着一根铁棍用力地磨着。李白非常好奇,他走过去问道:"老婆婆,您磨这根铁棒干什么呀?""我要把它磨成一根绣花针。"老婆婆回答道。"什么?"听了老婆婆的话,李白吃惊地叫起来,"这么粗的铁棒,

怎么可能磨成一根针呢？"老婆婆认真地对李白说："我只要坚持不懈地磨下去，这根粗铁棒就会变得越来越细，最后必然会被磨成针，怎么会不行呢？"听了老婆婆的话，李白顿悟，他谢过老婆婆，飞快地跑回家。

从那以后，李白再也不贪玩了。不但如此，每当读书遇到困难时，李白就用老婆婆的话激励自己，努力地学习。正是凭着这种持之以恒、刻苦学习的精神，李白终于掌握了丰富的知识，写出了许多流传千古的诗篇，成为中国历史上最杰出的诗人之一。

品质探析

1. 概念与内涵

坚持力，是能够持续追求目标而不会轻易放弃的一种能力。拥有坚持力的人能够克服逆境和困难，保持对目标的专注，坚持不懈地朝着目标前进。

"古之成大事者，不唯有超世之才，亦必有坚忍不拔之志。"具有强大坚持力的人通常具备以下四个特点。一是富有主见。在工作和学习中能够自觉排除各种干扰和诱惑，独立行动完成任务。二是处事果断。遇到紧张的情况和困难的时刻，能够当机立断，采取果断的措施和行动。三是坚持不懈。能够长期保持坚韧的毅力，顽强拼搏，克服各种困难，朝着目标前进。四是善于自制。能够做到忍耐和克制，自觉控制和调节自己的情绪、言语和行为。

2. 现状与问题

"靡不有初，鲜克有终"，功败垂成的历史教训更是常见，"持之以恒"四字看似简单，实则绝大多数人都难以做到。一项关于职业院校学生意志力自我测试的调查显示：意志很坚强的学生比例仅占 2%，意志较坚强的学生比例占 20%，意志品质一般的学生比例占 63%，意志较薄弱的学生比例占 15%。可见，职业院校学生群体的意志品质仍有待增强。当今社会也有不少人患有"冷热病""浮躁症"，最初雄心勃勃，不久就偃旗息鼓、半途而废，缺乏持之以恒、专注投入的精神与毅力。

3. 作用与意义

坚持力是开启胜利之门的金钥匙。马拉松跑到了"最后一公里"，坚持就成为夺取胜利的决定性因素。攀登珠峰到了最后 10 米，坚持就成为登临绝顶的关键性条件。现实里，很多人在工作中都会出现虎头蛇尾的情况，导致他们难以摘取最后的硕果，实际上只要坚持下去，他们就能看到胜利的曙光。迈着坚定不移的步伐，沿着正确方向义无反顾走到最后的人，才能沐浴到胜利的光辉，品尝到成功的喜悦。

坚持力是磨炼意志品质的内驱力。古人云"行百里者半九十"。《曾国藩家训》卷上"喻纪泽"有云:"尔之短处在言语欠钝讷,举止欠端重,看书能深入而作文不能峥嵘。若能从此三事上下一番苦工,进之以猛,持之以恒,不过一二年,自尔精进而不觉。"只要能坚持,就能久久为功,就能积小胜为大胜。在坚持的过程中,我们磨炼了自己的意志品质,让自己变得更加坚强,具有更大的耐受力,能够做到忍耐和克制,直面困难,迎难而上。坚强的意志力会产生强大的内驱力,而成功往往属于目标明确、意志坚强、持之以恒的人。

▶ 任务五:测职业品质

测试一:坚 持 力

下面有30道题目,每题均有"是""是否之间""否"三种可选答案,请按自己符合的程度作答。

1. 我很喜欢长跑、远足、爬山等体育活动,并非我的身体特别适合这些运动,而是它们能有效地培养我的毅力。(　　)
2. 我做事经常虎头蛇尾。(　　)
3. 我信奉万事"不干则已,干则必成"的格言。(　　)
4. 做事不必太认真,我的计划是经常改变的。(　　)
5. 不该做的事情即使对我很有诱惑力,我也能克制自己不去做。(　　)
6. 一件事该不该做的标准,主要取决于我是否有兴趣。(　　)
7. 我常常强迫自己去做自己不感兴趣的事情。(　　)
8. 我的生活不太有规律,经常睡懒觉。(　　)
9. 我不喜欢一遇到困难就求助于人。(　　)
10. 遇到复杂的事情我常常犹豫不决。(　　)
11. 我决定做某件事时,往往说干就干,很少拖延。(　　)
12. 心情不好的时候,我很容易发脾气,有时明知不对,也不能克制。(　　)
13. 我相信事情的成功主要取决于自己的努力。(　　)
14. 我认为机遇比奋斗更重要。(　　)
15. 越是困难的事情,我做起来越是有劲。(　　)
16. 和别人争吵时,我常会说些事后感到后悔的话。(　　)
17. 我对自己的计划很认真,如果没有意外情况,总要设法如期完成。(　　)

18. 我常因读一本引人入胜的小说而不能按时入睡。(　　)
19. 我不怕落后,相信后来者可以居上。(　　)
20. 我很难长时间做一件重要却枯燥的事情。(　　)
21. 一旦决定晚上不看电视,即使电视节目再精彩,我也不会去看。(　　)
22. 因为优柔寡断,我已多次错失良机。(　　)
23. 我不像有的人那样总是借故推辞有风险的事情。(　　)
24. 我感到自己很任性,常常是想怎样就怎样。(　　)
25. 事情做错了,我敢于承担责任,即使可能为此受处分。(　　)
26. 在意外情况面前,我常常惊慌失措。(　　)
27. "胜利常在坚持之中",我喜欢照此去实践。(　　)
28. 我感到清苦的生活比什么都难受。(　　)
29. 别人做不成的事情,我常能做成,因为我比别人更有恒心。(　　)
30. 我明知自己缺乏意志,但总感到难以改善。(　　)

测试标准:

凡奇数题答"是"得2分,答"否"得0分,答"是否之间"得1分;凡偶数题答"是"得0分,答"否"得2分,答"是否之间"得1分。

计分:

题号	1	2	3	4	5	6	7	8	9	10
得分										
题号	11	12	13	14	15	16	17	18	19	20
得分										
题号	21	22	23	24	25	26	27	28	29	30
得分										
总分										

测试结果分析:

总分在45分以上:你的意志力很坚强。不管做什么事情,你都不会轻言放弃,而会一直进行到底,是坚忍不拔、相当有毅力的人。每当开始一项新的工作,任何人都会想要尽可能早点有结果,不少人因此在做事的时候很焦急,最后反而失败。但你是个会从长远角度考虑问题的人,所以,你会吸取别人的教训,用长远的眼光和心态看问题,最终达到目标。

总分在20~45分:要成为意志坚强者还需磨炼,而变为意志薄弱者似乎也只是一步之遥。虽然你有坚持力,但是容易被环境所左右。比如:遭到家里人的反对;没有朋友的支持;工作发生变动,等等,都会使你放弃最初的计划,半途而废。你会因为环境的变化,来考虑努力到什么程度。你最需要的就是进一步加强你的坚持力,争取能做到最后贯彻始终。

总分在20分以下:你的意志力较为薄弱。很遗憾,你是一个不够具有意志力的人,一旦碰到某些需要耐心完成的细致工作,或者必须要做出思考的复杂问题时,你就会觉得麻烦,毫无耐心地半途而废。这样的性格如果不加以改善,是很难成功的。你可能会一下子兴致勃勃地去做一件事,但往往只有三分钟热度。你应该从小事做起,比如"每天做10个仰卧起坐"等,以此来养成每天重复做同一件事情的习惯。

测试二:抗压耐挫能力

请你认真思考以下题目并选择最符合你的一项填入括号内。

1. 碰到令人担心的事时:(　　)。
   A. 无法着手工作　　　　B. 照干不误　　　　C. 两者之间
2. 碰到讨厌的对手时:(　　)。
   A. 感情用事,无法应付　B. 能控制感情,应付自如　C. 两者之间
3. 失败时:(　　)。
   A. 不想再干了　　　　B. 努力寻找成功的机会　C. 两者之间
4. 工作进展不快时:(　　)。
   A. 焦躁万分,无法思考　B. 可以冷静地想办法　C. 两者之间
5. 工作中感到疲劳时:(　　)。
   A. 不能继续工作　　　B. 耐住疲劳继续工作　C. 两者之间
6. 工作条件恶劣时:(　　)。
   A. 无法干好工作　　　B. 克服困难创造条件　C. 两者之间
7. 在绝望的情况下:(　　)。
   A. 听任命运摆布　　　B. 力挽狂澜　　　　C. 两者之间
8. 碰到困难时:(　　)。
   A. 失去信心　　　　　B. 开动脑筋　　　　C. 两者之间
9. 接到很难完成的任务或很难完成的工作时:(　　)。
   A. 顶回去　　　　　　B. 千方百计干好它　　C. 两者之间
10. 困难落到自己的头上时:(　　)。
    A. 厌恶之极　　　　　B. 欣然接受,努力克服　C. 两者之间

测试标准:
A=0分,B=2分,C=1分。

计分:

题号	1	2	3	4	5
得分					
题号	6	7	8	9	10
得分					
总分					

测试结果分析:

总分 17 分以上:挫折承受力很强。

10~16 分:对某些特定的挫折承受力较弱。

9 分以下:挫折承受力较差。

▶ 任务六:练职业素质

训练一:举 手 仪 式

1. 训练目的

体验坚持所需要的耐心和毅力,意识到坚持力的培养要从小事做起,培养意志品质。

2. 训练准备

一只秒表和平坦开阔的场地。

3. 注意事项

若在室外训练,请避免高温或极冷天气。

4. 训练过程

同学们分组站好,每个人左右前后伸展双手,全体同学按体操队形站立,每个人的两只手臂伸直向胸前平举,身体不准晃动,坚持 10 分钟,看谁能坚持到最后。

在训练过程中,建议主持人参与训练一起体验,给同学们树立一个榜样。此外,为了打发难熬的时间,主持人可在学生举手的时候播放一些充满力量的歌曲和音乐,喊一些激励的口号等。10 分钟时间到时,主持人要给予那些坚持到最后的同学以鼓励,并延长训练一分钟,鼓励同学继续坚持。若有同学能坚持到最后,主持人应当在全班同学面前大力表扬,以鼓励他们在未来继续努力,提升自己耐力和毅力。

视频6-1
坚持力训练(一)

视频6-2
坚持力训练(二)

5. 训练分享

(1) 当时间过了一半的时候,你有什么感受?

(2) 当你坚持到最后的时候,你有什么感受?

(3) 在坚持的过程中你遇到了哪些困难,是如何克服的?

(4) 你觉得这个训练对你的学习与生活有什么启发?

6. 训练启迪

举起手臂——可能有些同学觉得这是小儿科,但过了3分钟,不少同学觉得臂膀酸痛,开始放弃。有的同学相互鼓劲,希望坚持到最后。但是随着时间的推移,会感觉自己的臂膀越来越重,胳膊也越来越酸,真恨不得时间过得快一点,在坚持到8分半钟的时候,眼看离成功不远了,却感觉自己实在坚持不下去了,一不留神把手放了下来,真是功亏一篑。也有坚持到最后的同学,虽然胳膊痛得不得了,却感受到了成功的喜悦。不少同学后悔没有再多坚持一会儿,也有同学庆幸自己平时就喜欢锻炼身体。对坚持到底的同学,我们应该赞扬他们的毅力;对没有坚持到最后的同学,也要给他们鼓励。每个人都有很大的潜力,只是平时我们没有认真去挖掘,只要我们相信自己能够坚持到最后,我们就能做到最好。

虽然只有短短的600秒,但很多人都没有坚持到最后,究其原因,主要是缺乏坚强的意志。无论是学业的求索还是理想的追求,漫漫长路上都会遇到很多挫折和困难,这时候千万不能轻言放弃,培养坚强的意志是走向成功的必要前提。通过这个简单的训练,可以让学生反思自己在平时是否有坚强的意志,做事情是否能善始善终,坚持到底,如坚持写日记、坚持锻炼身体、坚持自己的一项业余爱好,等等。

人生道路上,有很多事情都需要我们坚持不懈地去付出努力。成功不仅仅是一瞬间的辉煌,还需要付出艰苦的努力,需要日积月累地坚持。没有坚强的意志和毅力的支撑,成功离我们只会越来越远。

训练二:坚持的信念和健康的体验

1. 训练目的

瑜伽不仅是一种流行的健身运动,也是一种非常古老的能量修炼方法,集哲学、科学和艺术等知识于一身。学生通过瑜伽训练这种特殊的方式,能够在强身健体的同时激发和锻炼毅力。

视频6-3
坚持力训练(三)

2. 训练准备

宽敞的场地(形体房最佳)、瑜伽垫。

3. 注意事项

(1) 任何体能训练都不能避免由于挑战新、动作难而引起的损伤。瑜伽姿势有多种，在训练过程中为增强功效，降低受伤概率，应注意学生是否受伤或有其他健康问题，以确定学生是否适合此项训练；同时，在训练过程中要及时关注学生的身体反应，不勉强、不过度、不用蛮力等。

（2）做此项训练时应着休闲装，以赤足在瑜伽垫或地毯上练习为佳；身处炎热季节或高温房间时应注意补充水分。

4. 训练过程

以不超过10人为一小组，请出两组成员，分别组成绿队和红队，请一位学生计时，主持人说出"开始"后，两组成员分别摆出固定瑜伽动作坚持3分钟。训练同时，旁边的啦啦队给挑战者加油和鼓励，同时监督两组成员的动作是否标准，如不标准应及时调整姿势，继续坚持下去。计时同学做好倒计时准备，待挑战时间结束后，判定哪组成员获胜，对于挑战失败的一组，可现场进行"小惩罚"。

训练时，主持人可以选择多种适合新手体验的瑜伽训练姿势供学生参与，同时在训练时应准备背景音乐，以提高学生的参与兴趣和情景融入。

5. 训练分享

训练项目在轻松的氛围中结束，主持人邀请挑战者分享训练感受，同时提出问题：毅力的培养需要从哪些方面着手呢？

6. 训练启迪

瑜伽训练是一项既有难度又有趣味的体能训练，在训练过程中要有坚定的信念、明确的目标、高度的自觉、果断的决策力和较强的执行力，心无旁骛，不受他人影响，保持内心定力，朝向目标，坚持到底。

结合瑜伽训练毅力，既强身健体又塑造品质，有利于身心健康全面发展。

【训后延伸】坚持力的主要训练方法

第一，强化正确的动机。伟大的目的产生伟大的毅力，崇高的人生目的能够快速地激发坚忍的毅力。

第二，培养兴趣。一个人一旦对某种事物、某项工作产生内在而稳定的兴趣，那么，他就会产生坚忍的毅力。

第三，从小事做起。人有惰性，克服惰性需要毅力，这个过程是漫长的，必须从身边小事入手，不断提升，这样才能不断消除惰性，提升毅力。

第四，由易入难。这样既可增强信心，又能锻炼毅力。有些人很想把某件事情善始善终地干完，但往往因为事情的难度太大而难以为继。对毅力不太强的人来说，在确定自己的奋斗目标时，一定要坚持从实际出发、由易入难的原则。

任务七：成良好习惯

我的学习心得

雷锋是一个面对困难迎难而上、坚持不懈的人。人生的旅途，从来都不是一路坦途，我们要像雷锋一样，以饱满的精神状态和顽强的意志品质去攻坚克难、奋勇前进，才能创造无愧于时代的精彩人生。

我的感想：_____
_____。

我的课后训练

给自己制订一个阅读计划，每天坚持看书 10 页或 10 分钟，记录坚持的情况；坚持学会一项技能如弹琴、画画、滑冰、骑自行车、学习办公软件的操作等，从易到难、由浅入深、坚持不懈直至学会；改变一个坏习惯，每天改变一点点，直到彻底改变。

我的训练计划

请填写一周的"我的训练计划"，并记录"我的训练足迹"，由老师点评。

训练目标	
训练项目	
时间（第　　周）	活动内容
第一天（星期　）	
第二天（星期　）	
第三天（星期　）	
第四天（星期　）	
第五天（星期　）	
第六天（星期　）	
第七天（星期　）	

我的训练足迹

第一天：..
第二天：..
第三天：..
第四天：..
第五天：..
第六天：..
第七天：..
教师评价：☺ 给予奖励； ☺ 可以； ☺ 不错； ☹ 再努力
教师点评：..
....

素质四 敬业

项目七

专心致志——专注力训练

> 要克服浮躁这个顽疾,抵制急功近利、粗制滥造,用专注的态度、敬业的精神、踏实的努力创作出更多高质量、高品位的作品。
> ——2017年11月30日习近平在中国文联十大、中国作协九大开幕式上的讲话

训练目的

训练自控力和专注力,形成专心致志学习工作的良好习惯,不断提高工作和学习的质量和效率,做到有始有终,善作善成,像雷锋那样具备"专心致志"的职业品质。

▶ 任务一:读雷锋日记

我要积极肯干,做到说干就干,干就干好,脚踏实地、实事求是地干,千方百计地干,

事事捡重担子挑,顺利时干得欢,受挫折时也要干得欢,扎扎实实地干,一定要把事情办好。

(1962年2月19日)

任务二:讲雷锋故事

雷锋的职业成长之路

1956年9月,年仅十六岁的雷锋在组织的安排下走上了工作岗位。一开始,他担任乡政府的通讯员,工作积极主动,手脚麻利,受到了领导和同志们的好评。同年11月,由于表现优秀,雷锋被推荐到望城县委做公务员。他在认真完成领导交办的各项任务的同时,还帮助同志们完成工作任务,在工作岗位上作出了突出贡献。1957年,雷锋光荣地被评为"机关模范工作者"。

1958年秋至1959年秋的近一年时间里,雷锋来到鞍钢做了一名推土机手。领导说:"你是南方人,刚到北方来是有很多困难的,特别是开推土机的工作又脏又累,比较艰苦,你能受得住吗?有什么困难没有?"雷锋大声说:"我保证服从领导分配。困难是有的,但我能克服,我一定把工作做好,请领导放心。"雷锋爱护设备胜过爱护自己的眼睛,他精心操作和维护,不管用了多久,机器始终整洁如新。

1959年8月,雷锋来到弓长岭参加焦化厂基础建设,他冒着严寒下河捞石头、赤脚和泥。1960年夏季的一天,他带领伙伴们冒雨奋战,使7 200袋水泥免受损失。

雷锋在鞍山和焦化厂共工作一年零两个月,曾3次被评为"先进工作者",5次被评为标兵,18次被评为红旗手,荣获"青年社会主义建设积极分子"等称号。

【故事启迪】

雷锋的一生是短暂的,职业生涯也只有六年,但不论在什么岗位上,他总是干一行爱一行、专一行精一行,他就像一颗螺丝钉,钉在一个岗位上,就能将这个岗位的工作做到极致。当代青年要像雷锋那样虚心学习、刻苦钻研,雷厉风行、说干就干,关心集体、效率至上,努力成为爱岗敬业、乐于奉献、默默耕耘、持之以恒的雷锋式职业人。

任务三：学职场雷锋

1. 蒙眼识工具,毫厘之间一摸准
——记采油技能尖兵、"全国五一劳动奖章"获得者夏洪刚

"干一行爱一行、专一行精一行",辽河石油职业技术学院一直致力于让雷锋精神永铸于每位学生心中,夏洪刚的故事正是雷锋精神的最好体现。夏洪刚,男,1989年12月生,汉族,中共党员,中国石油天然气集团有限公司辽河油田分公司欢喜岭采油厂采油作业一区采油工,国家级赵奇峰技能大师工作室成员,辽河油田夏洪刚劳模创新工作室领衔人,盘锦市人大代表、盘锦市青年联合会委员。2011年,夏洪刚毕业于辽河石油职业技术学院,走上工作岗位后,他秉持着雷锋"专一行精一行"的职业精神,练就了蒙住眼睛能在160秒内将混在一起的40件形状相同、开口差距最小为1毫米的工具准确辨别出来的"蒙眼识工具,毫厘之间一摸准"高超技能。

多年来,他扎根采油一线,勤学苦练,锐意创新,从一名普通采油工人成长为高级技师,先后获得"全国五一劳动奖章""辽宁省岗位学雷锋标兵""辽宁最美青年""辽宁青年五四奖章""集团公司优秀共产党员""集团公司十大杰出青年"等多项荣誉称号,入选"兴辽英才计划"优秀高技能人才,用实际行动诠释"爱国、创业、求实、奉献",展现了新时代石油工人的亮丽风采(图7-1)。

图7-1 采油技能尖兵夏洪刚

夏洪刚在学校学习期间就表现出了与众不同的地方。辽河石油职业技术学院倡导用雷锋精神武装头脑,用王进喜精神提升技能。夏洪刚始终坚持这一理念,带头在班级里跟

着老师风里雨里学知识、练技能，不怕苦、不怕累，一步一个脚印地学习最新的工艺技术。走上工作岗位后，夏洪刚每天不知疲倦地在高架罐上爬上爬下，进行一次又一次的调试和上百次的实验，最终研发出由双股钢丝绳、定滑轮组、位移模块、处理器以及通信板块组成的"新型拉线液位计"。这套装置荣获全国能源化学地质系统技术创新成果一等奖，并在冀东油田推广应用200多井次，创造了巨大的经济价值。工作数十年，夏洪刚解决岗位生产难题100余项，获创新成果奖30多项，为企业累计创效1 500余万元。2017年，夏洪刚参加中国石油采油大工种职业技能竞赛，凭借着娴熟的专业技艺，一路过关斩将，最终勇夺银牌。

2. 扎根农业一线的奋斗者
——记辽宁农业职业技术学院优秀毕业生宫世荣

宫世荣，辽宁农业职业技术学院2013届毕业生，中共党员，河南省洛阳市砚台村第一团支部书记、洛阳市青联委员、洛阳市科协委员，曾获河南省脱贫攻坚青春榜样、河南省社会扶贫先进个人、洛阳市十佳新型职业农民、洛阳市优秀高素质农民、洛阳市脱贫致富带头人等荣誉称号（图7-2）。

图7-2　宫世荣

进入辽宁农业职业技术学院后，宫世荣主动报名成为"基地小助手"，服务在校园实习基地。除了上课之外，他几乎每天都泡在果树大棚里，寸步不离跟随老师学习专业知识，生怕漏掉一个知识点，每天都按时到岗，浇水、施肥、除草……一项不落，疏花疏果、果树剪枝……每一个环节都认真完成。在他的管理下，整个果树大棚变得井井有条、焕然一新。经过2年的学习，他学会了一整套辽峰葡萄的种植技术。2013年毕业，宫世荣主动放弃企业的优厚待遇，毅然回到河南老家，专注农业农村发展，创建了洛阳市栾川豫鸾特色葡萄庄园,开始了他的返乡创业之旅。

在当地政府和母校老师们的帮助下,宫世荣凭借着独特的技术和过人的胆识,仅花费两年时间,就使葡萄庄园的纯收入达到30余万元。2015年,他研发出辽峰葡萄优良株变品种,改进了单臂单干葡萄整枝技巧,独创温室葡萄篱架改棚架栽培技术,培育出"鸾州红"和"绿邂逅"两个葡萄新品种,并且成功注册了商标,申请了新品种审定和专利注册,填补了栾川县果树新品种科研领域的空白。此外,宫世荣还在合峪镇至白云山国道311沿线发展复合式观光采摘果园130亩,带动砚台村、黄土岭村、钓鱼台村的村民包括贫困户累计120余户400余人创业,走上致富之路。

未来属于青年,希望寄予青年。宫世荣始终扎根农业一线,发扬雷锋的创新创业精神,把青春奋斗融入党和人民的事业中,让青春在为党和人民、为国家和民族的不懈奋斗中绽放出绚丽之花。

任务四:悟品质内涵

经典故事

专心致志　目不窥园

一代儒学大师董仲舒,自幼天资聪颖,少年时酷爱学习,读起书来常常废寝忘食。其父董太公看在眼里急在心上,为了让孩子能适当休息,他决定在宅后修筑一个花园,让孩子能有机会到花园散散心,放松一下。

头一年,园里绿草如茵、鸟语花香、蜂飞蝶舞。姐姐多次邀请董仲舒到园中玩,他却手捧竹简,只是摇一摇头,就继续低头看起竹简,学习《春秋》《诗经》。

第二年,小花园建起了假山。邻居、亲戚的孩子们纷纷爬到假山上玩。小伙伴们叫他,他动也不动,低着头在竹简上撰写诗文,头都顾不上抬一抬。

第三年,花园建成了。亲戚朋友携儿带女前来观看,都夸董家花园建得精致,叫董仲舒去玩,他只是点点头,就继续埋头学习。

随着年龄的增长,董仲舒的求知欲愈加强烈,他读遍儒家、道家、阴阳家、法家等各家书籍,不断充实自己的知识,终于成为令人敬仰的大家。

品质探析

1. 概念与内涵

专注力是指个体在特定时间内,能排除来自外部与内部无关因素的干扰,将注意力集中于完成某一任务的能力。专注力受到多种因素的影响,包括个体的生理状态、心理状态以及外部环境等。例如,充足的睡眠、适度的运动和良好的情绪状态有助于提升专注力,而外界噪声、身体疲劳和牵挂的人或事,则可能降低专注力。专注力有助于学习进步与工作效率提高,是一种坚持不懈、持之以恒地确保目标实现的能力。

2. 现状与问题

当代青年处在社会迅猛发展的信息化时代,外界诱惑和各种干扰对学生的思想、行为不可避免地产生多种影响。主要表现有:一是沉迷于网络游戏,难以专注工作与学习。长期沉迷于网络游戏与聊天等虚拟世界难以自拔,学习与工作专注力不高,精神涣散,效率低下,长期停滞不前。二是自我约束力弱,难以专注于一项工作。作息不规律,做事冲动、虎头蛇尾,难以坚持。三是个性倔强,难以控制思想感情和行为举止。即便因为自己的不足和错误失败了,也不愿意找原因,鲜有改进。这些都会影响学生的人格形成和未来发展。通过学习和实践,让学生自觉培养专注力,学会控制自己的注意力,成为驾驭现实的主人,对学生成长成才意义重大。

3. 作用与意义

培养专注力有利于提高工作效率。专注力是在日常生活中自觉培养起来的。让大学生远离网络几乎不可能、不现实,我们需要做的不是将大学生和网络隔绝开,而是引导学生掌握网上学习和查找资料的方法,培养学生线上学习的兴趣,发挥在线教学、微课、慕课、公开课的独特优势,提高学生的学习能力和效率。

培养专注力有利于促进素养形成。如果一个人,能用十年的时间,专注于一件事,那么他一定能够成为这方面的专家。大学生即将步入社会,思想素质、身心素质和职业能力对他们应对社会中的问题非常重要,强大的专注力有利于"择一事,终一生",成长为行业领域的专家,让他们更好地在社会中立足。

培养专注力有利于坚定前行信念。古人云:无志者常立志,有志者立志长。古今成大事者,会把精力同时集中在几个重要的事情上,只有舍博弃杂,全神贯注,不懈努力,坚定必胜信念,才能成就事业,到达成功的彼岸。

任务五：测职业品质

测试一：你是一个注意力集中的人吗？

"舒尔特表"训练是国际通行的一种最常见和最有效的人的视觉定向搜索训练科目。心理学上运用这种表，一般是为了研究和发展心理感知的速度，其中包括视觉定向搜索运动的速度。为了提高注意力，可以选择有不同难度和类型的"舒尔特表"逐级训练。

你可以自己多制作几张这样的训练表（表7-1），每天训练一遍，相信你的注意力一定会逐步提高。

表7-1 "舒尔特表"视觉定向搜索训练

23	12	7	1	22
6	15	17	3	18
19	4	8	5	13
24	2	20	25	10
9	14	11	16	21

测试标准：

以最快的速度从1数到25，要边读边指出，同时计时，30秒完成为合格。

测试结果分析：

研究表明：正常成年人看一张图表的时间是25~30秒，有些人可以缩短到十几秒，30秒以上则说明注意力集中度较差。

测试二：你的专注度有多高？

查看下列自测题，符合自己情况的在括号内画"√"，反之画"×"。

(1) 上课听讲时，常常走神，心不在焉。（　　）

(2) 星期天忙这忙那，什么都想干似的度过一天。（　　）

(3) 想干的事情好多，却不能静下心来认真做其中一件，结果什么事都没有做好。（　　）

(4) 做一科作业时,就急着想做另一科作业,恨不得一下把作业做完。(　　)

(5) 担心第二天上学迟到,有时整晚睡觉不踏实。(　　)

(6) 总觉得上课时间过得太慢。(　　)

(7) 做作业时,常走神,想起作业以外的事情。(　　)

(8) 始终忘记不了前几天被老师批评的情景。(　　)

(9) 在看书学习时,很在意周围的声音,对周围的声音听得特别清楚。(　　)

(10) 读书静不下心来,不能持续30分钟以上。(　　)

(11) 一件事干得太久,就会很不耐烦,急切地希望快点结束。(　　)

(12) 对刚看完的漫画书会重新看好几遍。(　　)

(13) 在等同学时,觉得时间长得特别难熬。(　　)

(14) 和朋友聊天时,有时会无缘无故地说其他无关的事。(　　)

(15) 学校集会时间稍长一点,就会不耐烦,也不知道主持人说什么。(　　)

测试标准:

"√"得0分,"×"得1分,总分15分。得分越高,注意力越强。

测试结果分析:

0~3分:注意力差;4~7分:注意力稍差;8~11分:注意力一般;12~13分:注意力好;14~15分:注意力很好。

(1) 得12分以上,则具备了成功人士必备的一个素质——高度集中的注意力。无论干什么事,你都能排除外界干扰,整个身心都沉浸其中。你除了学习成绩比较好,其他方面也容易取得佳绩。但你也容易误入歧途,比如玩电子游戏,你会寻根究底,乐此不疲,从而使学习注意力下降,影响学习。因此,你应该学会正确发挥注意力集中这一优点,把超常的注意力运用到最能促使自己发展的方面,例如运用到学习、读课外书、科技小发明等方面,只有这样,你才算拥有了超常的注意力,才能真正获得超常的智慧。

(2) 得7分以下,则你可能做事总是心猿意马,三心二意;做作业粗心大意,成绩也不怎么理想。你常常有这样的感觉:本想集中精力干一件事,可是由于各种原因,你总是分心,或者你本身就是一个好动的人,静不下来,结果浪费了许多宝贵时间,一事无成,常常后悔不已。如果不想办法提高你的注意力,不管你的天资有多好,做事也总会事倍功半。

任务六：练职业素质

训练一：克服干扰——抗干扰训练

1. 训练目的

认识学习或工作中的干扰，增强抗干扰能力，增强专注力。

2. 训练准备

歌曲、视频、诗文及音响设备。

3. 注意事项

限制时间，在尽可能短的时间内完成任务。

4. 训练过程

(1) 教师用音响播放节奏感强的欢快歌曲，学生背诵诗歌《面朝大海，春暖花开》指定片段，看谁最快。

(2) 教师播放古筝演奏《云水禅心》，学生想象家乡的美景，完成一篇500字的写景作文，看谁写得最好。

5. 训练分享

(1) 你在专注背诵或写作的时候受到了哪些干扰？

(2) 为了克服这些干扰，你用了什么好方法？

(3) 在平时学习、工作中你还受到哪些干扰？如何克服？完成表7-2。

表7-2 抗干扰，我做主

我所受到的干扰	我如何克服它

6. 训练启迪

人总会受到干扰，因此总会走神。应该创造一个利于集中精力的环境，宜人但不过于舒适，温度介于20~25℃之间，不听音乐、不去听别人的谈话，关上门，把容易使人分心的物品移到视线以外，把与工作有关的放到视线内，等等。只有在精力集中、专心致志的时候才能真正学到东西。集中精力、专心致志具有强大的威力，可以让人忘掉自我、忘掉疲劳，增加精力的持续性，提高效率。

训练二：提高注意力——专心做好每件事

1. 训练目的

改变学习或做事精神不集中、效果不理想的问题。集中注意力，提高学习、工作效率。

2. 训练准备

准备一张"舒尔特表"，在一张有25个小方格的表中，将25个连续的数字打乱顺序，填写在里面。

3. 注意事项

分组训练和讨论要限制时间，每组组员一个练习、一个计时；每组安排一个组员汇报训练情况。

4. 训练过程

将全班同学分成若干个小组，每组2人，限时10分钟；请一方以最快的速度将"舒尔特表"中25个数按顺序边读边指出，另一方计时。每个同学最少训练三遍。

5. 训练分享

进行分组讨论：经过训练，看看同学们有什么进步？请进步快的同学介绍经验，请那些进步慢、容易出现精力不集中的同学分析原因。

6. 训练启迪

通过训练，让学生意识到：集中注意力不仅有利于提高工作和学习的效率，而且也有益于我们有条不紊、按部就班地完成各种学习任务和工作任务，避免再出现过去那种杂乱无章、手足无措、一塌糊涂的情况。

【训后延伸】提高注意力的主要训练方法

第一，树立明确的目标。当你给自己设定了一个要提高注意力的目标时，你就会发现，你只要非常短的时间内集中注意力，就会取得良好效果。同学们在训练中预先要有一个目标。从现在开始，我比过去善于集中注意力，不论做什么事情，只要开始，就能够迅速地排除干扰。比如，你要求自己，今天要在注意力高度集中的情况下，将这一讲的内容一次就全部记忆下来。当你有了这样一个训练目标时，你的注意力自然就会高度集中。

第二，善于排除外界干扰。要在排除干扰的过程中训练排除干扰的能力。培养自己在杂乱环境下排除干扰的本领。

第三，善于排除内心的干扰。在课堂上，环境可能很安静，周围的同学都坐得很好，但是，内心不一定是平静的，可能有一种干扰自己的情绪活动，有一种与学习不相关的兴奋涌动。这时，同学们要学会放松身体、放松面部表情，也就是排除内心各种情绪的干扰。

第四，节奏分明地处理学习与休息的关系。从现在开始，集中一小时的精力，比如背诵80个英语单词，看自己能不能记住。学习完了，再休息或玩耍。当需要再次进入学习状态的时候，又能高度集中注意力。这种高度集中注意力与完全放松的交替状态就是"张弛有度"。熬时间不能提升自己，我们可以这样暗示自己：安静的时候，像一棵树；行动的时候，像闪电雷霆；休息的时候，像流水一样；学习的时候，又要像军事上实施进攻一样集中优势兵力。

第五，空间清静法。当你学习时，要将书桌上与你此时学习内容无关的其他书籍、物品全部清走。在你的视野中，只有你现在要学习的科目。这种空间上的处理，是你训练自己集中注意力的最初阶段的一个必要手段。

第六，清理大脑法。大脑如同一个计算机显示屏，上面堆放着很多东西，当我们确定做某一件事情时，就要把显示屏幕上的各种无关的情绪、思绪和信息都关掉，只留下现在要进行的项目，就像收拾桌子一样。

第七，不在难点上停留。在研究一个事物的时候发现某个问题你不太理解，不要紧，可以接着往下研究。读一本书的时候，对某一个点不太理解，努力研究后还是不太理解，没关系，放下这个问题，继续往下阅读。千万不要因为遇到几个难点就对整本书望而却步，相反，只要你继续阅读，就很可能会发现，后面的内容你都能理解，前面不理解的内容，也在这一过程中被逐渐吸收了。

▶ 任务七：成良好习惯

我的学习心得

雷锋做事专注力很强，他喜欢机械工程技术，主要从事机动车工作，无论是拖拉机、推土机，还是解放牌大卡车，他都认真专注钻研技术，不仅驾驶技术好，维修技术也很强，硬是把"耗油车"改造成了"节能车"。我们要学习雷锋持之以恒、专心致志的职业品质，不断强化目标、抵抗干扰、摆脱低效、拒绝拖延，心无旁骛、专心致志、不断创新、有所创造。

我的感想：＿＿＿＿＿＿＿＿＿＿＿＿＿＿＿＿＿＿＿＿＿＿＿＿＿＿＿＿＿＿＿＿

＿＿＿＿＿＿＿＿＿＿＿＿＿＿＿＿＿＿＿＿＿＿＿＿＿＿＿＿＿＿＿＿＿＿＿＿。

我的课后训练

1."限时作业"。在规定时间内完成一定的作业任务。比如：20分钟完成2篇英文阅读，30分钟写完一篇小作文。写作业时，要求自己专心致志、心无旁骛，禁止做与作业无关的任何事情。坚持 21 天,巩固 90 天,就能有效提高专注力与学习效率。

2. 视觉注意力训练。为了提高注意力,请同学们给自己制订一个读书计划,每天拿出一小时阅读教科书、小说、报纸、杂志等,坚持一个月后,看看你的阅读量和阅读效果的变化。如果有条件,可以朗读出来,坚持每天训练一遍,相信你的注意力水平一定会逐步提高,并取得意想不到的效果!

我的训练计划

请填写一周的"我的训练计划",并记录"我的训练足迹",由老师点评。

训练目标	
训练项目	
时间(第　　周)	活动内容
第一天(星期　)	
第二天(星期　)	
第三天(星期　)	
第四天(星期　)	
第五天(星期　)	
第六天(星期　)	
第七天(星期　)	

我的训练足迹

第一天:_____
第二天:_____
第三天:_____
第四天:_____
第五天:_____
第六天:_____
第七天:_____
教师评价: 😖 给予奖励; 😊 可以; 😐 不错; 😞 再努力
教师点评:_____
_____

项目七　专心致志——专注力训练

项目八

精益求精——细节意识训练

> 要在全社会弘扬精益求精的工匠精神,激励广大青年走技能成才、技能报国之路。
> ——2019年9月23日习近平对我国选手在第45届世界技能大赛取得佳绩作出重要指示

训练目的

通过细节意识训练,养成守时守纪、做事认真、干净利落的良好习惯,增强学习、工作和生活上的计划性、目的性,提高学习、工作的质量和效率,培养具有像雷锋那样"一丝不苟、精益求精"的职业品质。

▶ 任务一：读雷锋日记

　　一个人的作用，对于革命事业来说，就如一架机器上的一颗螺丝钉。机器由于有许许多多的螺丝钉的连接和固定，才成了一个坚实的整体，才能够运转自如，发挥它巨大的工作能力。螺丝钉虽小，其作用是不可估量的。我愿永远做一个螺丝钉。螺丝钉要经常保养和清洗，才不会生锈。人的思想也是这样，要经常检查，才不会出毛病。

（1962年4月17日）

▶ 任务二：讲雷锋故事

一丝不苟、奋发有为的军人榜样

　　1960年1月8日，雷锋领到了入伍通知书，成了一名光荣的人民解放军战士。雷锋所在团是有着光荣历史的部队，他决心以实际行动发扬优良传统，从小事做起，努力争先。

　　在运输连期间，雷锋一丝不苟、精益求精地学习驾驶技术。针对缺少教练车的现状，他带领大家做了一个汽车驾驶台，可以在上面练习驾驶技术。由于雷锋学习技术废寝忘食，又经常帮其他同志学习进步，大家一致认为他最适合当技术学习小组长。5月，雷锋成了一名合格的驾驶员，被分到二排四班，驾驶一台13号车上了建设工地。施工任务中，他整天驾驶汽车东奔西跑，很难抽出整块时间学习，雷锋就把书装在挎包里随身带在身边，只要车一停，没有其他工作，就坐在驾驶室里看书。

　　1961年10月19日，他在日记中写下这样一段话："有些人说工作忙，没有时间学习，我认为问题不在于工作忙，而在于你愿不愿意学习，会不会挤时间。要学习，时间是有的，问题是我们善不善于挤，愿不愿意钻。一块好好的木板，上面一个眼也没有，但钉子为什么能钉进去呢？这就是靠压力硬挤进去的，硬钻进去的。由此看来，钉子有两个长处：一个是挤劲，一个是钻劲。"我们在学习上也要提倡这种"钉子"精神，善于挤和钻。靠着这种精神，雷锋从入伍到去世的一年半军旅生涯中，被授予二等功1次，三等功3次。

【故事启迪】

雷锋能成为优秀的解放军战士和技术过硬的驾驶员,最主要的原因是雷锋做事从来都是认认真真、注重细节,计划性强、目的性突出。当代青年要以雷锋同志为楷模,发扬"钉子精神",有条件上,没有条件创造条件也要上,在一丝不苟、精益求精的基础上,实现自己的既定目标。

▶ 任务三:学职场雷锋

1. 雕刻火药的"一把锋刀"
—— 记大国工匠徐立平

徐立平,出生于1968年。他"在炸药堆里工作",当选为2015年度"感动中国"十大人物、2021年"大国工匠年度人物",获得"时代楷模""最美奋斗者"等称号(图8-1)。"大国工匠"的颁奖词这样评价他:"一次次行走于生死边缘,为国铸箭""当一道道光芒刺破暗夜飞入苍穹,璀璨星空都闪动着勇气与责任写就的诗行"。

1987年,19岁的徐立平参加工作,从那时开始,他就用心做着一件事——驯服超高能量的"烈性炸药",即为固体火箭发动机推进剂药面进行"微整形"。

发动机固体燃料通常采用浇注固化成型,固化完成后的药面不是完全平整的,徐立平需要小心修整,切去多余部位,以满足火箭及导弹飞行的各种复杂需求。由于火药高敏感的特性,药面的整形工作无法完全用

图 8-1 徐立平(来源:新华网)

机械代替手工操作。此外,固体火药韧性很强,并且含有粗糙的颗粒,这导致用刀的力道很难把握。因此,这项工作需要极高的精准度,而且极具危险性,一旦操作不慎,就会在瞬间引起燃烧甚至爆炸,故而被称为"在炸药堆里工作"。

入厂以来,徐立平从未松懈过。为了练好整形功夫,他不断地琢磨和练习,包括怎么用力、怎么下刀的技巧,他反复比画着切、削、铲等基本功,揣摩着刀具切削量、切削角度和切削力度,每每练得手臂酸痛,都还咬牙坚持不放下。

功夫不负有心人，经年累月的刻苦磨炼，让徐立平的手感越来越好。发动机推进剂药面精度允许的最大误差是 0.5 毫米，但徐立平能控制到 0.2 毫米——这是一张纸的厚度。到后来，他只要用手摸一下，就知道如何修整出符合设计要求的产品，经他手整形的发动机推进剂药面，合格率达到 100%。时光荏苒，一晃 30 多年过去了，徐立平依然坚持着刀尖上的工作，成了雕刻火药的"一把锋刀"。

（来源：国家科技传播中心，有删改）

2. 匠心铸就非凡
——两位技能大师的成长与传承

在技能报国的时代浪潮中，涌现出无数精益求精的工匠楷模。姜昊和李小得，一位是世界技能大赛金牌得主，一位是汽车维修领域的技术专家，他们用精益求精的执着、追求卓越的信念、传承技艺的担当，共同诠释着新时代工匠精神的内涵。

姜昊：世界技能冠军的逆袭之路

姜昊，2022 年世界技能大赛工业控制项目金牌获得者（图 8-2），获"全国五一劳动奖章""全国技术能手""辽宁青年五四奖章"等荣誉称号，现就职于辽宁工程职业学院。

图 8-2　世界技能大赛赛场上的姜昊

姜昊出生在辽宁省铁岭市一个普通的农村家庭，由于家庭原因，他不得不从高中辍学，选择学一门技术，尽早工作赚钱养家。进入辽宁工程职业学院后，工业控制项目竞赛班点燃了他的职业梦想。比赛需要高度的专注力，从安装布线、编程到程序顺利运行，每一个细节都需要不断的打磨、提升，每天 12 小时的高强度训练成为常态，反复的失败与纠错磨砺出他坚韧的品格。

在 2022 年世界技能大赛工业控制项目中，经过 3 天 17 个半小时的激烈角逐，姜昊最终以最高分站上了世界技能大赛的最高领奖台，代表中国夺得了世界第一，摘得金牌！姜昊用 7 年的时间实现了他匠心筑梦、技能报国的理想。

"我们生活在一个崇尚技能的伟大时代，我们要用技能力量改变命运，用技能力量培养更多的世界技能大赛冠军、大国工匠，为实现中华民族伟大复兴的中国梦而不懈奋斗！"从辍学少年到世界冠军，姜昊用技能改变命运，实现了人生的华丽蜕变。如今，这位"全国技术能手"回到母校任教，将比赛经验转化为教学资源，致力于培养新一代高技能人才。

李小得：汽车维修界的"技术百科全书"

从全国技能大赛一等奖获得者到梅赛德斯 – 奔驰 4S 店技术专家，再到高职院校教师，李小得（图 8-3）用 12 年时间，在汽车维修领域刻下了一条"精益求精"的轨迹。

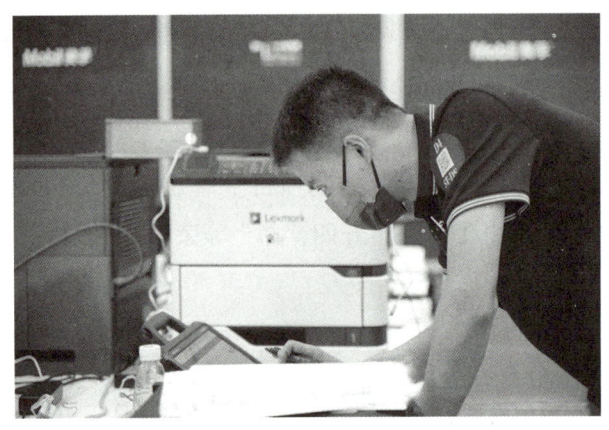

图 8-3　比赛现场的李小得

2012 年考入烟台汽车工程职业学院后，李小得连续两届获得山东省职业院校技能大赛一等奖，2015 年更斩获全国赛两项一等奖。毕业后他进入梅赛德斯 – 奔驰 4S 店，九年一线生涯中精准排除无数疑难故障，曾为了排查车辆偶发熄火故障，耗时三天找到一个隐蔽虚接点，为客户节省十万元。他主导修复多例 48V 轻混系统故障，成为同期最早通过奔驰电气系统认证的专家，2018 年获评烟台市优秀汽车修理工，并通过汽车维修高级技师认证。

秉持技术没有天花板的信条，2020 年他在奔驰服务技能大师赛中获得全国第二；2021 年他带队征战全球挑战赛再创佳绩。为攻克 9 速变速箱阀体匹配难题，他连续 72 小时比对数据，整理数万字故障手册，成为 4S 店技术培训的"百科全书"。

2024 年，李小得回到母校任教，独创"故障重现 – 逻辑推演"实战教学法。学生评价他的课堂像破案，每个故障排除都是技术破局。从拧紧每一颗螺丝到点亮下一代的技能之光，他用自己的方式传承着工匠精神。

任务四：悟品质内涵

经典故事

千里之堤，溃于蚁穴

大河岸边有一片村庄，为了防止水患，农民们筑起了牢固的长堤。一天，有个老农偶尔发现蚂蚁窝一下子猛增了许多。老农心想：这些蚂蚁窝究竟会不会影响长堤的安全呢？他准备回村去告诉其他人，路上遇见了他的儿子。老农的儿子听后不以为然地说："那么坚固的长堤，还害怕几只小小蚂蚁吗？"随即拉着老农一起下田了。当天晚上风雨交加，河水暴涨。咆哮的河水从蚂蚁窝始而渗透，继而喷射，终于冲决长堤，淹没了沿岸的大片村庄和田野。由此可见，"细节决定成败"。

品质探析

1. 概念与内涵

细节意识就是对于事物细微之处的关注和注意力，是一种追求完美、精益求精的精神体现。细节意识是职业素养的重要组成部分，在日常生活和社会活动中，有着非常重要的作用。海尔创始人认为，细节意识体现在职业员工身上，就是要具有职业精神，做事认认真真、努力打造精品；细节意识体现在企业家身上，就是要全面提高质量和管理水平，争创世界一流企业。高职学生进行专业学习时，要做细做精、严肃认真、一丝不苟、精益求精；要善于观察、联系实际、学以致用；力争细节烂熟于心，让注重细节成为一种职业习惯。

2. 现状与问题

我们有些同学不拘小节，迟到早退、不修边幅、做事不认真，学习不求甚解、马马虎虎、差不多就行，这是细节意识缺失的表现，如果不加以改正，未来必将影响整个职业生涯。不注重细节主要是因为没有坚定的理想信念和明确的目标，怕麻烦、图省事，存在功利性，抱着"试一试"的态度，希望"少付出、大回报，不付出、有回报"，自然不会注重细节。

3. 作用与意义

注重细节能够提升服务质量。俗话说"规范造就品质,细节决定成败",决定一件事情成败的关键往往在于被忽略的细节。越是不起眼的细节,越难受到人们的重视,而在决定事情发展的最终结果时,细节却发挥了至关重要的作用。比如在服务行业中,要注重细节提升服务质量,读懂客户心态、理解客户需求,察言观色,尽可能满足客户要求,对可能发生的问题防患于未然。

关注细节能够提升人的修养。一是关注细节的人修养好。如我们通过一个人的行为往往能看出这个人是否沉稳,有什么生活习惯;二是关注细节的人能做到见微知著,一叶知秋,预测事物的发展方向,善于观察和分析,及时解决问题于萌芽状态。

细节管理能够提升生产效益。一是细节提高生产效率。我们要把一件事看成一个系统,只有做好每一个细节,整个系统才能高效运转。一架飞机,如果零件没有安装好就不能起飞,它的价值就等于零。二是细节提升能力水平。当你专注于细节时,你的思考就会变得更加全面缜密,随着时间推移,会具有更加广阔的视野和远大的目标。

▶ 任务五:测职业品质

测试一:你注重细节吗?

下列各题中,每题有5个备选答案,根据你的实际情况,选择一个最适合你的答案(表8-1):A 很符合自己的情况;B 比较符合自己的情况;C 介于符合与不符合之间;D 不大符合自己的情况;E 很不符合自己的情况。

(1) 我做事有计划、有目标,做事不推着干,从不盲目行动。
(2) 我做事不推脱、不无故拖延,有头有尾,是完美主义者。
(3) 注意抓重点,注重效率,做到事半功倍。
(4) 我做事一心一意,不一心多用,注重养成良好的行为习惯。
(5) 我做事有条理,从不杂乱无章。
(6) 我注意仪表整洁,注重文明礼貌。
(7) 我能遵守作息时间,做到按时上课,不迟到、不早退、不晚睡。
(8) 我每节课前都能做好预习,认真、独立完成老师交给我的作业。
(9) 我能认真合理安排学习和复习时间,提高学习效率。
(10) 我生活上能做到勤俭节约,不懒惰、不浪费。
(11) 我注重向他人学习,取长补短,相得益彰。

(12) 我平时喜欢用一些文明用语,如"谢谢""对不起""认识您很高兴"。

(13) 我看到别人做好事就会第一时间表示赞扬;对做错事的人会委婉批评。

(14) 我有记日记的习惯,把一天的经历记录下来,并附上自己的体会。

(15) 对于别人的意见,我从不盲从,总喜欢分析、鉴别一下。

A 记 7 分,B 记 5 分,C 记 3 分,D 记 2 分,E 记 1 分。

表8-1 细节意识测试计分表

题号	选项	得分	题号	选项	得分	题号	选项	得分
1			6			11		
2			7			12		
3			8			13		
4			9			14		
5			10			15		
总分								

测试结果分析:

95 分以上,细节意识很强;85~94 分,细节意识较强;71~84 分,细节意识一般;51~70 分,细节意识较薄弱;50 分以下,细节意识很薄弱。

测试二:你是一个注重整洁的人吗?

下列各题中,每题有 5 个备选答案,根据你的实际情况,选择一个最适合你的答案填到表 8-2 中:A 做得较好;B 能做到;C 基本能做到;D 大多做不到;E 做不到。

(1) 你饭前便后都能洗手吗?

(2) 你睡前能保持洗脸、洗脚、刷牙吗?

(3) 你能做到经常理发、洗澡吗?

(4) 你能做到出门之前照镜子,保持仪表整洁吗?

(5) 你的衣物一脏了就能脱下来,并马上清洗吗?

(6) 你能做到不在教室和寝室抽烟、喝酒吗?

(7) 你能做到不乱写乱画、乱涂墙壁吗?

(8) 你能做到不乱扔果皮、纸屑、烟头吗?

(9) 你能做到不随地大小便吗?

(10) 你能做到在公共场所保持安静、不打扰他人吗?

(11) 你能做到物放有序、整齐划一吗？

(12) 你能做到经常整理内务、保证物品清洁吗？

A 记 9 分，B 记 7 分，C 记 5 分，D 记 3 分，E 记 1 分。

表 8-2 整洁意识测试计分表

题号	选项	得分	题号	选项	得分	题号	选项	得分
1			5			9		
2			6			10		
3			7			11		
4			8			12		
总分								

测试结果分析：

95 分以上，整洁意识很强；85~94 分，整洁意识较强；71~84 分，整洁意识一般；51~70 分，整洁意识较薄弱；50 分以下，整洁意识很薄弱。

▶ 任务六：练职业素质

训练一：注重细节——细化、精化每件事

1. 训练目的

改变那种丢三落四、马马虎虎、不求甚解的性格；同时，形成做事认真、守时守纪、踏实肯干的良好品格。

视频 8-1
细节意识
训练（一）

2. 训练准备

每位同学准备两个到三个计划单。

3. 注意事项

分组讨论要限制时间，每组安排一个组员做记录，每组安排一个组员做总结发言；鼓励学生采用头脑风暴法，提供尽可能多的答案。

4. 训练过程

每 10 个人一组，限时 20 分钟。每位同学在计划单上完成三个问题：一是写出自己应该准备好的学习用品；二是写出自己浪费时间的原因；三是如果要进行一次旅游，写出需要携带的物品。教师选出各组代表交流，请同学分享经验，查找问题根源。

5. 训练分享

通过训练让学生意识到：培养细节意识不仅有利于提高工作和学习的效率，而且也有益于我们认认真真、精益求精、持之以恒地完成各种学习任务和工作任务，不会再出现过去那种粗心大意、不求甚解的情况。

6. 训练启迪

我们要从认真听课、认真记笔记、认真完成作业开始，不断提高学习成绩，提高办事效率，为走上工作岗位做好准备。

训练二：整洁意识养成训练——物放有序、仪表堂堂

1. 训练目的

改变那种杂乱无章、没有头绪、仪表不整的问题。

2. 训练准备

准备相应的工具和劳动保护措施。

3. 注意事项

争取让全班同学都参与其中，调动学生的积极性；鼓励学生现身说法，这样才能引起共鸣和深入思考。

视频 8-2
细节意识
训练（二）

4. 训练过程

题目：文明寝室、文明大学生评比

将班级学生以同一寝室人员为单位分成若干组；给每组学生 20 分钟时间分工协作整理内务，同时，对个人卫生进行清理。清理结束后，由教师评选出文明寝室、文明大学生，并请文明寝室的寝室长和文明大学生介绍经验。看看哪些寝室没有整洁意识？主要原因是什么？请同学们找出解决问题的办法。

5. 训练分享

通过训练，让学生意识到：培养整洁意识不仅有利于克服不讲卫生、不修边幅、杂乱无章、手足无措、一塌糊涂等问题，而且也有利于我们有条不紊、按部就班地完成各种学习任务和工作任务，提高工作和学习的效率。你有什么心得和体会？请与大家分享。

6. 训练启迪

我们要从注重个人卫生入手，保持个人仪表整洁、打造个人形象，为走上工作岗位做好准备。同时要保证环境卫生，为大家学习、工作、生活创造良好氛围。

【训后延伸】细节意识的主要训练方法

第一，保持书桌的整洁、有序。作为一名职场人，如果一走进办公室，抬眼便看到办公桌上堆满了信件、报告、备忘录之类的东西，很容易使人感到混乱。更糟的是，这种情形会

让自己觉得有堆积如山的工作要做,可又毫无头绪,根本没时间做完。面对大量的繁杂工作,还未工作就会感到疲惫不堪。零乱的办公桌会在无形中加重工作负担,冲淡自己的工作热情。要想高效率地完成工作任务,首先要保持办公环境的整洁、有序。同学们要养成清理书桌的习惯,做到物放有序,这样可以条理分明,减轻心理压力。

第二,不把请假看成一件小事。作为一名职场人,不要随便找个借口就去请假,这样既会让上级反感,还会影响工作进度,很有可能导致任务逾期。即使你认为自己工作效率较高,耽误一两天也不会影响工作进度,那也不能轻易请假,因为你身处的是一个合作的环境,一个人的缺席很可能会给其他同事造成不便,影响其他人的工作进度。在公司里,有很多人一旦认为自己所负的责任较平时更重,便会产生逃避心态,这可以理解,但更多的责任是提升个人工作能力的绝佳机会,抓住它,业绩就有可能更上一层楼。作为一名学生,更要严格要求自己,不要随意请假耽误课程,增加师生交流的机会,有利于健康成长。

第三,不在办公室或教室里干私活、闲聊。工作时间内,公司的一切人力、物力资源,都属于公司所有,只有公司方可使用。任何私事都不应在上班时间做,更不能私自使用公司财物。此外,就员工个人而言,利用上班时间处理个人私事或闲聊,会分散注意力,降低工作效率,进而影响工作进度,导致任务逾期。因此,将办公时间全部用在公司工作的完成上,是必要的,也是必需的。作为一名学生,更要珍惜课堂学习的机会,集中注意力,专心致志听课、认真记录笔记,这样就可以起到事半功倍的效果。如果同学们在教室里干一些与教学无关的事,经常闲聊,不仅会干扰老师的正常授课,还会破坏课堂氛围,影响同学们学习,可以说害人害己。

第四,在办公室、教室把手机关掉或调到静音状态。上班时间不要随便接听私人电话,频繁的手机声音会让身边的同事或领导反感,而别人对你的反感情绪又会直接影响你的工作情绪,最终导致个人乃至整个团队工作效率的降低。随便接听私人电话会分散个人的注意力,还会进一步导致你对任务的认识产生偏差,最终造成任务不能按期完成的后果。作为一名学生,课堂上也不应该玩手机,特别是不能让手机铃声乱响,影响课堂秩序。

第五,下班、下课后不要立即回去。下班后要静下心来,将一天的工作简单总结,制订第二天的工作计划,并准备好相关的工作资料。这样有利于第二天高效率地开展工作,使工作按期或提前完成。离开办公室时,不要忘了关灯、关窗,检查一下有无遗漏的东西。作为一名学生,下课在离开教室前,也要注意上述细节,避免出现安全隐患或遗失个人物品。

第六,适时关闭电脑。除非必要否则不要让电脑在上班时间一直开着,更不能以工作为掩护上网、玩游戏、看电视剧。在工作中热衷于做这些事,只会浪费有限的时间和精力,增加工作压力,提高工作效率自然也就无从谈起了。最好的做法是在做完当天的工作、为明天的工作找好资料后就关闭电脑，控制自己上网、玩游戏的欲望。闲暇时间，可以买几本专业书籍学习。作为一名学生，在日常使用电脑学习、娱乐后，也要注意随手关闭电脑、电源等。

▶ 任务七：成良好习惯

我的学习心得

雷锋注重细节，追求精益求精。读书，要做笔记；开车，回来要绘制线路图；修车，总是在人家散工后还要琢磨半天；工作，每天有感想，都要写进日记。我们要学习雷锋认认真真做事、踏踏实实工作的精神，精益求精，超越自我，做一个让党放心、追求卓越的雷锋式职业人。

我的感想：_____
_____。

我的课后训练

从下列两个项目中，选择一个训练项目作为课后训练。请每位同学填写"我的训练计划"，找出自身在提升细节意识方面需做出的努力，查出仍存在的问题，在训练足迹中记录下来，提高个人的细化、精化工作意识。

1. 开展校内实训实践活动——"我是一名敬业的技术员"。如果你是一名敬业的技术员，在实训前应做好哪些准备？在实训过程中，应该注重哪些细节？训练结束后，应该如何做好收尾工作？

2. 开展校内实践活动——"做一日敬业的环卫工人"。如果你是一名敬业的环卫工人，应该怎样完成好校园清扫和保洁工作？

我的训练计划

请填写一周的"我的训练计划"并记录"我的训练足迹"，由老师点评。

训练目标	
训练项目	
时间(第　　周)	活动内容
第一天(星期　)	
第二天(星期　)	
第三天(星期　)	
第四天(星期　)	
第五天(星期　)	
第六天(星期　)	
第七天(星期　)	

我的训练足迹

第一天：
第二天：
第三天：
第四天：
第五天：
第六天：
第七天：
教师评价： 给予奖励； 可以； 不错； 再努力
教师点评：

素质五 创新

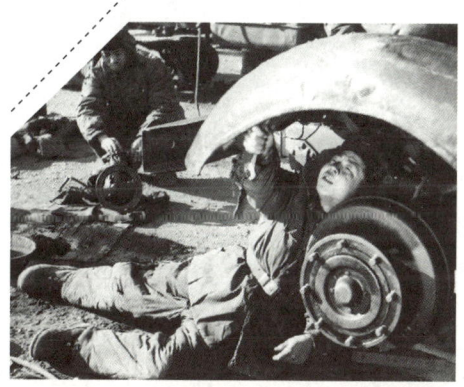

项目九

勇于创新——创新思维训练

> 青年人是全社会最富有活力、最具有创造性的群体,也是推动创科发展的生力军。要为青年铺路搭桥,提供更大发展空间,支持青年在创新创业的奋斗人生中出彩圆梦。
> ——2022年6月30日习近平考察香港科学园时的讲话

训练目的

训练创新意识与创新思维,摆脱本本主义和惯性思维约束,主动创新、大胆创造、革故鼎新,像雷锋那样具备"勇于创新"的职业品质。

▶ 任务一:读雷锋日记

我们要真正学到一点东西,就要虚心。譬如一个碗,如果已经装得满满的,哪怕再有好吃的东西,像海参、鱼翅之类,也装不进去,如果碗是空的,就能装很多东西。装知识的碗,就要像神话中的"宝碗"一样,永远也装不满。

(1962年3月28日)

任务二:讲雷锋故事

雷锋是个科技活动迷

"我们听到北京的声音了!"当雷锋和小伙伴们研制的矿石收音机收听到中央首长的"七一"讲话时,所有人都热血沸腾。为培养学生爱科学的好品质,老师组织雷锋所在学校的学生参观了长沙科技展览,并组建了一个矿石收音机研制小组。对搞矿石收音机,雷锋可真是入了迷,绕线圈、焊零件、装天线、接地线,反复调试,忙得不亦乐乎。他每次放学后总是很晚才在老师三番五次的催促下,依依不舍地离开试验室回家。为了架好天线,雷锋爬上一棵大树,未料到树上的毛虫弄得雷锋全身红肿发痒,他却毫不在乎。在老师的指导下,同学们精心选择矿石的最佳接触点,一开始无论怎么调试都收不到声音,大家忙了大半天,一点声音也没有。一个同学丧气道:"调不好就算了吧!"可雷锋毫不理会。突然,他想起了参考资料上介绍的技术要点:两个圆筒线圈的最佳相对位置也是十分重要的!于是他一边调线圈,一边调矿石的接触点。突然,他听到耳机里面传出声音——成功了,我们成功了!大家高兴得你望着我,我望着你,兴奋得简直连心都要跳出来了。"七一"党的生日那天,学校的师生早早等在矿石收音机前收听中央首长的讲话,耳机在师生手中传递,当亲耳聆听中央首长的讲话时,雷锋和他的小伙伴们都感到无比幸福。

【故事启迪】

雷锋在工作与生活中总是用心钻研,善于创新、勇于创造,努力打破"天花板"。新时代青年要充分发挥个人能力与才华,走在改革创新的时代前列,迅速成长为全面建设社会主义现代化国家的主力军。

▶ 任务三：学职场雷锋

1. 当工人就要当一个好工人
——大国工匠艾爱国的技能报国之路

一位七旬老人，终日奋战在高温火花中，只为给我国焊接事业贡献力量。艾爱国秉持"做事情要做到极致、做工人要做到最好"的信念，在焊工岗位奉献50多年，多次参与我国重大项目焊接技术攻关，一生攻克数百个焊接技术难关。作为我国焊接领域"领军人"（图9-1），他倾心传艺，在全国培养焊接技术人才600余名。

湘钢人都知道，艾爱国没有什么业余爱好。每天下班回家，他上了楼就不再下去，一头钻进焊接理论书籍中，常常研读到深夜。在同事们看来，艾爱国在焊接过程中分毫不差，这个人简直是"特殊材料做的"。

艾爱国最擅长的是焊紫铜，这是让很多焊工都望而却步的领域。为焊接一个地方，要把整个铜件加热到七八百摄氏度，人很难接近。"焊紫铜的时候头发紧贴头皮、皮肤绷紧，手会不自觉地颤抖。不知道自

图9-1　艾爱国

己能坚持到第几秒，手也会因为高温出现一片片的红色水泡，可以说，对心理和肉体都是一种煎熬。"全国五一劳动奖章获得者、艾爱国的徒弟欧勇说，"面对这样的身体极限，人的本能是逃避，而师父是勇于面对。"

在技术突破上，艾爱国从不感到满足。全国职工自学成才奖、中华技能大奖、全国五一劳动奖章……各种奖项他几乎拿了个遍。半个多世纪以来，他凭借高超技能为我国冶金、矿山、机械、电力等行业攻克技术难关400多个，为我国冶金行业的发展作出了不可磨灭的贡献。

（来源：新华社）

2. 锚定现代化　改革再深化
——"两把钥匙"的改革故事

家门钥匙、汽车钥匙，很多家庭都少不了这两把钥匙。小钥匙、大治理。透过家中的"两把钥匙"，看基层社会治理创新，就能深刻理解党的二十届三中全会《决定》提出"完

善共建共治共享的社会治理制度"的意义。在上海市静安区,有关这"两把钥匙"的故事广为人知。

家门钥匙的故事:为了人民而改革

"家门钥匙"故事中的主人公叫严正,在 2021 年获得了"全国优秀共产党员"称号(图 9-2),"为了人民而改革"是他的座右铭。新时代的上海,深化医药卫生体制改革,全面推行社区家庭医生制度,严正就是静安区彭浦镇社区第一位家庭医生。专业的医术、悉心的服务让他赢得了社区居民信任。为方便严正上门诊疗,行动不便的居民们选择把自家钥匙交给他,有家门的,也有楼道门的,共 50 多把。

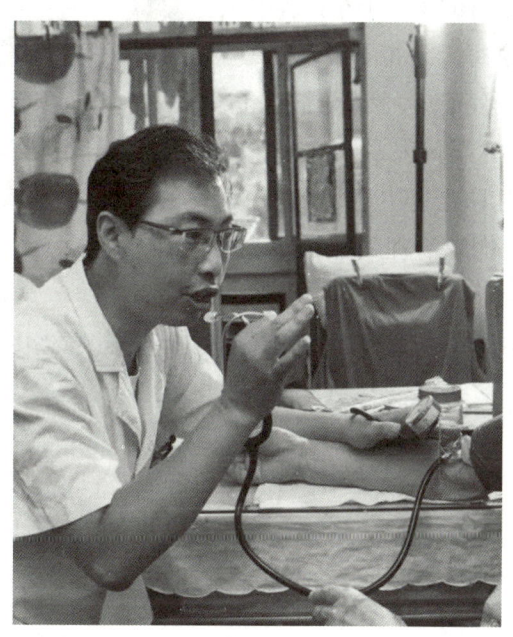

图 9-2　家庭医生严正

如今,严正使用的 50 多把居民家钥匙的复刻品已被国家博物馆收藏,彭浦镇社区卫生服务中心现在已有 31 名像严正一样的家庭医生。严正说:"'强化基层医疗卫生服务',党的二十届三中全会《决定》中的政策举措,让我们家庭医生大有可为。"

汽车钥匙的故事:依靠人民而改革

"汽车钥匙"故事的主人公是静安区沪北新村居民区金纺小区的居民。地处上海中心城区,金纺小区居民的停车问题是个"老大难","依靠人民而改革"是解决这一难题的好办法。在这张答卷上,沪北新村居民区党总支给出的答案是:靠践行全过程人民民主,靠基层党组织领导的基层群众自治,靠小区居民的参与和智慧。

2019 年,由居民区党总支牵头,组织居民代表开了好几次会,大家"头脑风暴"想办法,同时在居民中广泛征集好点子:有人提出建立体停车楼,有人说去附近工业园租车位……"办法都挺好,可成本高。"党总支书记童斌说,"当时,区里正组织学习严正医生的事迹。一天,有居民提出,我们可以学严正医生,让居民把备用车钥匙交到物业,由小区内驾驶技术好的保安统一管理和挪车。"居委会组织居民反复讨论,征得居民同意,最终形成"泊车管家"方案(图9-3)。

"新来的那辆车明早6点多就走,而刚停进去的车第二天会很晚才动。每辆车的出行规律我们了解得很清楚。"保安卜建镛说。改革提高了车位使用效率,小区原有的120个车位容下了200多辆车。"以前大家每天要抢车位,现在一进小区,车钥匙交给保安代泊车,个人烦恼没了,邻里关系更和谐了。"小区居民朱兆宝说。

"社区难事不少,但只要集中群智群力,群众的'金点子'就能转化为治理效能的'金钥匙'。"童斌说。

图9-3 金纺小区形成"泊车管家"方案后,汽车钥匙统一存放展示

(文字来源:人民日报,有删改;图片来源:上海市静安区委组织部、共和新路街道)

▶ 任务四:悟品质内涵

📖 经典故事

穷则变,变则通,通则久

"穷则变,变则通,通则久"出自《周易·系辞下》,蕴含着我国古人可贵的朴素辩证法思想。这句话的意思是说,事物到了窘困穷尽的时候就应当有所变化,变化之后才能通达,通达之后才能长久。它道出了一个颠扑不破的真理:世间万物,都有一个发生、发展和衰落的过程,任何事物在其发展到衰落阶段时,就要寻求变化以谋出路。如果一味因循守旧而不思变化,就只能僵化致死;反之,如果能够应环境变化做出相应调整,就可以绝处逢生,立于不败之地。成语"穷则思变"即由此而来。

品质探析

1. 概念与内涵

创新思维是指以新颖独特的方法解决问题的思维过程，它突破了常规思维的界限，以超常规甚至反常规的方法、视角去思考问题，提出不同的解决方案，从而产生新颖的、独到的、有意义的思维成果。

创新思维具有新颖性、开放性、多元性、想象性、概括性、独特性的特征。新颖性是创新思维的核心，指提出前所未有的观点、方法或解决方案；开放性是指善于广泛吸收外界的各种信息和新事物，能保持思维的开放性和包容性；多元性是指能够从多角度、多侧面来审视问题，从多环节、多因素、多层次进行辩证思考；想象性是指通过由表及里、由现象到本质的思考过程，以及在改造旧表象、创造新表象过程中进行的思维创新；概括性是指各种思维的综合、集中与凝聚，是思维的系统化和整体化的过程；独特性是指追求与众不同、独树一帜的思维成果。

2. 现状与问题

2024年7月，以"实施创新驱动发展战略 增强高质量发展动能"为主题的第二十六届中国北京国际科技产业博览会（以下简称"科博会"）在北京国家会议中心成功举办。该届科博会展示了信息科技、智能制造、医药健康、交通出行等领域的最新科技创新成果和发展趋势，生动呈现了科技创新在推动社会进步、带动产业创新、造福人民生活等方面发挥的重要作用。北京市海淀区正深入推动实施"创新驱动发展战略"，多项改革举措使原创性、颠覆性的科技创新成果，不断转化为发展新质生产力的新动能。面对日新月异的科技创新与产业创新，高职学生能否适应新质生产力的发展？

一项针对1 000名高职学生创新能力的问卷显示：37.8%的学生遇到问题时愿意自己尝试处理；54.6%的学生承认自己有较强的好奇心，但创新能力一般；45.1%的学生认为能够接纳新生事物；79.4%的学生不迷信权威，对权威观点选择性接受；68.3%学生认为可以创新，但不知道如何创新；只有6.4%的学生选择毕业后去创业。90%以上的学生认为学校开设的培养创新能力的课程与活动不足，43.59%的学生认为教师的创新素质不能适应时代要求。调查结果表明：目前高职学生有创新热情，但创新信心和勇气不足，学校创新氛围和创新实践活动有待加强。

3. 作用与意义

创新是推动发展的动力。在科技迅猛发展的新世纪，创新越来越成为当今社会生产力解放和发展的重要基础和标志，决定着一个民族和国家的发展进程和国际地位。新时代要适应新质生产力的发展，必须不断深化科技创新和产业创新融合，以科技创新引领产业创新，以产业创新反哺科技创新，才能双轮驱动新质生产力的发展。

创新就是核心竞争力。当今世界正处于创造力空前活跃的时代,国际上日趋激烈的科技竞争、经济竞争的核心要素就是创造性思维的竞争。各国之间的竞争说到底是人才的竞争,是民族创新能力的竞争。敢不敢创新、能不能创新、是否能够培养出一批具有创造性思维的人才进而抓住新一轮科技革命的机遇,直接关系着中国特色社会主义事业的兴衰成败。

▶ 任务五:测职业品质

测试一:创新素质测评量表

创新素质测评量表(表9-1)是一份帮助了解个人创新意识和创新能力的问卷。下面是一些描述性句子,请您根据这些描述与自身实际情况或感受的符合程度在选择的答案上打"√"。用1~4代表符合程度。1=完全不符合;2=部分符合;3=大部分符合;4=完全符合。回答时请注意:答案没有对错之分,只要符合自己的实际情况或感受即可;以你读每一个句子后的第一印象作答,不要花太多时间思考;请逐题作答,不要遗漏。

表9-1 创新素质测评量表

题号	题目	完全不符合	部分符合	大部分符合	完全符合
1	发现问题能力强	1	2	3	4
2	信息检索能力强	1	2	3	4
3	知识更新速度快	1	2	3	4
4	喜欢标新立异	1	2	3	4
5	基础知识和专业知识丰富	1	2	3	4
6	交叉知识丰富(知识面广博,掌握丰富的各学科知识并能够融会贯通)	1	2	3	4
7	创新知识丰富(熟练掌握创新的理论知识和方法)	1	2	3	4
8	直觉思维能力强(具有敏锐的观察力,对新事物能迅速识别和直觉判断)	1	2	3	4

续表

题号	题目	完全不符合	部分符合	大部分符合	完全符合
9	逻辑思维能力强（能透过现象看本质）	1	2	3	4
10	创新想象能力强（联想、想象力很丰富）	1	2	3	4
11	批判思维能力强（敢于挑战、批判先入为主的观念或事物,思维角度、方法路线与众不同）	1	2	3	4
12	灵感思维能力强（灵感活跃,善于突发奇想、充满创意）	1	2	3	4
13	创新活动成果多（如科技竞赛成果）	1	2	3	4
14	课题、论文选题独特、有创意	1	2	3	4
15	作业产品及毕业设计质量好	1	2	3	4
合计					

测试标准：

创新素质测评量表共有 15 道题,全部题目为正向计分,完全符合计 4 分,大部分符合计 3 分,部分符合计 2 分,完全不符合计 1 分,将所有题目的得分相加,得出总分。最高分为 60 分,最低分为 15 分。

测试结果分析：

46~60 分：创新意识和创新能力强,创新思维活跃。

31~45 分：创新意识和创新能力一般。

15~30 分：创新意识和创新能力不强。

测试二：创新能力水平的自我测评

下面有 20 个题目,每题均有五种可选答案,请按符合您自己的情况作答。

1. 我不人云亦云。

   A. 无　　B. 偶尔　　C. 时有　　D. 经常　　E. 总是

2. 我对很多事情喜欢问为什么。

   A. 无　　B. 偶尔　　C. 时有　　D. 经常　　E. 总是

3. 我的思维常常无拘无束。

   A. 无　　B. 偶尔　　C. 时有　　D. 经常　　E. 总是

4. 我能摆脱习惯思维的束缚。

   A. 无　　B. 偶尔　　C. 时有　　D. 经常　　E. 总是

5. 我常从别人的谈话和书本中发现问题。
   A. 无   B. 偶尔   C. 时有   D. 经常   E. 总是
6. 我勇于提出新想法、新建议。
   A. 无   B. 偶尔   C. 时有   D. 经常   E. 总是
7. 我观察事物敏感。
   A. 无   B. 偶尔   C. 时有   D. 经常   E. 总是
8. 我的创新欲望强。
   A. 无   B. 偶尔   C. 时有   D. 经常   E. 总是
9. 我头脑中记住的东西在需要使用时能及时提取出来。
   A. 无   B. 偶尔   C. 时有   D. 经常   E. 总是
10. 我的求知欲望强。
    A. 无   B. 偶尔   C. 时有   D. 经常   E. 总是
11. 我不迷信权威。
    A. 无   B. 偶尔   C. 时有   D. 经常   E. 总是
12. 我头脑灵活。
    A. 无   B. 偶尔   C. 时有   D. 经常   E. 总是
13. 我的想象力丰富。
    A. 无   B. 偶尔   C. 时有   D. 经常   E. 总是
14. 我相信自己的创造潜力能充分发挥出来。
    A. 无   B. 偶尔   C. 时有   D. 经常   E. 总是
15. 我不迷信书本。
    A. 无   B. 偶尔   C. 时有   D. 经常   E. 总是
16. 我从创新性工作中获得乐趣。
    A. 无   B. 偶尔   C. 时有   D. 经常   E. 总是
17. 我看重事业的成功。
    A. 无   B. 偶尔   C. 时有   D. 经常   E. 总是
18. 我的联想能力强。
    A. 无   B. 偶尔   C. 时有   D. 经常   E. 总是
19. 我有远大的工作目标。
    A. 无   B. 偶尔   C. 时有   D. 经常   E. 总是
20. 我喜欢幻想。
    A. 无   B. 偶尔   C. 时有   D. 经常   E. 总是

计分：

A=1分，B=2分，C=3分，D=4分，E=5分。把20个题目的记分加在一起，便成为总分。

题号	选项	得分	题号	选项	得分	题号	选项	得分
1			8			15		
2			9			16		
3			10			17		
4			11			18		
5			12			19		
6			13			20		
7			14					
总分								

测试结果分析:

总分在 80 分以上:表现为创新能力水平高。

总分在 70~79 分:表现为创新能力水平中等偏高。

总分在 60~69 分:表现为创新能力水平中等偏低。

总分在 60 分以下:表现为创新能力水平低。

▶ 任务六:练职业素质

训练一:发散性思维训练

1. 训练目的

打开思维空间,培养发散思维,增强创造能力。

2. 训练准备

每人 1 张 A4 打印纸和 1 张 5 平方厘米的小纸片,2 把剪刀。

3. 训练过程

视频 9-1
创新思维
训练(一)

第一步,请同学们拿出老师准备的 A4 打印纸,教师提问:我们有什么办法能让一个人从这张纸中间钻来钻去呢?请每个小组的同学都认真讨论,不要急于下结论,不要急于动手。教师引导,要运用发散型思维,可以把纸剪开,剪成一个纸环。第二步,教师提出正确答案(播放幻灯片),请同学们按照老师提示的方法,一起做一遍,并让同学们把做好的纸环进行展示,请小组里的同学完成穿过任务。第三步,教师提出新的问题:请同学们分成两组,一组的同学借助工具(剪刀),用 5 平方厘米的小纸片进行操作;二组的同学用 A4 纸进行操作(直接用手撕开)。第四步,全体同学用自己剪(撕)出来的纸环,实现在一张纸中钻来钻去的想法。

4. 训练分享

(1) 你的想法和别人的想法有什么不同？是什么阻碍了你的想法？

(2) 你觉得你的思维具有什么样的特点？需要重点进行哪方面的训练？你觉得这个训练对你的学习和生活有什么启发？

5. 训练启迪

要实现梦想，必须开动脑筋，培养创新思维；要实现梦想，必须运用正确的创新方法。创新思维训练告诉我们，做事情要耐心细致，不要急于求成。创新是一个民族进步的灵魂，是国家兴旺发达的不竭动力。中国要实现中国梦，我们就必须有改革的勇气和创新的意识与能力。面对问题和困难，我们要积极思考，打破思维定式，从不同角度、不同方向思考问题，找出解决问题的最佳方案。改变一种思维方式，就能改变一件事情的结果。成为具有创新意识和创新能力的创造性人才，是我们共同努力的方向。

训练二：逆向思维训练

1. 训练目的

打破固有的、传统的思维模式，发展逆向思维和判断力。增强创新意识，提高创新能力。

2. 训练准备

两个可以拨动时针和分针的时钟、两面镜子、黑白两色的围棋子等物品，将所有学生分成两组。

视频 9-2
逆向思维
训练

3. 注意事项

(1) 注意思维方法。本训练为逆向思维训练，所以，同学们要开展头脑风暴，即敢于"反其道而思之"，比较效果。

(2) 记录所用时间。解决训练问题的时间，能直接反映训练方法是否恰当，也能反映方法的难易程度，便于学生们得出正确的思维方式。

(3) 遵守保密原则。研究和探讨解决问题的方法时，要注意在本组范围内，这样既不会打扰另外一组的思考，也便于两组之间比较妙招和点子。

4. 训练过程

训练题一：奇怪的时钟。

用镜子倒映时钟，看看哪组同学能看着镜子，又准、又快地说出时钟上的时间。

训练题二：逆向思维在生活中的应用。

有三个盒子，一个盒子里装着两个黑球，一个盒子里装着两个白球，另一个盒子里装着一个黑球和一个白球。现在三个盒子的标签都贴错了，即每个盒子的标签都不符合其实际内容。你只能从一个盒子里拿出一个球来看,然后判断每个盒子里分别装的是什么颜色的球。

5. 训练分享

(1) 训练中你们都发现了什么问题?运用了哪些方法解决问题?

(2) 训练中最简便的解决问题的方法是什么?它是什么思维方法?

(3) 通过训练大家还有什么训练感受?准备如何更好地运用逆向思维解决日常问题?

6. 训练启迪

第一个训练题是奇怪的时钟,通过这个训练我们知道,镜子中的景象与实景是相反的;如果我们伸出左手,镜中的则是我们的右手。第二个训练是逆向思维在生活中的应用。通过训练我们发现,运用逆向思维方法解答此题,既省时又简单。可见,学会逆向思维的方法非常重要。实际上,逆向思维在日常生活中应用非常广泛,合理利用逆向思维,可以让我们的生活更加方便和有效。

【训后延伸】创新思维的主要训练方法

第一,创新理念的训练。创新理念的建立是一个长期的过程,需要经过大量的训练。只有在正确认识自己的前提下才能建立起创新理念,促进创新行为。

视频 9-3 创新思维训练(二)

第二,开发右脑的训练。右脑是创新的源泉,开发右脑,会使人更富创新性。20世纪60年代末,美国学者发现,大脑两个半球的功能是有分工的,左半脑主要负责逻辑思维、语言能力、文字处理以及数字顺序等,重局部与分析;右半脑主要负责节奏、空间意识、形态、想象、白日梦、色彩、记忆、直觉和图像等,重整体与整合。今天的神经科学研究告诉我们,右脑有着十分重要的功能,它是进行创造性活动的中心。人们要想在事业上有所作为,必须注意开发自己的右脑。开发右脑的简易方法有以下几种:一是增加形象信息量。自然界里充满丰富多彩的形象信息,经常到大自然中走一走、看一看、想一想,留心观察各种各样的形象信息,对右脑的开发有重要意义。二是通过艺术的途径开发右脑。积极参加艺术活动是锻炼右脑功能的有效途径。经常从事书法、绘画、音乐活动的人,右脑往往比较发达,富于想象,有较强的联想、直觉、扩散思维等创新性素质特征。三是通过强化左手、左脚、左侧身体的活动来开发右脑。因为右脑主管左半侧身体的运动,经常做一些左半侧身体的单侧体操,能使右脑得到比较充分的锻炼机会。

第三,发散思维训练。以材料、功能、结构、形态、组合、方法、因果、关系8个方面为"发散点",进行具有集中性的多端、灵活、新颖的发散训练,以培养创造性思维的能力。

(1) 材料发散。以某个物品作为"材料",以其为发散点,设想它的多种用途。

例:尽可能多地写出(或说出)回形针的各种用途。

(2) 功能发散。以某事物的功能为发散点设想出获得该功能的各种可能性。

例：怎样才能达到照明的目的？（办法越多越好）

(3) 结构发散。以某种事物的结构为发散点设想出利用该结构的各种性能。

例：尽可能多地画出包含三角结构的东西，并写出（或说出）它们的名称。

(4) 形态发散。以事物的形态（如形状、颜色、音响、味道、气味、明暗等）为发散点，设想出利用某种形态的各种可能性。

例：尽可能多地设想利用红颜色可做什么或办什么事。

(5) 组合发散。从某一事物出发，以此为发散点，尽可能多地设想与另一事物（或一些事情）联结成具有新价值（或附加价值）的新事物的各种可能性。

例：尽可能多地写出（或说出）钥匙圈可同哪些东西组合在一起。

(6) 方法发散。以人们解决问题或制造物品的某种方法为发散点，设想出利用该种方法的各种可能性。

例：尽可能多地写出（或说出）用"吹"的方法可以办成哪些事情或解决哪些问题。

例：尽可能多地利用一条围巾系出多种样式。

(7) 因果发散。以某个事物发展的结果为发散点，推测造成该结果的各种原因；或以某个事物发展的起因为发散点，推测可能发生的各种结果。

例：尽可能多地写出（或说出）造成玻璃杯破碎的可能原因。

(8) 关系发散。从某一事物出发，以此为发散点，尽可能多地设想与其他事物之间的各种联系。

例："你是谁？"尽可能多地写出（或说出）你与社会各方面及各种人物的关系。

第四，创造性想象训练。想象力是人类特有的功能，是人对头脑中的记忆表象进行加工改造后产生新形象的思维。想象分再造想象和创造想象。创造想象是人脑中各种表象经创造性地综合后而产生的新形象或超越现实的思维结果。创造想象的一个显著特点是夸张性、形象性和非逻辑性，是从事创造性活动的重要思维工具。正是在这个意义上，爱因斯坦说："想象力比知识更重要，因为知识是有限的，而想象力概括着世界上的一切，推动着进步，并且是知识进化的源泉。"虽然想象力是人类特有的功能，但需要后天开发和培养来促进它的应用。只有自觉地加强训练，才能使你的想象力永不枯竭。

第五，形象思维训练。人们通过感觉知觉认识外界事物，形成感性形象，并用之进行的思维活动，叫作形象思维。形象思维属于感性认识活动，它同运用概念、判断、推理形式进行的逻辑思维一样，是创造性思维的重要组成部分。

第六，逻辑思维训练。逻辑思维，又叫抽象思维，是指运用概念、判断、推理等形式进行的思维活动。思维的逻辑性是思维能力的核心，是创造性思维的重要组成部分；它决定了思维的质量，即一个人思维的方法是否科学、思维的过程是否严密、思维的结论是否合理。因此，进行逻辑思维训练，有助于增强人的创造性思维能力。

第七，联想思维训练。联想思维是创新思维形成的一种重要途径。联想思维是由一事物的概念、方法、形象想到另一事物、概念、方法和形象的心理活动。比如，"由此及彼""由表及里"。两个原本风马牛不相及的事物，只要在它们之间加上几个环节，就能实现联系起来的愿望。这种大跨度的联想思维能力，往往具有很强的创造力。因此，联想对于人们开阔思路、寻求新对策、谋求新突破大有帮助。

第八，克服思维障碍训练。思维障碍是创造的大敌，要想创造性地解决问题，必须克服诸如习惯的影响、从众心理、思维定式、墨守成规、害怕出错、不合逻辑、追求唯一正确答案等思维障碍。敢于打破条条框框，向习惯挑战，向规则挑战，打破创造的心智枷锁，能够使人的思维具有流畅性、变通性和独创性。

▶ 任务七：成良好习惯

我的学习心得

雷锋是一个拥有创新思维、创新勇气、创新精神的人。面对快速发展的经济社会，新时代的中国青年拥有更加广阔的成长空间和优越的时代机遇，每个人都要培养创新思维，向雷锋学习，积极投身各项事业，保持创新热情，在激扬青春中开拓人生、奉献社会。

我的感想：_____
_____。

我的课后训练

给自己制订一个创新思维训练计划，每天找出日常生活中存在的一个问题，然后进行头脑风暴，想出解决问题的办法，方法越多越好，越新颖独特越好。例如：针对生活中浪费水电、浪费粮食、交通拥堵等问题，进行头脑风暴，发散思考，寻求解决办法。

我的训练计划

请填写一周的"我的训练计划"并记录"我的训练足迹"，由老师点评。

训练目标	
训练项目	
时间(第　　周)	活动内容
第一天(星期　　)	
第二天(星期　　)	
第三天(星期　　)	
第四天(星期　　)	
第五天(星期　　)	
第六天(星期　　)	
第七天(星期　　)	

我的训练足迹

第一天：
第二天：
第三天：
第四天：
第五天：
第六天：
第七天：
教师评价：☻ 给予奖励；☺ 可以；☹ 不错；☹ 再努力
教师点评：

项目十

敢于创业——创业能力训练

> 新时代中国青年要树立对马克思主义的信仰、对中国特色社会主义的信念、对中华民族伟大复兴中国梦的信心,到人民群众中去,到新时代新天地中去,让理想信念在创业奋斗中升华,让青春在创新创造中闪光!
> ——2019年4月30日习近平在纪念五四运动100周年大会上的讲话

训练目的

坚持科学规划、勤俭节约、防范风险、艰苦创业,面对困难和挑战,攻坚克难、永不言弃,努力实现个人价值和社会价值,像雷锋那样具备"敢于创业"的职业品质。

▶ 任务一:读雷锋日记

我们在建设焦化厂当中,住不好、吃不好和工作环境不好等,这些困难都是暂时的、局部的、可以克服的。只要我们有叫高山低头、河水让路的气概,是没有战胜不了的困难的。

(1959年10月)

▶ 任务二:讲雷锋故事

1. 雷锋勤俭节约

苦水中泡大的雷锋,总是勤俭节约地生活。他在工作中发现保养推土机的破布消耗量很大,便注意把用过的破布收起来,并经常到现场回收别人用过后扔掉的破布,洗干净后继续使用。1958年,厂里开展了增产节约的运动,车间建立了一个节约仓库,并设有节约登记簿,要求每个人都要把节约和回收的物品记在登记簿上,并根据每个人登记的物品数量来选先进。雷锋回收的螺丝钉、垫圈、机器上的零件等物品数量是最多的,但雷锋从不在登记簿上登记。有人问他说:"小雷,你回收的东西最多,你不登记,难道不愿当选先进吗?"他笑着回答说:"勤俭节约是我们每个人应尽的责任,我不是为了当先进才这样做的。"

2. 三天三夜不休息

1958年11月月底,洗煤车间要新建一座反射炉。面对人员少、材料不足、工期短的困难,雷锋除了本职工作外,还主动帮忙,下班不休息,同大家一起完成了修建反射炉的关键任务。他每天坚持干到夜间十一二点,眼皮直打架,腿有千斤重,也不愿回去休息。当困得实在不行时,他就用冷水浇下头,精神精神再干。一直坚持了三天三夜,直到完成任务才恢复正常休息。雷锋就是这样,急国家所急,想国家所想,把集体当作自己的家,迎着困难上,不知疲倦地工作着。

【故事启迪】

雷锋面对困难与挑战时呈现出来的坚韧品格,正是我们艰苦创业时最需要的品质。他面对小事不懈怠、面对困难不退却、面对挑战不放弃,作为新时代的新青年,我们更要学习这种品质,在青春赛道上跑出创业奋斗的"加速度"。

▶ 任务三：学职场雷锋

1. 无声世界的彩衣人
——听障创业奋斗能手马凌军

2023年12月6日，中国国际大学生创新大赛(2023)在天津大学落幕，长沙职业技术学院严爱芳、李智军主要指导，项目负责人马凌军领衔的参赛项目《无声世界的彩衣人——开创聋人高质量就业模式新时代》斩获职教赛道创业组金牌。项目团队领导者是该校特殊教育学院汽车检测与维修技术(听障)专业毕业生马凌军(图10-1)，作为一名听力障碍的大学生，他深切体会到听障人就业的艰难，一直希望通过自己的努力改变听障人的就业难题。在校学习期间，马凌军一直跟随专业老师学习汽车太阳膜、改色膜、漆面保护膜施工技术，毕业后也一直从事相关工作，并于2021年12月以"残健结合"的方式创立了长沙静匠劳务有限公司(以下简称"静匠公司")。

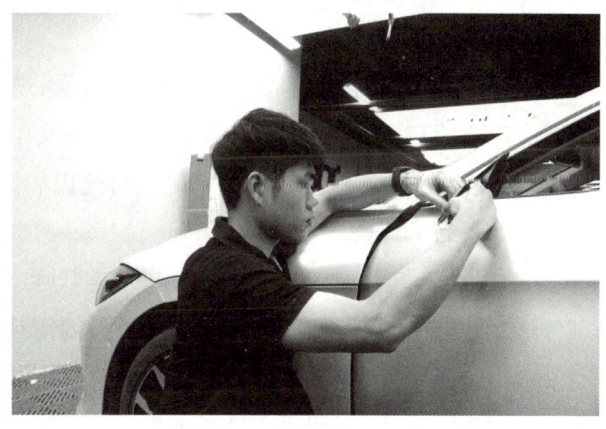

图10-1　马凌军给汽车贴膜

静匠公司是全国首家汽车后市场听障技师服务商，以手语为公司内部的通用语言，以有爱无碍作为企业文化，以实现聋人体面就业为使命，以残健融合方式解决聋人沟通难的问题，公司立足于汽车后市场贴膜产业，定制聋人贴膜技术岗位，与汽车车膜生产、销售链条端企业结成商业伙伴，利用各企业成熟运营体系，引领更多聋人从事技术岗位，现有在籍在岗员工二十余名，其中聋人十余名。马凌军计划，后期还要逐步扩展汽车后市场中适合聋人工作的其他技术岗位，如汽车美容、汽车钣金、汽车油漆岗位等，打造"汽车贴膜找静匠聋人技师"的口碑。

2. 画笔描绘创业梦想
——优秀听障画师胡士群

胡士群，长沙职业技术学院广告艺术设计专业的听障毕业生，现任湖南优绘装饰工程有限公司董事长（图10-2）。

大学三年，胡士群克服听力言语障碍，凭着对绘画艺术的浓厚兴趣，刻苦学习专业知识和专业技术，绘画作品多次在省市比赛中获奖。

2005年，胡士群大学毕业后，先后在湘潭和厦门等地的油画公司工作，在高级画师的精心指导下，创作了许多优秀的油画作品。2007年，胡士群进入杭州一家公司，担任网页美工设计师，不断学习平面网页设计方面的新知识，埋头苦干，积极主动地和客户交流，创作了许多优秀的网页设计作品，得到设计师和领导、客户的广泛好评。2011年3月，胡士群来到上海，继续从事平面设计工作。一次偶然的机会，他和壁画油画结下了不解之缘。在上海街头，胡士群偶遇了"中国立体画第一人"

图10-2 胡士群潜心创作

万文广，当时万文广正在墙上画画。出于好奇心，胡士群驻足观看，观赏间对壁画创作产生了兴趣，于是主动向万文广介绍自己，结识了这位壁画大师。万文广发现胡士群的油画水平相当不错，认为他是个好苗子，便热心指导他画壁画。自此以后，胡士群渐渐走进了壁画行业，对这个行业有了深入的了解。

2011年5月，在朋友的引见下，胡士群有幸见到了世界级壁画大师莱茨克，并虚心向他求教，在他的精心指导下，进一步提高了自己的油画壁画创作技巧。2013年，为了和妻子女儿团聚，胡士群决定回湖南长沙发展事业。由于看好壁画墙绘的发展前景，他萌生了大胆创业的想法。2014年年初，在湖南省残联的帮助支持下，胡士群成立了士群艺术设计有限公司，主要做墙体手绘、3D立体画等各种装饰画。这是一个非常特殊的团队，公司成员全部都是热爱绘画的听障人士，每个人都怀着对艺术的一腔热血，自信、自立、自强。虽然公司在成立之初遇到了重重困难，但团队成员凭借对艺术的热爱、深厚的美术功底、独特的艺术审美、"精益求精，尽善尽美"的服务态度，将这些困难一一克服，业务也得到了迅速拓展。2015年7月，公司在上海成立办事处，开办了UDS设计事务所，并将公司更名为"湖南优绘装饰工程有限公司"。目前公司业务蒸蒸日上，团队成员团结一心，激情满怀，致力于打造国内知名的墙绘设计公司，用手中的画笔为客户创造美丽温馨、个性艺术的家居环境，同时帮助更多有理想、有追求的听障人士实现自己的创业梦想！

任务四：悟品质内涵

经典故事

一枚印章　一生匠心

一枚骨质印章，高 2.5 厘米，长宽皆为 1.2 厘米，印面为阳刻的"曾三"二字，配有一个铜质镀银的印章盒。这枚小小的印章，对于中国档案人来说，具有与众不同的亲切感。它的主人曾三，正是新中国档案事业的开拓者。

1945 年 9 月，曾三接任中央秘书处处长，负责文秘与档案工作，正式开始了他的档案生涯。与行军打仗不同，曾三所从事的这些工作，更需要严谨细致、埋头苦干的作风。新中国成立初期，全国的档案工作存在诸多乱象，许多档案工作者不知道什么叫档案，很多单位档案不经批准就被随便销毁。面对这些问题，曾三意识到要做好档案工作、守护好国家历史，首先就要建立统一健全的档案管理体系。

为了实现这一目标曾三采取了一系列强有力的措施。他提出了关于中国档案工作管理体制、基本原则和方针任务的意见，主持制定了一系列适合中国国情的档案工作规章制度，创办了中国第一个档案干部专修班、档案工作刊物和档案科研机构，积极倡导建立各级各类档案馆，还创建了具有中国特色的档案思想和理论，强调档案工作要为社会主义现代化建设服务。他将自己的全部心血都倾注于党和国家的档案工作中，成为新中国档案事业的开创者和奠基人。

品质探析

1. 概念与内涵

创业能力是指个体拥有发现或创造新的领域、理解创造新事物的能力。创业能力包括三个维度，即创新思维、创业精神和市场敏感性。创新思维是创业者的核心能力，创业精神是创业者成功的关键，市场敏感性是创业者的特质。

创业能力主要包括市场洞察能力、创新创造能力、团队管理能力、风险管理能力四个方面的能力。市场洞察能力是指创业者能够及时发现和判断行业趋势、消费者需求以及竞争对手的动态、准确把握市场脉搏，在激烈竞争中占据先机；创新创造能力是指创业者具备创新意识和创造力，能够不断推出独特的产品和服务，探索新的商业模式，以满足消费者的需求和适应市场变化；团队管理能力是指创业者能够有效组织、协调和指导团队成员,带领团队面对挑战和困难,保持团队的稳定性和凝聚力,共同实现目标;风险管理能力是指创业者能够识别、分析和应对各种风险,确保公司稳健发展。

2. 现状与问题

原江苏开放大学教授吴忠宁通过对全国21所高校大学生的调查发现,大学生虽然创业热情较高,有强烈的创业意向,但真正创业的却凤毛麟角,大学生群体对高校创业教育的呼声很高,希望学校提供创业帮助;大多数有创业想法的大学生希望在东部沿海城市和家乡创业;绝大多数学生愿意选择启动资金少、风险较低的行业创业。调查结果显示,当前大学生创业目的与动力呈现多样化趋势,对创业的认识更趋理性。

中国社会科学院大学教授黄敬宝对安徽省9所高职院校的调查表明:在创业认识方面,高职生对于创业有客观理性的认识,既看到了自身的优势,也注意到了创业所面临的困难与障碍。在创业意愿方面,98%的高职生不排斥创业,机会型创业意愿占70.6%,生存型创业意愿占27.5%,创业意愿高于本科生。在创业能力方面,高职生普遍缺乏专业技术和企业管理知识,组织沟通与合作能力不强,对于创业环境、创业政策和创业程序不太了解,很多毕业生没有做好创业准备。

多项调查结果表明:高职生虽有较强的创业意愿,但存在创业知识缺乏、创业能力不足、创业精神缺失、创业成功率低等问题。

3. 作用与意义

自主创业本身就是高质量就业。创业对于创业者本身而言就是高质量的就业,同时还能为社会提供更多的工作岗位,缓解社会的就业压力,通过良性运转改善和提升企业职工的素质和受教育水平。

自主创业有助于深入了解社会。创业过程让毕业生进一步加深了对社会的全面认知和深入了解,有利于毕业生更好地适应社会,适应生存环境,冷静地对待各种困难和挫折。

自主创业有利于提高实践能力。创业过程是理论知识向实际工作转化的过程,有利于推动经济的发展、增加财富的累积。从长远来看,学生自主创业能够提高学生的实践能力,有助于学生增长才干,提升素质。

▶ 任务五:测职业品质

测试一:创业素质测评量表

创业素质测评量表(表10-1)是一份帮助了解个人创业素质和创业能力的问卷。下面是一些句子描述,请你根据这些描述,选择符合你实际情况的答案,在选择的答案上打

"√"。1= 从不；2= 很少；3= 多数；4= 符合。回答时请注意：答案没有对错之分，只要符合自己的实际情况或感受即可；依据你读每一句后的第一印象作答，不要花太多时间思考；请逐题作答，不要遗漏。

表 10–1 创业素质测评量表

题号	题目	从不	很少	多数	符合
1	在急需做出决策的时候想："再让我考虑一下吧！"	1	2	3	4
2	为自己的优柔寡断找借口说："是得好好慎重考虑，怎能轻易下结论呢？"	1	2	3	4
3	为避免冒犯某个或者某几个有相当实力的人物而有意回避一些关键性的问题甚至表现得曲意逢迎	1	2	3	4
4	已经有了很多写报告用的参考资料，但仍觉得不够不断寻找	1	2	3	4
5	对商业往来函件读完就扔进文件筐，不采取任何措施	1	2	3	4
6	无论遇到什么紧急任务，都先处理琐碎的日常事务	1	2	3	4
7	非得在巨大的压力下才肯承担重任	1	2	3	4
8	无力抵御或预防妨碍完成重要任务的干扰与危机	1	2	3	4
9	在决定重要的行动计划时常忽视其后果	1	2	3	4
10	需要做出可能不得人心的决策时，找借口逃避而不敢面对	1	2	3	4
11	总是在期限快到时才发现要紧事没办，只好被迫深夜处理	1	2	3	4
12	因不愿承担艰苦任务而寻找各种借口	1	2	3	4
13	常来不及躲避或预防困难情形的发生	1	2	3	4
14	总是拐弯抹角地宣布可能得罪他人的决定	1	2	3	4
15	喜欢让别人替你做自己不愿做的事	1	2	3	4
	合计				

测试标准:

创业素质测评量表共有 15 道题,全部题目为正向计分,符合计 4 分,多数符合计 3 分,很少符合计 2 分,完全不符合计 1 分,将所有题目的得分相加,得出总分。最高分为 60 分,最低分为 15 分。

测试结果分析:

50~60 分:你的个人素质与创业者相差甚远。

40~49 分:你不算勤勉,应彻底改变做事拖沓、效率低下的缺点,否则创业只是一句空话。

30~39 分:大多数情况下充满自信,但有时犹豫不决,不过没关系,有时候犹豫是成熟、稳重和深思熟虑的表现。

15~29 分:你是一个高效率的决策者和管理者,更是一个成功的创业者,具有良好的心理素质和坚忍不拔的毅力。

测试二:创业能力自测题

下面有 11 个题目,请你根据自己的实际情况,回答"是"或"否"。

1. 你在学校是个成绩优异的学生吗?(　　)
2. 你在学生时代是否喜欢参加集体活动?(　　)
3. 你在少年时是否常常喜欢独处?(　　)
4. 你在童年时是否摆过摊?(　　)
5. 你儿时是否很倔强?(　　)
6. 你少年时是否很谨慎,在活动时是否喜欢最后上场?(　　)
7. 你是否在乎别人对你的看法?(　　)
8. 你是否对每天都差不多的例行工作感到厌倦?(　　)
9. 你会孤注一掷经营生意,即使亏本也在所不惜吗?(　　)
10. 你的新事业失败了,是否会立即另起炉灶?(　　)
11. 你是否属于乐天派?(　　)

题号	得分	题号	得分	题号	得分
1	是:+4,否:-4	5	是:+1,否:-1	9	是:+2,否:-2
2	是:+1,否:-1	6	是:+4,否:-4	10	是:+4,否:-4
3	是:+1,否:-1	7	是:+1,否:-1	11	是:+1,否:-1
4	是:+2,否:-2	8	是:+2,否:-2		
总分					

测试结果分析：

请你把各题的得分加起来，用总积分与下面的分析相对照。

-11 分以下：表明你不具备创业能力，不是这方面的人才。

-10~0 分：表明你能自行创业成功的机会很小。

0~18 分：表明虽然你创业成功的希望微弱，但仍有强劲的创业精神。

19~23 分：表明你已具备了成为创业家的大部分特质。

任务六：练职业素质

训练一：成功创业者特征分析训练

1. 训练目的

了解成功的和不成功的创业者的特征，从而对自己是否适合创业做一个恰当的评估。

2. 训练准备

将 30~50 人，分成每组 5~8 人的学习小组，准备好纸、笔等用具。

3. 注意事项

(1) 训练活动要限制时间，要求团队小组在规定时间内想出答案。

(2) 教师可采取"头脑风暴"的做法，引导学生大胆说出自己的想法。

4. 训练过程

第一步，阅读案例，分组讨论问题 5 分钟。

案例：谁能成功创业？

白雪家住闽江上游的武夷山市下属的村里。这里农活不忙，许多年轻人都选择外出打工赚钱。因为母亲病重，白雪不能出远门，但她很想多挣点钱补贴家用，给母亲治病，也给自己买些生活用品。她原打算在村里办一个小旅店，深思熟虑后，她觉得自己的想法不现实：村里的人太保守，他们不会欢迎陌生人到村里住；村子离公路主干道太远，即便说服大家欢迎游客，也很难对游客产生吸引力；再说，如果天气总是阴雨连绵的，就是说服了游客在村里住下，他们待着也很无聊。

邻村的小兰也打算在村里办个小旅店。她知道，想要顺利开办旅店，必须先向村里人宣传自己的想法，得到乡亲的理解和支持才行。她打算自己先做出个样子，使大家相信小旅店也能赚钱，而且不会打扰村里人的生活，再带动大家一起发展旅游业。为此，她先为区旅游局写了份宣传小册子，又搭车进县城，与一些旅行社和客运公司的人谈了自己的想法，大家都认为这个计划很有可能成功，几家旅行社已经在探讨为游客提供在武夷山的山村里落脚的方案了。小兰很受鼓舞,准备立即开始她的创业计划。

问题一:白雪和小兰各自的长处和弱点是什么?(各组讨论后,用纸笔将讨论结果填写在下表中)

姓名	长处	弱点
白雪		
小兰		

问题二:谁能成为一个好的创业者?为什么?

第二步,请各组派一位代表回答案例中的2个问题。

第三步,教师点评小结。

5. 训练分享

(1)你对创业成功者和创业失败者的特征是否有了清晰的认识?

(2)你觉得自己适合创业吗,为什么?

(3)你的创业素质中,哪些是优势,哪些是劣势?

(4)你觉得需要从哪些方面训练自己的创业素质?

6. 训练启迪

案例分析和集体讨论后,总结白雪和小兰各自的长处和弱点。白雪的长处是:有创业愿望,能发现商机,有好的构思,有责任心;白雪的弱点是:缺乏创业冒险精神,做事畏首畏尾,还缺乏深入市场调查的务实精神。小兰的长处是:有创业愿望,能发现商机,沟通能力强,了解顾客需求,决策果断,行动迅速;小兰的弱点是:太过于自信,对困难估计不足。通过对两人的比较,大家一致认为,小兰有可能成为一个好的创业者。因为她具有如下优势:她有自主创业的强烈愿望和创业冒险精神;她不空想而是有把构思变为现实的行动,并进行周密细致的市场调查工作。

训练的启迪:不是所有人都适合创业,成功创业者必须具备良好的创业素质——强烈的创业动机,丰富的创业知识,艰苦奋斗、勤俭节约、乐观积极的创业精神,科学决策与管理、人际沟通与协调、风险防范、善于理财的创业能力等。

<h3 style="text-align:center">训练二:创业风险防范训练</h3>

1. 训练目的

了解创业面临的挑战:创业有成功也会有失败,应增强创业风险防范意识。

2. 训练准备

30~50人,分成5~8人的学习小组,准备好纸、笔等用具。

3. 注意事项

(1) 训练活动要限制时间，要求团队小组在规定时间内想出答案。

(2) 教师可采取"头脑风暴"的做法，引导学生大胆说出自己的想法。

4. 训练过程

案例：李明的鸡场为什么会倒闭？

李明一直想办一个企业，做整鸡批发的生意，因为他所在的小镇周围有很多农户养鸡。他和母亲住在一起，母亲非常支持他创办企业，让李明用家里的房子做担保向银行申请贷款。李明得到贷款后立即着手准备。他为企业购买了设备和原材料，在小镇附近租了鸡舍，买了计算机、现代化的制冷设备、新的厢式货车，还在货车门上喷涂了鸡场的标志。李明告诉母亲，精良的设备能帮助企业树立良好的形象，也有助于吸引更多的客户。一切准备就绪后，李明马上投入了繁忙的工作中。鸡的需求量很大，李明必须夜以继日地工作才能满足客户的需求，还有客户把他推荐给自己的朋友。不幸的是，李明用于付款的现金十分紧张，到年底时，他拥有的现金严重不足，怎么也无法支付银行的欠款。于是，银行中止了贷款，并要求偿还所有债务，李明不得不宣布鸡场破产。银行开始拍卖李明的资产用于偿还其债务，最先拍卖的资产是车和计算机，但仍有大量的债务不能偿还。照此情况李明的母亲很有可能失去家里的房产。

问题：李明的企业为什么会倒闭？李明应当怎样做？请各组派一位代表回答案例中的两个问题。教师点评小结。

5. 训练分享

(1) 你如何理解创业风险与创业成功的关系？

(2) 你认为，创业风险主要有哪些？

(3) 你觉得应该采取哪些措施防范创业风险，增加创业成功的概率？

(4) 你个人的创业风险防范意识怎样？如何加强？

6. 训练启迪

在案例分析和集体讨论后，大家总结李明创业失败的原因。直接原因是：现金流出现负值，无力支付到期的应付款项，导致破产倒闭。主要原因是：缺乏创业计划。在开业之前没有对启动资金做出正确的预算。因此，李明的正确做法是：第一，参加创业培训提高自身的综合素质和创业技能。第二，打工学习，从小企业做起，积累经验。第三，资金困难可寻找合作伙伴进行合伙经营。第四，做好创业计划，仔细估算开业的启动资金需求，做好企业的现金流计划。训练启迪：创业者要制订周全详细的创业计划，有效预测企业的未来和规划企业的发展；有效分析出创业存在的潜在风险，并制定出防范风险的有效办法。

【训后延伸】创业素质的主要训练方法

第一，训练机警素质。

机警，是指善于抓住机会、利用机会，同时又能够时时刻刻警惕危机出现、避免被危机毁灭的素质。

（1）分析周围的成功人士如何利用机会和资源,增加间接经验。阅读传记、参加讲座都能起到这种作用。

（2）留意变化。时刻留意身边的变化,将每天的现象加以记载,注意差别,以此推断发展趋势和发现机会。

（3）发现其他人没有注意到的细节、偶然的因素和现象。

（4）谈话、讨论、听讲座以及观看影视作品。

（5）量变到质变的判断训练。

第二,训练耐力。

（1）耐心和持久地做一件事情,并将其积累起来。

（2）坚持学习和保持内敛,即通过积累形成自己的风格和习惯。

（3）提高适应力,能够应对各种环境变化,特别是恶劣的环境。

第三,训练责任心。

（1）分组完成任务。一个缺少责任心的人会受到同伴的批评,要提升自己完成组内任务的责任感。

（2）从责任心角度,评价商业案例中的成功人士。

（3）界定责任,检查是否按时、按要求完成。

（4）树立有责任心的榜样,并给予自我激励。

第四,训练大视野。

（1）对所有事物好奇。

（2）抓住所有可能的机会学习,有时间就与人交流,看有学习价值的书籍。

（3）与人讨论,训练自己将知识转化为智慧的能力。

（4）跳出眼前的事物看世界。

第五,训练学习能力。

（1）找到可以让你学习的对象。

（2）学会发问,正确地提出问题。

（3）为解决问题而去找资料、问专家。

（4）及时总结学习心得。

第六,训练控制力。

（1）时间上的结合。先学会不怕,然后再怕。

（2）意识上的结合。居安思危,以时时小心为底线,敢于打拼,但时刻注意可能到来的危险。

（3）方法上的结合。高风险与低风险结合;短期收益与长期收益结合;实物投入与非实物投入结合。

第七,训练诚信素质。

(1) 避免感情用事、过度承诺。

(2) 小心承诺。一些企业家小心谨慎,以退为进,他们以自己不吃亏为前提,不会签订一个对自己不利的合同。

(3) 认真履约。不要轻易承诺,但是一旦承诺,就要给予兑现,而不是选择失信。

(4) 用认真的履约来证明为人,减少再次签约的成本。

第八,训练团队能力。

(1) 创业者必须有分配的意识,善于用产权明晰的方式激励团队成员。

(2) 创业者要善于知人善任。

(3) 创业者必须引导团队看到未来利益。

任务七:成良好习惯

我的学习心得

雷锋是一个能吃苦耐劳、能艰苦创业的人。创业是一段艰辛的旅程,广大青年既要怀抱梦想又要脚踏实地,既要敢想敢为又要善作善成,干事创业、艰苦奋斗,让青春在全面建设社会主义现代化国家的火热实践中绽放绚丽之花。

我的感想:_____

_____。

我的课后训练

1. 坚持每周结交一个新朋友,记录他的优点,用语言赞美他,并与之交流自己的心得,观察他的事业方向,与之讨论共同的愿景,并记录下来。

2. 做一些挑战自己的事情,写出下定决心和控制风险的过程与经验。

3. 选择一件事情坚持做、长期做,两三年以后判断一下你自己的进步。

我的训练计划

请填写一周的"我的训练计划"并记录"我的训练足迹",由老师点评。

训练目标	
训练项目	
时间(第　　周)	活动内容
第一天(星期　)	
第二天(星期　)	
第三天(星期　)	
第四天(星期　)	
第五天(星期　)	
第六天(星期　)	
第七天(星期　)	

我的训练足迹

第一天：_____
第二天：_____
第三天：_____
第四天：_____
第五天：_____
第六天：_____
第七天：_____
教师评价：😊 给予奖励；☺ 可以；☹ 不错；😞 再努力
教师点评：_____
　　　　　_____

素质六 诚信

项目十一

诚实守信——诚信意识训练

> 中华文化强调"言必信,行必果""人而无信,不知其可也"……像这样的思想和理念,不论过去还是现在,都有其鲜明的民族特色,都有其永不褪色的时代价值。
> ——2014年5月4日习近平在北京大学师生座谈会上的讲话

训练目的

诚信是个人修养和人格完善的核心要求,也是社会道德和价值追求的内在基础。通过训练,培养做事讲诚信,做人讲良心,像雷锋那样具备"诚实守信"的职业品质。

▶ 任务一:读雷锋日记

今天给一营二连拉粮食。上午8时从下石碑山村出车,9时半左右就到达了抚顺粮站。这趟是副司机开的。因他缺乏驾驶经验,遇到紧急情况,就手忙脚乱起来,因此,轧死了老乡的一只鸭子。我立即叫他停车,向老乡道歉,并给老乡赔偿了两元钱,使老乡没意见,很受感动。

(1962 年 8 月 8 日)

▶ 任务二:讲雷锋故事

重信守义的雷锋

一次,雷锋和他的助手小乔出任务回来时,汽车陷入了一片淤泥中,几次加大油门冲刺都没冲出来。于是,雷锋想去附近找老乡借个撬杠试试。在村子中,雷锋碰到了一位姓田的大娘,她借给雷锋一根碗口粗、一人多高的硬木杠子。雷锋说:"大娘,车从淤泥出来,我马上拿来还给您。"于是,雷锋扛着木杠子跑回来、指挥小乔开车,自己则在车下用木杠撬车轮,一番努力后,深陷泥潭的车轮终于驶出了污泥。正在这时,不知何故,车突然熄火了。天色已经黑了,没有手电,没有火柴,车可怎么修呢?雷锋说:"我得赶紧去还木杠子,对老乡失了信义可不好。"小乔说:"那你快去快回,最好能借盏灯来照照亮修车。"

雷锋回到老乡家中把木杠放回原处,转过来敲敲窗棂:"大娘没睡吧,木杠给您送回来了。我还想……"话没说完,屋里走出来一位小姑娘,拉住雷锋的手说:"去年我在学校听过你的报告,前些天在外村见你扶过犁,快到屋里坐。"油灯下,另一个小姑娘正在写作业。雷锋盯着那盏油灯说:"大娘,我还想借点儿东西。""借什么,说吧。""我想借这盏灯。"雷锋说出了自己的难处。小妹妹立刻把作业本收了起来,一把端过油灯塞到雷锋的手里,大娘又把一盒火柴递给他,说:"拿去,快把车修好,可别误了事!"雷锋说:"大娘,谢谢您,谢谢您,车修好了我就马上拿来还您。"第二天早晨,大娘一出屋就瞧见窗台上放着那盏油灯和火柴,灯里还装满了油。

(来源:武平新闻网)

【故事启迪】

雷锋言行一致,借了老乡的木杠和油灯,在用完之后能够按时归还,彰显了诚实守信的品质。我们要向雷锋同志学习,从身边小事做起,做诚实人,做守信者,把诚信道德转化为情感认同和行为习惯。

▶ 任务三：学职场雷锋

1. 守信重诺 匠心铸就精品工程
——"全国道德模范"李江福

李江福，中共党员，河南新城建设有限公司党总支书记、项目经理（图 11-1）。从事建筑业 30 多年来，他秉承"用良心做事，靠诚信盖楼"的理念，先后在全国建造 1 000 多栋楼房，从未发生质量问题，从未延误工期，从未拖欠民工一分钱，获得国家优质工程等奖项 160 多个，构筑起了一座座"诚信大厦"。

图 11-1 "全国道德模范"李江福

李江福的父亲李章栓曾参与过红旗渠工程建设，耳濡目染下，他从小就对建筑工作有着强烈的兴趣。红旗渠精神对于李江福来说是一种乡情，更是一种鞭策，他把这些都揉进自己的血液，成为他从一名泥瓦匠成长为建筑大工匠的内生动力。

工作中，李江福对工程的每个步骤、施工的每道工序都亲自查验把关，质量不合格的工序坚决返工重来。2005 年，李江福在河南省濮阳职业技术学院行政办公楼工程施工现场检查中发现框架填充墙砌体的砂浆标号偏低，立即将施工员喊来询问。施工员说："框架填充墙也不是什么承重构件，已经砌好的这五道墙就别再返工了，再说现场监理也没有发现这个问题。"李江福听后十分生气地说："监理没有发现我们就可以马虎过关了吗？我们对业主承诺百年大计、质量第一，就要处处严格要求自己，做人要对得起自己的良心。"在李江福的坚持下，已砌好的五道墙全部拆除返工。由于李江福对工程质量严格要求，该工程最终荣获河南省工程质量最高奖——中州杯。

几十年来,李江福先后荣获全国劳动模范、全国道德模范、全国诚信之星、全国五一劳动奖章、全国建设系统劳动模范、中原大工匠入围奖、中原城乡建设大工匠、河南省技术创新能手、河南建设十大风云人物等荣誉称号。他所负责的企业也先后被评为全国优秀建筑企业、河南外出文明诚信企业,连续5年被评为河南省AAA级信用企业,连续8年荣获河南省重合同、守信用企业,连续9年荣获河南省先进建筑企业。

(来源:中工网 2019-09-10)

2. 传承雷锋精神 做雷锋式职业人
——记为人民服务的楷模梁瑞

梁瑞,2017年7月毕业于辽宁轨道交通职业学院工务电务学院铁道通信信号专业,中共党员,现任大连客运段动车一队列车长(图11-2),曾获得"全国铁路向上向善好青年""先进生产者""沈铁青年榜样"等荣誉称号,连续两年被评为"优秀共产党员""优秀团干部"。

图11-2 "职场雷锋"梁瑞

毕业后,梁瑞被分配到大连客运段担任列车员,她平时刻苦钻研业务,工作中积极向车长请教各类突发事件的业务,休班后学《客规》、背站序、默画全国铁路示意图。功夫不负有心人,在2019年大连客运段24届业务技能大赛中,她荣获"业务标兵"称号。

在担任列车长的三年多时间里,梁瑞做的好人好事近300次,帮助旅客查找遗失品累计价值数十万元,接到旅客表扬信10封、赠送锦旗9面,实现旅客零投诉的特殊成就。

2019年10月18日,大连北至哈尔滨西的G47次高铁列车终到后,梁瑞例行巡视车厢，发现 2 车 17C 的座位网兜内有一个黑色手包，内有价值 10 000 元的储值卡、现金 19 351 元、价值一百多万的合同、银行卡、身份证等重要证件十余张，她立刻毫不犹豫地与乘警共同清点包内物品，随即编制客运记录与哈尔滨西站的客运人员进行交接。

两天后，失主特意从哈尔滨乘车赶往大连，想当面向梁瑞表示感谢，除了送上一面锦旗，还赠送梁瑞 2 万元现金。面对失主的现金酬谢，梁瑞婉言谢绝，她说："我所做的，是每名党员都能做到的，物归原主是我们客运人员具备的最基本素质。"这件事在大连电视台新闻频道头版播报，引起极大社会反响。

梁瑞像雷锋一样诚实守信，把关爱他人当作最大幸福，把无私奉献当作毕生追求，是当代大学生学习的好榜样。

（来源：2023 年辽宁省高职高专院校"传承雷锋精神，做雷锋式职业人——讲述职场雷锋的故事"微视频比赛获奖作品）

▶ 任务四：悟品质内涵

📖 经典故事

季 布 一 诺

秦末有个叫季布的人，一向说话算数，信誉很高，很多人都同他建立起了深厚的友情，社会上甚至流传着这样的谚语：得黄金百斤，不如得季布一诺。后来，季布得罪了汉高祖刘邦，被悬赏捉拿，他的旧日挚友不仅不被重金所惑，反而冒着极大的风险来保护他，使他免遭祸殃。

一个人诚实有信，自然得道多助，能获得大家的敬重和友情。反过来，假如贪图一时的安逸或小便宜，而失信于朋友，表面上得到了实惠，但为了这点小惠却毁了自己的声誉，而声誉相比于物质重要得多，也难以得到。所以，信守诺言，既是对他人负责、对社会负责，也是对自己负责。

🔍 品质探析

1. 概念与内涵

"诚信"最早出自先秦文献《管子·枢言》"先王贵诚信。诚信者，天下之结也。"认为诚信是凝聚人心、使天下人团结一致的精神基础。"诚"即诚实、真诚、忠诚、表里如一；

"信"即遵守承诺,言行一致,真实可信。"诚信"的基本含义就是说真话、办实事,言行一致、信守诺言。社会主义核心价值观倡导的诚信,就是要以诚待人、以信取人,说老实话、办老实事、做老实人。

诚信的人,不仅在生活实践中遵从诚实守信的道德原则,而且不愿意看到别人的失信行为。"诚信"素质包括诚信认识、诚信行为、诚信情感三个方面的内容。诚信认识,即知道怎样做是诚信的,怎样做是不诚信的;诚信行为,即一个人根据诚信认识,自觉地对自己的行为提出要求,并予以行动的一种实践状态;诚信情感,即一个人从道德的高度作出诚信决策,行动后会感到欣慰,有悖于此,则心有不安。

2. 现状与问题

新时代大学生诚信状况总体良好,但少数学生在人际交往、学业、求职就业等环节存在不同程度的诚信缺失现象。

一是在学业中存在的诚信缺失。对大学生来说,考试是在校期间的必经环节。考场就像"试金石",大学生经历的每一次考试也是对诚信品格的测试。目前,大学生考场上显露出来的诚信缺失现象屡见不鲜,考试作弊已成为大学生诚信缺失的最主要表现之一。

二是在经济方面存在的诚信缺位。一些大学生的消费观和经济观出现了错位现象,会出现类似通过欺骗获取更多生活费和助学金的行为。

三是在日常生活中存在的失信行为。主要体现在人际交往中的失信行为,网络空间中存在的失信行为,求职或做零工的过程中存在的失信行为等。

3. 作用与意义

诚信是个人立身处世的基本价值规范,是社会存续发展的重要价值基石,是构建人类命运共同体的重要理念,是美好生活不可缺少的道德支撑,是推动社会向更加平衡和充分发展的重要力量。

从个人发展看,诚信是一个人立身处世的根本。诚信不仅仅是靠内心道德驱使的美德,更是一个人立足社会的最好名片。同学们正处于世界观、人生观、价值观形成的关键时期,应该走在积极践行社会主义核心价值观的前列,不断从中华优秀传统文化中汲取养分,涵养以诚信为基础的个人品德。

从社会角度而言,诚信是社会文明进步的基石。青年的价值取向决定了社会的价值取向。培养即将走向社会的大学生强化诚信意识、涵养诚信精神,有助于为社会诚信体系建设注入源头活水,为提高全社会文明程度作出积极贡献。

当前,全社会都在加快构建完善适应新时期高质量发展要求的社会信用制度体系和运行机制,经济社会发展各层面的诚信需求呈现爆发式增长。大学生只有养成高水平的诚信素养,才能更好地施展个人才华,真正成为国家和人民需要的栋梁之材。

任务五：测职业品质

测试一：诚 信 意 识

　　立世以诚，待人以诚，做事以诚。诚信是生命的动力，是生命的源泉。新时期的大学生，作为祖国未来的接班人与建设者，更应该成为诚实守信的先进群体，从而更好地实现自己的人生价值，更好地为实现中国梦而努力！那么，请通过以下的诚信意识测试题，测试一下你的诚信意识。

1. 当你的朋友做出你极不赞成的事时，(　　)。
  A. 你会跟他断绝来往
  B. 你会告诫自己此事与你无关，同他的关系依然如故
  C. 你会把你的感受告诉他，但仍然保持友谊

2. 你很难宽恕严重伤害过你的人吗？(　　)
  A. 很难原谅他
  B. 可以原谅他
  C. 可以宽恕他，但不会忘记这件事

3. 你认为(　　)。
  A. 为了维护道德准则而指责别人是完全有必要的
  B. 在一定程度上指责别人是完全有必要的，如从爱护的角度出发
  C. 不应该指责别人

4. 你的多数朋友在性格上(　　)。
  A. 都和你很相像
  B. 与你不同，而且他们之间也不同
  C. 与你大体上相同

5. 当周围同学的喧闹使你不能集中精力学习时，你会(　　)。
  A. 对他们发脾气
  B. 另外找一个清静的地方
  C. 感到心烦，在心里抱怨

6. 若出去旅游住宿时发现那里的卫生条件很差，(　　)。
  A. 你很快就能适应
  B. 你对自己所处的环境不太在乎

C. 你对这个地方的卫生很不满

7. 你认为下列哪种品质最重要？（   ）。

   A. 顺从　　　　　　　　B. 仁慈　　　　　　　　C. 诚信

8. 你会与别人（批评性地）议论你的朋友吗？（   ）

   A. 经常　　　　　　　　B. 很少　　　　　　　　C. 有时

9. 如果你所讨厌的人交了好运，你会（   ）。

   A. 觉得烦恼或嫉妒

   B. 认为此事对他确实是件好事

   C. 不太在乎，但觉得这样的好事要是让你遇上该多好

10. 你属于下列哪种情况？（   ）。

    A. 尽量使别人按照你的信条看待或对待事物

    B. 别人不主动问你，你便不会主动说出自己的观点

    C. 对不同的事物提出自己的观点或意见，但不会为此与人争论或尽力说服他人

11. 你某个朋友的生活看上去很不错。可他总是对你抱怨他不走运，你会（   ）。

    A. 劝他要振作起来　　　B. 对他的诉说表示同情　　　C. 陪他出去散散心

12. 当你碰到有人不赞成你的观点时，你会（   ）。

    A. 同对方激烈争论或大发脾气

    B. 避免同对方争论

    C. 与他争论但能保持冷静

13. 你会阅读那些与你的观点不相同的刊物吗？（   ）

    A. 从来不看

    B. 看，而且特别感兴趣

    C. 如果碰到的话，也会看看

14. 你同意下列哪种说法？（   ）

    A. 人必须有章可循，因为人需要控制

    B. 制定一些准则，对社会中人们的行为加以控制是必要的，但越少越好

    C. 对人加以限制是暴虐的，而且是残酷的

15. 你对宗教的看法是（   ）。

    A. 你认为信仰是危险的、有害

    B. 你认为各种信仰都是有一定道理的

    C. 你认为信教仅对某些人是有好处的

16. 你对有些上岁数的人大惊小怪或瞎操心的反应是（   ）。

    A. 感到心烦　　　　　　B. 耐心倾听　　　　　　C. 有时是A，有时是B

17. 你认为自己是一个做事情很有主见的人吗？（   ）

A. 是的　　　　　　　　B. 不是　　　　　　　　C. 有时是,有时不是

18. 如果你暂住在与你生活习惯完全不同的家庭里,你会(　　)。

A. 因为觉得不适应而感到恼火

B. 很愉快地适应这一切

C. 觉得自己在短时间内还可以忍受,但时间一长就难以维持

19. 别人的生活习惯会使你厌烦吗?(　　)。

A. 经常　　　　　　　　B. 一点也不　　　　　　C. 有时

20. 当比你小的人对你产生怀疑、同你争论时,你会(　　)。

A. 感到生气　　　　　　B. 认为这是一件好事　　C. 感觉很不自在

测试标准:

第1、2、4、5、8、9、10、11、12、13、16、17、18、19、20题,选A得2分,选B得0分,选C得1分。

第3、14、15题,选A得1分,选B得0分,选C得2分。

第6题,选A得0分,选B得0分,选C得2分。

第7题,选A得2分,选B得1分,选C得0分。

题号	1	2	3	4	5	6	7	8	9	10
得分										
题号	11	12	13	14	15	16	17	18	19	20
得分										
总分										

测试结果分析:

10分以下:你是一位诚信度很高的人,而且有很高的涵养,能充分意识到别人面对的困难,理解他们的难处。你可能会遭到别人暂时的不理解,但你仍然不会同他们发生争执,你最终会成为许多人喜欢的朋友。

11~20分:你的诚信度还算可以,显得比较有涵养,在许多方面能容得下别人意见。

21~30分:你的诚信度不算高,也许你还没有意识到这一点,你和朋友的友谊一般不会维持太久,你在许多没有价值的微小问题上浪费了许多时间。

31~40分:你相对缺乏诚信,而且比较专横,易冒犯他人。你不能容忍别人对你做错事,但常为自己的过失找理由。

测试二:诚 信 指 数

以下是几组诚信指数测试题,请根据自己的实际情况如实选择,并按照测试题后的计分方式进行计分。

一、受测者身边人群的诚信状况

1. 在我身边背叛感情的人和事太多。（　　）
   A. 非常同意　　　　　　B. 比较同意　　　　　　C. 一般
   D. 不太同意　　　　　　E. 非常不同意

2. 玩游戏时,我的同伴中喜欢做小动作的人很多。（　　）
   A. 非常同意　　　　　　B. 比较同意　　　　　　C. 一般
   D. 不太同意　　　　　　E. 非常不同意

3. 也许我太善良,我上的当总要比别人多一些。（　　）
   A. 非常同意　　　　　　B. 比较同意　　　　　　C. 一般
   D. 不太同意　　　　　　E. 非常不同意

二、受测者对社会奖罚机制的看法

1. 现实生活中老实人总是吃亏。（　　）
   A. 非常正确　　　　　　B. 比较正确　　　　　　C. 一般
   D. 不太正确　　　　　　E. 非常不正确

2. 社会上有很多不法分子逍遥法外。（　　）
   A. 非常正确　　　　　　B. 比较正确　　　　　　C. 一般
   D. 不太正确　　　　　　E. 非常不正确

3. 溜须拍马虽然是不对的,但有很多人因此受益。（　　）
   A. 非常正确　　　　　　B. 比较正确　　　　　　C. 一般
   D. 不太正确　　　　　　E. 非常不正确

三、受测者对社会主流行为是否诚信的看法

1. 我发现大多数人认为"马无夜草不肥,人无横财不富"。（　　）
   A. 非常同意　　　　　　B. 比较同意　　　　　　C. 一般
   D. 不太同意　　　　　　E. 非常不同意

2. 我的熟人中被他人骗的事较多。（　　）
   A. 非常同意　　　　　　B. 比较同意　　　　　　C. 一般
   D. 不太同意　　　　　　E. 非常不同意

3. 我认为大多数人都或多或少有违背道德的隐私,只不过他们不说而已。（　　）
   A. 非常同意　　　　　　B. 比较同意　　　　　　C. 一般
   D. 不太同意　　　　　　E. 非常不同意

四、受测者的人性观

1. 我认为大多数人在不受惩罚的前提下,都会干损人利己的事。（　　）
   A. 非常同意　　　　　　B. 比较同意　　　　　　C. 一般
   D. 不太同意　　　　　　E. 非常不同意

2. 有人说人类存在自私基因,你认为支持这种观点的人非常多吗?(　　　)

A. 非常多　　　　　　　B. 比较多　　　　　　　C. 一般

D. 比较少　　　　　　　E. 非常少

3. 我认为大多数人是十分容易受诱惑的。(　　　)

A. 非常同意　　　　　　B. 比较同意　　　　　　C. 一般

D. 不太同意　　　　　　E. 非常不同意

测试标准及结果分析:

A. 1分　B. 2分　C. 3分　D. 4分　E. 5分。

一、受测者身边人群的诚信状况

分数越低,表明身边不诚信的人越多。一般而言,假定受测者身边人群中不诚信的人较多,那么受测者本人不诚信的可能性也会比较大,所谓"近朱者赤,近墨者黑"。

二、受测者对社会奖罚机制的看法

分数越低,对奖罚机制越不认同。假如受测者认为在这个社会环境中不诚信能得到好处,那么其本人不诚信的可能性也会比较大。

三、受测者对社会主流行为是否诚信的看法

分数低,说明你认为大多数人是不诚信的,分数高,说明你认为大家都是诚信的。假如受测者认为社会大多数人是不诚信的,那么受从众心理的影响,受测者本人不诚信的可能性也会比较大。

四、受测者的人性观

分数越低表明你的人性观越偏向性恶论。假定受测者本人的人性观是性恶论,那么不诚信的可能性就比较大。反之,受测者的人性观是性善论,那么诚信的可能性就比较大。

▶ 任务六:练职业素质

训练一:信 任 背 摔

1. 训练目的

了解和掌握诚信对国家、社会、团队和个人的重要性,强化诚信意识,提升践行诚信的能力,培养团队协作精神,争做诚信的人。

2. 训练准备

(1) 高度为 1.35~1.4 米的背摔台,背摔台上应该有双面护栏。

(2) 绑手带和绑脚带。要求柔软、清洁,最好使用丝织品或纯棉制品,红色为宜,更容

易调动情绪。

(3) 教师工作包。要求至少备足下列物品：带队记录本、笔、计时器、橡皮筋、医用胶布。

(4) 学生用的整理箱。

3. 注意事项

(1) 活动前要做详尽的指导和适量的热身运动。

(2) 开始前务必了解学生身体情况，有严重外伤史，或身体不适合做剧烈运动的学生可以不做此项目。

(3) 避免学生在操作的过程中速度过快，避免跌倒事件的发生。

(4) 教师一定要在学生队列前面做好安全防护准备。

(5) 老师要站在背摔台上，指导每个学生的实训过程。每个学生都上去挑战一次，队长安排学生对做保护疲劳的学生进行轮换。如有身体不适、体重过重、腰部疾病、高血压等问题同学不参加实训。

4. 训练过程

(1) 教师讲解并示范动作要领：两臂前举，双手内翻交叉，十指相扣，然后紧紧地靠向身体；双脚并拢膝盖接近，头部微含，身体保持紧张状态。

(2) 学生轮流到背摔台上背向队友，双脚后跟1/3露出台面，身体重心上移，垂直水平倒下。

(3) 台下学生两两相对，双手平伸，掌心、肘窝向上，指尖触及对方身体，双臂自然微曲绷住，4条臂膀平行交错；右脚前弓步内侧与对面学生接近，上体保持正直，头向后仰，双眼盯住台上的学生后背，相邻学生双肩相靠形成一个整体，根据学生倒的方向及时调整。

(4) 挑战者问："你们准备好了吗？"队友齐声回答："我们准备好了，来吧。"挑战者回答："我来了。"挑战者后直倒下。

(5) 当接住倒下的队友时，前排的队员往下放下队友的脚，后排的队员托背向前，使队友直立站起来。

5. 训练分享

集合学生，以老师为中心围坐成圈，教师引导学生谈谈参加训练的体会。调动现场气氛，对全队顺利完成任务予以肯定、鼓掌。让大家自由发表感言。

当有人谈到相信自己，相信别人时，进一步追问："为什么相信？"

当有人谈到害怕时，问："既然你说到信任下面的同学，为什么还是害怕？"

当有人提到沟通时，问："怎么样去沟通？"

当有人提到信任时，问："我们在工作中如何获得信任？如何建立团队信任？"

最后，老师进行点评总结。

6. 训练启迪

视频 11-1 诚实守信训练

诚信既是一种世界观，又是一种社会价值观和道德观，对于社会和个人，都具有重要的意义和作用。一个互信互助的集体才是有蓬勃生命力的集体，一个互信互助的社会才是能够奏响和谐之音的美好社会。诚信是立国、立业之本，也是个人安身立命的重要品质。一个诚实守信的人更容易充分发挥个人潜能，从而创造更大的人生价值。

训练二 "诚信之约"角色扮演

1. 训练目的

通过角色扮演体验，培养自助与他助的能力，提升认识问题、解决问题的能力，增强信任意识，深化对诚信品质的理解。

2. 训练准备

（1）教师编写几个不同场景的诚信剧本，比如在商场购物遇到找错钱的情况、小组合作完成作业有人想抄袭、在图书馆借到破损书籍是否告知管理员等场景。

（2）准备一些简单的道具，如货币道具、书本道具等。教师要在准备过程中对学生进行辅导、沟通，完成活动方案的设计、活动程序的安排、活动内容的准备等工作。

3. 训练过程

（1）把学生分成若干小组，每组分配一个剧本场景。

（2）每个小组有 10~15 分钟时间来分配角色并排练。

（3）排练结束后，各小组轮流上台表演。

（4）表演结束后，其他小组的同学可以针对表演中的诚信行为进行讨论和评价，例如是否做出了正确的诚信选择，还有什么更好的解决方式等。

4. 训练分享

在各组角色扮演全部完成后，教师针对各组表演的剧情以及学生在活动中的表现及他们的感言做点评。

5. 训练启迪

"诚信之约"角色扮演训练通过生动、真实的情景模拟，为学生提供了一个全面、深入体验诚信的平台。它不仅在认知、行为、情感等方面对个体产生积极的启迪和塑造作用，还在团队合作、社会传播等方面具有重要意义，有助于培养具有诚信品质的个人，促进良好团队氛围的形成，推动诚信社会价值观的广泛传播，为构建更加和谐、公正、诚信的社会环境奠定基础。

【训后延伸】诚信意识的主要训练方法

职业院校学生要从大德、公德、私德三个方面入手，培养诚信意识，做新时代好青年。

首先,要明诚信之大德。在国家层面,诚信是一种境界。新时代的诚信具有多种含义,其中最大的"诚"是对党和国家的忠诚,最大的"信"是对中国特色社会主义的信念和信仰。对党员干部来说,忠诚最重要的体现就是对党和国家事业忠诚、对人民忠诚。对公民来说,忠诚于自己的国家,是首要的美德,要做到表里如一、言行一致。

其次,要守诚信之公德。在社会层面,诚信是一种责任。新时代诚信文化建设,既要靠制度约束,也要靠道德自觉。要深刻认识到,诚信是做人做事的道德底线,不可逾越;企业要深刻认识到,诚信是最宝贵的无形资产,要把诚信经营作为一种责任,努力为新时代诚信文化建设作贡献。

最后,要严诚信之私德。在个人层面,诚信是一种美德。诚信不仅是社会交往中应该遵循的规范,也是提升人格境界的必由途径。做事要"求真",不唯书、不唯上、只唯实;做人要表里如一,不能人前人后两副面孔。

诚信促进社会文明,国家兴旺。"诚者,天之道也;思诚者,人之道也。"不管岁月如何变迁,环境如何变化,我们都应将诚信作为"高山仰止"的美德来追求,心向往之、行践履之,时刻做到说话办事都讲诚信。

▶ 任务七:成良好习惯

我的学习心得

雷锋一生对党和国家忠诚,对人民群众热情,坚持做老实人、说老实话、干老实事。作为新时代青年,我们要积极传承雷锋诚实守信的品质,不断鞭策自己,勇于担当,从身边小事做起,做一名诚实守信的好青年。

我的感想:_____

_____。

我的课后训练

自己制订一个诚信训练计划,明确诚信训练的目标。如:一周之内做到诚实诚恳,不说假话,不说言不由衷的话,不自欺欺人,对他人承诺的事情一定要办到;或者建立一个小档案,回顾自己之前不诚信的经历和体会,反思这种不诚信给自己带来了什么样的影响或后果,自己今后有什么改进的措施和想法等。

我的训练计划

请填写一周的"我的训练计划"并记录"我的训练足迹",由老师点评。

训练目标	
训练项目	
时间(第　　周)	活动内容
第一天(星期　)	
第二天(星期　)	
第三天(星期　)	
第四天(星期　)	
第五天(星期　)	
第六天(星期　)	
第七天(星期　)	

我的训练足迹

第一天：
第二天：
第三天：
第四天：
第五天：
第六天：
第七天：
教师评价：😊 给予奖励；🙂 可以；☹ 不错；😟 再努力
教师点评：

项目十二

遵纪守法——法治思维训练

> 弘扬社会主义法治精神,传承中华优秀传统法律文化,引导全体人民做社会主义法治的忠实崇尚者、自觉遵守者、坚定捍卫者。
> ——2022 年 10 月 16 日习近平在中国共产党第二十次全国代表大会上的报告

训练目的

增强法治意识,养成自觉尊法学法守法用法,遇事找法、解决问题靠法的思维方式,像雷锋那样具备"遵纪守法"的职业品质。

▶ 任务一:读雷锋日记

我要严格遵守纪律、国家法律、法令及部队各种条例、条令,尊重首长,热爱同志,搞好团结,做个遵守纪律的模范。

(1962 年 7 月)

▶ 任务二:讲雷锋故事

雷锋的守纪意识

刚入伍时,雷锋还不够成熟,对部队的规定也不清楚,有时违反了纪律,自己还不知道。某个星期日,他认为放了假,就可以随便外出了,于是谁也没有告诉,就上街照相去了。这件事被指导员知道了,吃过午饭就找他谈话,和蔼地问他今天上街请假了没有,雷锋难为情地回答说"没有"。

指导员说:这样不好哇!部队要有严格的组织纪律,不论做什么都要请示报告,星期天外出也要说一声。如果军队没有严格的组织纪律,就会成为一片散沙,那怎么能战胜敌人呢!毛主席说过,我们这个军队之所以有力量,是因为所有参加这个军队的人,都具有自觉的纪律。邱少云就是我们学习的榜样,他在战场上,敌人的燃烧弹烧着了他的衣服,可是,他为了不暴露目标,宁愿烈火烧身也一动不动,一直坚持到最后牺牲。

听到这些,雷锋心里难过极了,不由哭了起来。指导员安慰他,做错事情不要紧,只要认识到自己的错误,今后改正就行了。从那以后,雷锋再也没有违反过组织纪律和各种制度。

【故事启迪】

国无法不治,民无法不立。法治精神,从某种意义上说就是规则意识、纪律意识。从履行请假制度这件事上,雷锋增强了纪律意识,强化了守纪行为。我们也应该像雷锋一样,将法治意识贯穿我们的日常行为中,时时警醒,严于律己,做遵纪守法、明礼诚信的好学生。

▶ 任务三:学职场雷锋

1. 只要用心用情,就没有打不开的心结
——记"时代楷模"鲍卫忠

鲍卫忠,中共党员,生前系云南省沧源佤族自治县人民法院党组成员、执行局局长

(图 12-1)。他长期扎根我国西南边陲,对党忠诚、司法公正,为民族地区繁荣稳定贡献了法治力量;他严于律己、清正廉洁,彰显了新时代人民法官的政治本色。2021 年 10 月,鲍卫忠在工作岗位上突发疾病,经抢救无效不幸去世。2022 年 9 月,鲍卫忠被追授"全国模范法官"称号。2023 年,中央宣传部追授他"时代楷模"称号。

图 12-1 "时代楷模"鲍卫忠

1997 年,鲍卫忠进入沧源法院工作,圆了他当一名人民法官的梦想。2015 年,工作突出的鲍卫忠担任法院执行局局长。面对执行难题,鲍卫忠的办法是用耐心"磨案子"、用双脚"跑案子"。为了一件标的额 5 000 元的"小案子",他曾先后 6 次赴现场办理,累计奔走 400 多公里。

"干执行工作,就是人心换人心。"鲍卫忠有自己的"规矩":首次去被执行人家里,只要距离不远,鲍卫忠都不穿制服、不开警车。"为何不亮明身份?"有的年轻干警不理解。鲍卫忠说:"老百姓看到警车会议论,对被执行人影响不太好,很可能产生抵触情绪,不利于开展工作。"

对生活陷入困境的申请执行人,鲍卫忠积极为他们争取和办理司法救助,累计发放司法救助金 90.97 万元,为 61 名特困申请人解了燃眉之急。"没有一万,那咱们就五百、一千地还"……多年来,鲍卫忠带着干警们"磨"掉了 650 件"钉子案""骨头案",用心"磨"出一方和谐。

"要成为一个有高尚品德和崇高理想的人,一个对人民有利的人,像雷锋、焦裕禄、孔繁森等先进人物一样,为党和人民的事业鞠躬尽瘁。"鲍卫忠在入党申请书中这样写道。他用生命,实现了自己的誓言。

(来源:《光明日报》2023 年 12 月 18 日 04 版)

2. 立检为公　执法为民
——记葫芦岛兴城市检察院优秀检察官毕红霞

毕红霞,辽阳职业技术学院经济管理学院 05 法律事务班毕业生,现就职于葫芦岛市兴城市纪委监委(图 12-2)。

图 12-2 "职场雷锋"毕红霞

毕红霞严于律己,遵章守纪,在经过三年高职学习后,又以优异的成绩考上了辽宁工程技术大学法学专业。2010 年她考取了辽宁省委选调生,并被分配到葫芦岛兴城检察院,成为一名优秀检察官。随着国家监察体制改革,2017 年 12 月,她转隶到兴城市纪委监委,成为一名反腐战士。

牢记使命勇担当

毕红霞在面对违纪违法人员时,自信而笃定,严谨而细腻,使涉案人无法躲藏。

2023 年,在查办金融腐败案件葫芦岛银行某县支行行长赵某违法发放贷款、受贿案时,作为专案组组长,她带领同事加班加点仔细核实、反复比对、逐项梳理。针对在行为定性上存在的分歧,她认真查阅案卷证据材料,细致研究被调查人的供述与辩解和其他证人证言,多次与市检察院、法院的工作人员沟通意见确保案件质量。

守正创新敢作为

水清沙自洁,官贤弊自绝。自担任第三纪检监察室主任以来,毕红霞始终处在反腐败斗争的第一线,每天都是挑战和考验。

2024 年 3 月,兴城市纪委监委接到举报:"兴城市四家街道某村支部书记利用职务为女儿的孩子办满月酒,已办了 20 多桌还要继续操办,在社会上影响很坏。"接到案情后,毕红霞和同事立即展开核查,与部分群众、村干部和相关人员核实了解,调取相关凭证和资料。经几番查证,发现此事子虚乌有。为进一步坚定干部相信组织、依靠组织的信念,她迅速发出书面澄清正名,还这位基层干部清白。

在纪检监察的岗位上,毕红霞用法的刚毅和情的柔韧,办理了一件件经得起历史检验的铁案,维护了党纪的正义。2023 年 7 月,毕红霞被单位推荐为"雷锋式纪检监察干部"的候选人。在以后的工作中,这朵铿锵玫瑰将会更加绚丽,更加光彩夺目!

▶ 任务四：悟品质内涵

📖 经典故事

执法如山

中唐时期，雍州有个负责地方治安的官员叫李元纮。他性格耿直，不畏权势。一次，太平公主赴雍州游玩，相中了当地寺院里的一盘水磨。她未经寺院和尚同意，即准备强行运往京城，归为己有。寺院和尚不服，立即告到雍州司户李元纮那里。李元纮不畏权势，当即受理此案。经查，该水磨确系寺院合法财产，太平公主无权霸占。随即将水磨判归寺院和尚。这一判决，吓坏了李元纮的顶头上司、一向谄附权贵的雍州刺史窦怀贞。太平公主既是唐高宗与武则天的女儿，又是唐中宗的妹妹，权倾朝野，百官对她无不逢迎。他命令李元纮将水磨改判给太平公主。李元纮对这种恃强凌弱、媚上欺下的行径无比愤慨。他二话不说，当即挥笔在原判决书的空白之处写下"南山或可改移，此判终无摇动"的判词，坚决打击了邪恶，维持了原判。后人根据李元纮的壮举概括出"执法如山"的成语。

🔍 品质探析

1. 概念与内涵

法治思维是指以法治价值和法治精神为导向，运用法律原则、法律规则、法律方法思考和处理问题的思维模式。法治思维将法律作为判断是非和处理事务的准绳，要求崇尚法治、尊重法律，善于运用法律手段协调关系和解决问题。对公民而言，法治思维就是当自己的理想目标、思想感情、行为方式、权利诉求和利益关系等与法律的价值、规则或要求发生冲突时，能够服从法律，作出符合法律的选择，按照法律的指引实施自己的行为。

法治思维是一种融法律的价值属性和工具理性于一体的特殊的高级法律意识，包含以下几层含义。第一，法治思维以法治价值和法治精神为指导，蕴含着公正、平等、民主、人权等法治理念，是一种正当性思维。第二，法治思维以法律原则和法律规则为依据指导人们的社会行为，是一种规范思维。第三，法治思维以法律手段与法律方法为依托分析问题、处理问题、解决纠纷，是一种逻辑思维。第四，法治思维是一种符合规律、尊重事实的科学思维。

2. 现状与问题

当前大学生的法治思维现状呈现以下特点：一方面，多数大学生对基本的法律知识有一定的了解,能够认识到法律在社会生活中的重要性。通过学校开设的法律基础课程、网络媒体以及社会宣传等途径,获取了一定的法律常识。在面对常见的法律问题时,能够有初步的判断和认知。

然而,另一方面,多数大学生对法律的认识是不够的。部分大学生对法律的理解还停留在表面,缺乏深入的法律思考和分析能力。在实际生活中,当自身合法权益受到侵害时,不能有效地运用法律武器来维护。还有一些大学生在行为上存在侥幸心理,对一些轻微的违法违规行为缺乏足够的警惕。

此外,部分大学生在面对复杂的法律情境时,容易受到情感、道德等因素的影响,不能完全以法治思维去判断和解决问题。在校园中,对于法律知识的学习和实践结合得不够紧密,导致他们学以致用的能力有待提高。

总体而言,大学生的法治思维状况有待进一步加强和提升,需要通过更有效的教育和实践活动,培养其更成熟、全面的法治思维。

3. 作用与意义

法治是维持社会秩序、推进社会发展的有效手段。党的二十大报告提出要"努力使尊法学法守法用法在全社会蔚然成风",蕴含着树立法治信仰、学习法律知识、运用法治思维、增强用法能力的法治素养培育目标。

从个人层面来看,法治思维有助于保障个人的合法权益。当人们具备法治思维时,能够清晰地知晓自己的权利和义务,在权益受到侵害时,懂得运用法律武器来维护自身的合法利益,避免陷入不必要的纠纷和困境。对于社会而言,法治思维是维护社会公平正义的基石。它确保了社会成员在法律面前一律平等,不论身份、地位、财富如何,都能得到公正的对待,这有助于消除特权,化解社会矛盾,促进社会和谐稳定。

当代青年肩负着实现中华民族伟大复兴的使命,其法治素养的培育,在推进马克思主义法治理论中国化时代化,建设社会主义现代化强国、实现中国梦、提升国民整体文明素质、构建人类命运共同体等方面具有重要的时代价值。

▶ 任务五:测职业品质

测试一:自 控 力

在我们的日常生活中,自我控制能力缺乏的表现是相当普遍的。如:随便发脾气、上课交头接耳、无故招惹别人、做事缺乏坚持性等。自我控制能力缺乏,已经成为当今人际发展中的一个突出问题,它严重影响个人的身心健康、同伴间的和谐关系,这种越来越常见的不幸后果引起了全社会的关注。了解自身的自控力情况对于一个人的成长成才有着重要的影响,下面请通过测试题来检测一下你的自控力。

请同学们根据自己的实际情况选择最符合的选项,并按照计分要求计分。

1. 期末快到了,同学们都在进行紧张的复习,这时电视台播出你喜欢的电视剧,你会(　　)。

　　A. 对电视剧忍痛割爱　　　　B. 看完电视再复习　　　　C. 放弃学习,看电视

2. 在寒冷的冬天,你(　　)。

　　A. 每天都能按时起床　　　　B. 偶尔睡一睡懒觉　　　　C. 经常留恋温暖的被窝

3. 自习课上,同学们都在随心所欲地聊天、看小说,你(　　)。

　　A. 一心学习

　　B. 一边看书,一边和同桌聊天

　　C. 随心所欲地玩

4. 正做作业时,朋友们喊你去玩,你(　　)。

　　A. 委婉地拒绝

　　B. 匆匆忙忙赶完作业,再去玩

　　C. 立即丢下作业,飞奔而去

5. 当你心情烦躁,什么事也懒得做的时候,你(　　)。

　　A. 也能坚持当日事当日毕

　　B. 勉勉强强应付

　　C. 把今天的任务推到明天

6. 晚上,你在做作业,室友们却在看剧、玩游戏,你(　　)。

　　A. 专心致志地学习

　　B. 心猿意马地做作业

　　C. 不做作业,跑出去玩或看他们玩

7. 老师在上课,但你还有一本小说没看完,你(　　)。

　　A. 聚精会神地听课　　　　B. 边听课边看小说　　　　C. 聚精会神地看小说

8. 你通常(　　)。

　　A. 不管老师在不在都认真学习

　　B. 只有老师守着你才学习

　　C. 老师盯着我,我也只装样子,不认真学习

9. 上课时你的同桌热情地想和你聊天,你(　　)。

　　A. 不理他　　　　B. 漫不经心地应付他　　　　C. 和他聊天

10. 当学习和娱乐发生冲突时,你(　　)。

　　A. 马上决定去学习　　　　B. 先娱乐,再学习　　　　C. 尽情娱乐,忘了学习

测试标准：选 A 记 5 分，选 B 记 3 分，选 C 记 0 分。

计分：

题号	1	2	3	4	5	6	7	8	9	10
得分										
总分										

测试结果分析：

45~50 分为自控能力很强。

35~44 分为自控能力较强。

25~34 分为自控能力一般。

15~24 分为自控能力较差。

15 分以下为自控能力很差。

测试二：叛　逆　心

请同学们根据自己的实际情况选择以下测试题中和你最符合的选项，并按照计分要求计分。

1. 你不喜欢听别人的意见并按别人的说法去做是吗？　　是（　　）不是（　　）
2. 你是否觉得绝大多数规章制度都是不合理的，应该废除？　是（　　）不是（　　）
3. 如果父母或老师一再叮嘱同一件事，你就会感到厌烦吗？　是（　　）不是（　　）
4. 你是喜欢与老师对着干的同学吗？　　　　　　　　　　是（　　）不是（　　）
5. 你经常从反面考虑问题吗？　　　　　　　　　　　　　是（　　）不是（　　）
6. 你会很讨厌班干部指挥，并故意不按其要求去做吗？　　是（　　）不是（　　）
7. 老师和父母越是希望你学习用功，你越是不想学习吗？　是（　　）不是（　　）
8. 你认为老师的话存在很多问题，有很多漏洞吗？　　　　是（　　）不是（　　）
9. 你觉得与众不同很好很值得表扬吗？　　　　　　　　　是（　　）不是（　　）
10. 违反学校里的某些规定使你感到快乐吗？　　　　　　是（　　）不是（　　）
11. 别人的批评常常让你感到厌恶和愤怒吗？　　　　　　是（　　）不是（　　）
12. 你认为老师有很多缺点和错误吗？　　　　　　　　　是（　　）不是（　　）
13. 你特别想尝试一下别人不敢干的事吗？　　　　　　　是（　　）不是（　　）
14. 你喜欢搞一些恶作剧，使人痛苦或愤怒吗？　　　　　是（　　）不是（　　）
15. 你是否觉得父母和老师经常为一些小事大惊小怪？　　是（　　）不是（　　）
16. 你蔑视领导者或权威吗？　　　　　　　　　　　　　是（　　）不是（　　）
17. 你讨厌或憎恶所有批评过你的人吗？　　　　　　　　是（　　）不是（　　）
18. 你是否认为冒险是一种极大的快乐？　　　　　　　　是（　　）不是（　　）

19. 你是否喜欢按照大多数人说的去做？　　　　　　　　　是（　　）不是（　　）
20. 你感到没有意思的事，别人怎么说你也不会好好干吗？　是（　　）不是（　　）
21. 你特别爱做令人大吃一惊的事吗？　　　　　　　　　　是（　　）不是（　　）
22. 别人对你很不重视吗？　　　　　　　　　　　　　　　是（　　）不是（　　）
23. 一旦决定了干一件事，不管别人指出这件事多么地不对，你也不会改变主意吗？　　　　　　　　　　　　　　　　　　　　　　　　　　　是（　　）不是（　　）
24. 你是否很讨厌老师表扬的同学，不想理那个同学？　　　是（　　）不是（　　）
25. 你是否喜欢干一些能引起很多同学注意的事？　　　　　是（　　）不是（　　）
26. 当你被别人说得火冒三丈时，即使对方说得有道理，你也会偏不照他说的去做吗？　　　　　　　　　　　　　　　　　　　　　　　　　　　是（　　）不是（　　）
27. 你是否讨厌那些当班干部的同学？　　　　　　　　　　是（　　）不是（　　）
28. 你觉得上课时出现让老师没有意料到的情况令人开心？　是（　　）不是（　　）
29. 对伤害你的人，你会去找他麻烦，让他知道你不好惹？　是（　　）不是（　　）
30. 越是禁止的东西，你越要想方设法得到吗？　　　　　　是（　　）不是（　　）

测试标准：

除第 19 题答"是"记 0 分，答"否"记 1 分外，其余各题答"是"记 1 分，答"否"记 0 分。各题得分相加，统计总分。

测试结果分析：

总分 0~9 分：基本没有叛逆心理。遵守规则纪律，只干并且只喜欢干该干的，不去干不该干的。

总分 10~20 分：存在一定的否定倾向。激动时可能丧失理智，意气用事，有时会做一些不该做的傻事。

总分 21~30 分：有相当严重的叛逆心理。所想的和所干的总是与众不同，不遵从习俗和规定。如果没有很好地意识到这一问题的存在，并努力加以克服，则很容易成为不受大家欢迎的人。

任务六：练职业素质

训练一：法律知识竞赛

1. 训练目的

通过开展法律知识竞赛，了解相关的法律知识，培养和提高法治思维能力，增强法治意识,树立法治思维,并积极为建设法治国家、法治政府、法治社会贡献力量。

2. 训练准备

准备不同颜色的马甲若干(用于区分不同小组)、无障碍场地、背景音乐、麦克风、音响、抢答器等。

3. 训练过程

(1) 将学生划分成若干小组,每个小组由5至8人组成。

(2) 每个小组选派代表,参与挑战题目的回答。

(3) 游戏主持人提问一道与法律相关的问题,由代表回答问题。

(4) 如果回答正确,小组获得1分;如果回答错误,不得分。

(5) 每组有一定的时间可以商讨答案,时间到后必须立即回答。

(6) 在每个回合结束时,主持人公布各小组得分并记录,进行下一回合。

(7) 游戏共进行5个回合,得分最高的小组获胜。

视频12-1 法治思维训练

4. 训练分享

(1) 你平时通过哪些渠道获得法律相关知识?

(2) 你觉得法律存在的作用和意义是什么?

(3) 你打算如何做一个法治社会的守护者?

5. 训练启迪

法治是现代文明的基石。法治兴则国家兴,法治衰则国家衰。建设法治中国,离不开每个公民的参与和推动。在全面依法治国、建设法治中国的进程中,大学生肩负着重要责任。当代青年要担当民族复兴大任,就要尊法学法守法用法,努力提高法治素养。人类的夜空因为理性的闪烁而熠熠生辉,我们的生活因为法律的存在而坚实巩固。与法同行,有你,有我。

训练二:模 拟 法 庭

1. 训练目的

通过模拟法庭,体验典型案例庭审过程,感受法律的公平与正义,培养和提高法治思维能力和法律意识,提高守法的觉悟及用法的意识。

2. 训练准备

(1) 场地准备。

(2) 物品准备:公诉人、原告、被告、证人、审判员、审判长、书记员名牌,麦克风,计时器等。

(3) 完成本次模拟法庭的策划工作以及案例选择工作。

3. 训练过程

(1) 教师进行案例简介(以表演的形式演绎案情)。

(2) 法庭审理第一阶段(进行法庭调查,公诉机关宣读起诉书,双方出示证据等)。

(3) 现场法律知识有奖抢答(活跃现场气氛)。

(4) 法庭审理第二阶段(控辩双方进行质证并发表公诉词和辩护意见书,由合议庭闭庭合议)。

(5) 趣味小案例表演(让观众对小案例的法律知识进行问答,增强活动趣味性)。

(6) 法庭审理第三阶段(宣读判决书)。

(7) 现场观众讨论判决结果(假设观众为陪审团,对案件事实进行判断)。

(8) 教师总结。

4. 训练分享

(1) 如果你的权益受到不法侵害,你知道怎样打官司吗?

(2) 通过今天的模拟庭审,你对法律有怎样的认识?

5. 训练启迪

通过模拟法庭,可以帮助学生了解法律知识,提高他们的辩论和逻辑思维能力以及自信心和沟通能力。通过模拟法庭活动,学生可以更深入地了解社会对法律的需求,理解法律公正、公平和公开的原则,从而增强社会责任感。同时,他们也可以在这个过程中感受到法律人的使命和责任,进一步激发他们的学习热情和社会责任感。

【训后延伸】法治意识的主要训练方法

《孟子·离娄上》"徒善不足以为政,徒法不能以自行。"人的法治意识是法治社会实现的必要条件。新时代青年的法治意识培养,可以从以下几个方面入手。

(1) 学习法律知识。可以通过学习法律基础知识,了解法律体系和法律原则,提高自身的法律素养。

(2) 遵守法律规则。在校园生活中应该遵守学校的规章制度和社会公共规范,如交通规则等。同时,也可以通过参与社团活动、听讲座等方式增强自身的法律意识。

(3) 尊重权利义务。要了解自己的权利和义务,同时也要尊重他人的权利。在校园生活中,既要积极维护自身的权益,也要尊重他人的权益。

(4) 培养程序意识。可以通过参与学校组织的活动、参加选举等方式,了解程序的公正性和合法性。

(5) 增强证据意识。在处理事务时应该注重证据的收集和保存,尤其是在处理争议时,应该注重运用证据来支持或否定主张。

(6) 提高诉讼意识。可以通过参与社会公益活动、志愿服务等方式增强自身诉讼意识,了解诉讼是解决争议的途径,愿意通过合法途径解决争议。同时也可以通过参与校园调解、仲裁等方式了解非诉讼解决争议的途径和方法。

(7) 了解法律救济途径。应该了解法律救济途径,包括行政复议、仲裁、诉讼等途径。同时也可以通过参与法律援助活动等方式增强自身的法律救济意识。

▶ 任务七：成良好习惯

我的学习心得

雷锋在生活中处处依规办事，明理守法。弘扬雷锋精神，培养法治意识，新时代大学生要自觉尊法学法守法用法，做社会主义法治的忠实崇尚者、自觉遵守者和坚定捍卫者。

我的感想：_____

_____。

我的课后训练

自己制订一个法律知识学习计划，明确训练法治思维的目标。可以利用课外时间，关注《法治在线》《与法同行》《法律讲堂》《社会与法》等法律相关的节目；组织开展法律知识竞赛；观察总结发生在大学生身边的法律案例，培养对热点法律问题的敏感度与辨识度；等等。准备一个笔记本，记录自己新学到的法律小知识以及某些典型案例带给自己的思考，养成用法律思维与法律意识看待和处理周围事务的习惯。

我的训练计划

请填写一周的"我的训练计划"并记录"我的训练足迹"，由老师点评。

训练目标	
训练项目	
时间（第　　周）	活动内容
第一天（星期　　）	
第二天（星期　　）	
第三天（星期　　）	
第四天（星期　　）	
第五天（星期　　）	
第六天（星期　　）	
第七天（星期　　）	

我的训练足迹

第一天: _____
第二天: _____
第三天: _____
第四天: _____
第五天: _____
第六天: _____
第七天: _____
教师评价: ☻ 给予奖励; ☺ 可以; ☹ 不错; ☹ 再努力
教师点评: _____
_____

素质七 友善

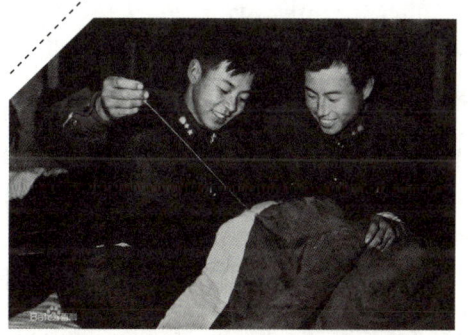

项目十三

文明有礼——交往礼仪训练

中华文明自古就以开放包容闻名于世,在同其他文明的交流互鉴中不断焕发新的生命力。……以文明交流超越文明隔阂,以文明互鉴超越文明冲突,以文明共存超越文明优越,弘扬中华文明蕴含的全人类共同价值,推动构建人类命运共同体。

——2022年5月27日习近平在十九届中共中央政治局第三十九次集体学习时的讲话

训练目的

达到谦逊有礼,文明礼貌,在学礼、守礼、行礼的过程中,不断提高内在素质,增强个人修养,像雷锋那样具备"文明有礼"的职业品质。

▶ 任务一：读雷锋日记

今天，我认真学习了一段毛主席著作，其中有两句话对我教育最深。毛主席教导我们说："虚心使人进步，骄傲使人落后。"这是千真万确的真理。过去，我在一切言论或行动中，按主席的教导做了，因此我进步了；现在，我仍要牢记主席的这一教导，坚决努力，要求自己更好地做到这一点。

今后，我要更加热爱人民和尊敬人民，永远做群众的小学生，做人民的勤务员。

（1962 年 8 月 10 日）

▶ 任务二：讲雷锋故事

谦虚有礼的雷锋

雷锋每到一个新的环境中都能很快地被人接纳，受到大家的欢迎。在望城县委机关工作时，从县委书记到工作人员，每一个人都喜欢他。在学习开拖拉机和推土机时，两位师父都对雷锋留下了极好的印象，甚至把他当成了自己的家里人。刚到部队，雷锋就被选为新兵代表，在迎接新兵的仪式上发言。

雷锋为什么会这么快地被人们所接纳？一个重要原因就是他在待人接物中所表现出的谦虚的态度。雷锋做起工作来勤勤恳恳、任劳任怨。他不仅向负责教授自己技术的师傅们学习，还向领导和身边的同事学习。为了更好地做到讲文明懂礼貌，雷锋始终虚心地接受别人的批评，严于律己、宽以待人。

雷锋在日记中曾提到，过去有人讽刺他说："你积极有什么用，那么点的小个子，给你 150 斤重的担子，你就担不起来了。"听了这话，雷锋不但没有责怪别人，反而遗憾自己为什么只长这点小个子。在读了《纪念白求恩》后，他更是从中受到鼓舞，认为即使自己个子小，也要尽自己最大的力量，做到毫不利己、专门利人。

雷锋在日记中写道：今天我看了一位科学家对青年讲的一段话，对我的启发教育很大。他说："你在任何时候，都不要以为自己什么都知道。不管别人怎样器重你们，你们都要有勇气对自己说'我没有学识'！决不要陷于骄傲。因为一骄傲，你们就会固执起来；因为一骄傲，你们就会拒绝别人的忠告和友谊的帮助；因为一骄傲，你们就会丧失客观方面的准绳。"

【故事启迪】

> 谦虚是一种美德,无论在工作还是生活中,雷锋始终都能做到文明有礼、谦虚谨慎、不骄不躁,走到哪里都受到领导和同事的喜爱。新时代青年也要像雷锋一样顾大局、识大体,关心、尊重他人,以谦逊和礼貌的方式与人相交,营造和谐友善的人际关系,只有这样才能受到人们的欢迎和支持。

▶ 任务三:学职场雷锋

1."巧"解群众烦心事
——记湖北省鄂州市梁子湖区东沟镇茅圻村党支部委员余巧

余巧高中毕业后去了广东打工,2010年她辞职回家照顾年老的父母,2016年成为村里的网格员,此后逐渐成长为村党支部委员、村委委员、妇联主席。为了服务村民,余巧自学了修理、驾车等技能,在茅圻村的名气渐大,越来越多的村民找她帮忙。

村民唐杰是一名"五保户",因为自己的五保金上不了存折,便给侄女李玉秀打电话求助。年过六旬的李玉秀不知怎么办,便拨通了余巧的电话。因为一时心急,李玉秀对着电话那头的余巧急吼,而余巧非但没生气,还马上赶到李玉秀家中询问情况,并带着她去找唐杰,大家一起去银行查看情况,最后发现,原来是存折的信息满了,需要换新。李玉秀不好意思地说:"巧儿,是我语气不好,不好意思啊。"余巧拉着李玉秀的手,叫她放宽心。

"一个人的力量有限,群体才能走得更远。"随着求助的村民越来越多,余巧萌生了成立工作室、吸纳更多人服务村民的想法。在村镇的支持帮助下,工作室于2019年成立。

余巧的丈夫胡云超在外做装修,略懂电器维修知识。每次有村民家中电器坏了找到余巧时,余巧总拉着胡云超去帮别人维修。一次、两次、三次……从开始不理解,到慢慢适应妻子的执拗,再到加入"巧巧工作室",胡云超也逐渐成为村民心中的最好服务员。现在,夫妻二人齐心协力为村民服务,村子里对他们这种行为都赞叹不已。

"每天面对大家,为他们服务,感觉挺开心的。从小事做起,一直坚持下去,没有理由,不求回报,他们的笑容就是我最大的动力。(图13-1)"余巧总是笑着这样说,她就像雷锋那样,传递着温暖、传递着文明、传递着正能量。

(来源:中国文明网2023年第四季度中国好人,有删改)

图 13-1　余巧为留守老人过生日

2. 微笑浮在脸上，真诚驻在心中
——记抚顺职业技术学院优秀毕业生赵君彦

赵君彦是抚顺职业技术学院工商管理系的一名毕业生，现担任辽宁联通抚顺市分公司新抚商务客户营销服务中心的客户经理（图 13-2）。他在为用户服务的过程中，深受客户的赞扬和好评。到营销岗位上以来，赵君彦利用自己精湛的专业技能、文明有礼的服务态度，在营销第一线上做出了突出成绩，充分发挥了一名共产党员的模范带头作用，多次荣获中国联通辽宁省公司好员工、辽宁联通支撑标兵、辽宁联通销售明星、抚顺市公司先进生产者、优秀共产党员等称号，并在客户中树立了自己的品牌形象。

有一次，抚顺裕民商城集团所辖裕民物流公司急需光纤改造，其单位领导向商户承诺，公司保证在正月十五前让每个商户都用上光纤。新抚商企中心经理将此工作任务交给了赵君彦，但是他接到通知时已临近除夕。为在规定时间内完成任务，他及时联系设计所及光缆中心等相关部门同志到实地查看，在勘察接线端口时发现，其中一个地下井被严重堵塞，无法穿线。面对这种情况，他一方面向领导上报情况，另一方面自己查找解决方法，积极联系周边业主寻求协助，同时与中心领导协调各施工部门。本着谦虚谨慎、礼貌待人的原则，经过多方面的努力，赵君彦

图 13-2　赵君彦

项目十三　文明有礼——交往礼仪训练

最终确定了新的光纤铺设方案,并提前完成了光纤改造,满足了用户需求。赵君彦同志的工作表现和以礼待人、"舍小家为大家"的无私奉献精神,受到了该单位领导及广大商户的一致好评和赞扬。

▶ 任务四:悟品质内涵

📖 经典故事

孔融让梨

孔融(153—208),鲁国(今山东曲阜)人,是东汉末年著名的文学家,"建安七子"之一,他的文学创作深受魏文帝曹丕的推崇。据史书记载,孔融幼时不但非常聪明,而且还注重兄弟之礼、互助友爱。

孔融四岁的时候,常常和哥哥一块吃梨。每次,孔融总是拿一个最小的梨子。有一次,爸爸看见了,问道:"你为什么总是拿小的而不拿大的呢?"孔融说:"我是弟弟,年龄最小,应该吃小的,大的还是让给哥哥吃吧!"

孔融小小年纪就懂得兄弟姐妹相互礼让、相互帮助、团结友爱的道理,使全家人都感到惊喜。从此,孔融让梨的故事也就流传千载,成为兄友弟恭的典范。

🔍 品质探析

1. 概念与内涵

文明有礼是指一个人在行为、言语、态度上表现出的尊重、礼貌和文化素养。文明有礼是中华民族的传统美德,从古至今,源远流长。讲文明、懂礼貌,不仅是个人的美德,也是现代社会文明的一个重要标志。文明有礼的内涵十分丰富,主要包括:一是言谈举止文明有礼。做到言行举止大方得体,态度诚恳亲切,措辞谦逊文雅。不侵犯他人尊严,微笑问候,礼貌用语,注意谈话分寸。二是公共场合文明有礼。保持整洁卫生,不随地吐痰,不乱扔垃圾,不在公共场所吸烟;遵守公共秩序,排队上车,主动让座,保持干净;爱护文物古迹、生态环境和公共财物。三是邻里相处文明有礼。互相帮助、诚实友好、互相尊重、和睦相处,主动问好、平心静气,尊重隐私、宽容待人。四是行路驾车文明有礼。遵守交通规则,礼让行人,不开"英雄车",不闯红灯,不酒后开车,不强行超车,不乱鸣喇叭。五是网上交流文明有礼。文明上网,维护网络安全,遵守网络秩序,尊重文化差异,不歧视、不传谣、无偏见。

2. 现状与问题

文明礼仪在现实生活和人际交往中具有重要作用。青年学生群体普遍崇尚时尚、追求潮流、注重形象。想要为别人呈现一个良好的形象,我们就应该主动学习和运用礼仪文化,不断加强自身修养、提高自身综合素质。目前,有一部分学生群体,虽然比较注意自身外在形象,却只顾追求所谓的时尚潮流,而忽视了最基本的礼仪常识、文明礼貌、规则要求,存在一些不文明、不礼貌,不注重礼仪礼节、不注重公共秩序和公共卫生的现象。

3. 作用与意义

文明有礼有助于塑造良好形象。"一个人的礼貌就是一面照出他的肖像的镜子。"在日常生活学习中,如果能时刻注意自己的行为举止,注重自己的礼仪规范,就能够展现出良好的形象,赢得他人和社会的认可和赞誉。

文明有礼有助于和谐人际关系。文明有礼是人际关系的润滑剂。人人都有受人尊重的需要,无论是在家庭关系、社会关系,还是师生关系中都是如此。你对别人彬彬有礼,别人对你也会礼貌相待。

文明有礼有助于维护社会秩序。维护社会秩序需要大家认同并遵守公序良俗,文明礼貌是公序良俗的重要内容。我们应该在自觉维护公共秩序和生活秩序的过程中,不断提高自我约束、自我管理、自我服务能力,形成文明守纪意识,养成文明行为习惯。

▶ 任务五:测职业品质

测试一:"文明人"自测

本测试共 10 道题,选择 A 得 3 分,选择 B 得 2 分,选择 C 得 1 分,请根据自己的生活习惯,选出最适合自己的选项。

1. 你平时说脏话吗?(　　)
   A. 不说　　　　　　　　B. 很少说　　　　　　　　C. 常说
2. 升国旗时,你能敬礼肃穆,行注目礼吗?(　　)
   A. 能　　　　　　　　　B. 有时　　　　　　　　　C. 不能
3. 进老师的办公室,你先敲门、喊报告吗?(　　)
   A. 是　　　　　　　　　B. 有时　　　　　　　　　C. 从不
4. 你在家经常做一些力所能及的小事,比如洗碗、叠被子吗?(　　)
   A. 是　　　　　　　　　B. 有时　　　　　　　　　C. 不能

5. 参观烈士陵园时,你能保持肃穆吗?(   )

A. 能　　　　　　　　B. 一会儿　　　　　　　C. 不能

6. 离开宿舍时,你会关好门窗、熄灯再走吗?(   )

A. 会　　　　　　　　B. 有时　　　　　　　　C. 不会

7. 在公共场所购物购票时,你能按顺序排队吗?(   )

A. 能　　　　　　　　B. 有时　　　　　　　　C. 不能

8. 你能按时独立完成作业,不抄袭别人作业吗?(   )

A. 能　　　　　　　　B. 有时　　　　　　　　C. 不能

9. 在学校或在街上遇见残疾人,你会好奇地盯着他们看,对他们指手画脚吗?(   )

A. 不会　　　　　　　B. 有时　　　　　　　　C. 会

10. 如果有同学生病了,你会主动陪他到医务室看病吗?(   )

A. 会　　　　　　　　B. 有时　　　　　　　　C. 不会

测试结果分析:

分数为 24~30 分:你是个讲文明,懂礼貌的人。举止言谈文明,与老师、父母、同学相处融洽,人际关系好,是个受欢迎的人。

分数为 16~23 分:一般情况下,你是个文明的人,但有时可能没有认真对待一些事情,特别是一些小事,人际关系一般,受欢迎程度一般。

分数为 10~15 分:许多情况下,你是个不文明的人,人际关系较差,不受欢迎。

测试二:沟通风格测试

本测试共 18 道题,先准备纸笔把自己选择的答案写下来,再对照答案,看自己偏向哪种沟通风格。

1. 当我与他人说话时,我喜欢(   )。

A. 一针见血　　　　　　　　B. 只告知我想要别人知道的部分

C. 侃侃而谈　　　　　　　　D. 事无巨细,面面俱到

2. 有时我可能会(   )。

A. 粗心　　　　　　　　　　B. 过于严厉地决断事情

C. 不会第一时间对别人下定义　D. 对事很主观

3. 我的说话内容大部分导向为(   )。

A. 友善性　　　　　　　　　B. 精确性

C. 合作性　　　　　　　　　D. 结论性

4. 有时我被指责(   )。

A. 过于假设性 B. 没有倾听他人谈话
C. 拖延 D. 多嘴

5. 当我与他人讨论时,他们(　　)。
A. 知道我渴望事实真相 B. 知道我不喜欢意外惊喜
C. 知道我的立场 D. 知道我的热忱

6. 我喜欢的沟通方式是(　　)。
A. 正面性的 B. 逻辑性的
C. 直接性的 D. 冷静性的

7. 我喜欢的提问方式是(　　)。
A. 启发性的 B. 乐观性的
C. 诚恳性的 D. 掌控性的

8. 我不喜欢的谈话方式是(　　)。
A. 制造压力 B. 不合作的
C. 不接受我的观点 D. 我无法控制场面的

9. 当我(　　)时,我感觉最好。
A. 倾听他人说话 B. 遵照规定行事
C. 指挥他人 D. 顺畅及平静

10. 我在与他人沟通时最大的弱点为(　　)。
A. 要求细节 B. 反应太快
C. 渴望成为焦点人物 D. 说话前未做足够准备

11. 大多数与我共事的人认为我是(　　)。
A. 友善的 B. 谨慎的
C. 接受改变的 D. 诚恳的

12. 我最大的希望是(　　)。
A. 与他人相处 B. 预留时间调整环境
C. 被刺激 D. 获得清楚的指示及评估

13. 沟通的基本观念是(　　)。
A. 与他人合作 B. 从他人身上得到力量
C. 说服他人 D. 事事在控制之下

14. 当我与人面对面沟通时,我希望(　　)。
A. 尽量简短甚至避免沟通 B. 夸大本意
C. 照本宣科 D. 长篇大论

15. 在什么样的环境下工作更能凸显我的功能(　　)。
A. 自由的 B. 有工作伙伴的

C. 组织性的　　　　　　　　　D. 愉快的

16. 给予我最大激励的谈话带给我的是(　　)。

A. 挑战　　　　　　　　　　　B. 安慰

C. 友谊　　　　　　　　　　　D. 肯定

17. 当我四周的朋友遇到压力时,我告诉他们(　　)。

A. 正面的信息　　　　　　　　B. 如何面对压力

C. 顺应情况而改变　　　　　　D. 保持冷静

18. 与他人交谈中我的特点是(　　)。

A. 有良知的　　　　　　　　　B. 外向的

C. 果断的　　　　　　　　　　D. 愿意倾听他人谈话

测试结果分析:

请将你在测试中所得选项在题号对应选项上标记,标记最多的类型就是你所偏向的类型。看看你属于哪个类型?

类型	题号																	
	1	2	3	4	5	6	7	8	9	10	11	12	13	14	15	16	17	18
果断型	A	A	D	B	C	C	A	D	C	B	C	D	B	A	A	A	B	C
表现型	B	D	A	D	D	A	B	C	D	D	A	A	C	B	B	B	D	B
平易型	C	B	C	C	B	D	C	B	A	C	D	B	A	C	D	C	D	D
思维型	D	C	B	A	A	B	D	A	D	A	B	C	D	D	C	B	C	A

下面我们来看以下四种沟通风格的特征及与之沟通时应当注意的事项。

1. 果断型

特征:独立、坦率、果断、讲求效率,要求沟通对象具有专业水准与深度。

沟通的有效行为:刺探其想法,提供各种方案供其选择,投其所好,趁其不备给出新点子。

沟通的无效行为:直接反驳;使用结论性语言;为了辩护去防御、争吵。

2. 表现型

特征:外向、热忱、说服力、幽默、率真,充满自信和表现欲望。

沟通的有效行为:引导、少说多听,支持、肯定、热情。

沟通的无效行为:强加打断、插话;冷静或冷漠;反对。

3. 平易型

特征:合作、忠诚,支持他人,擅长外交,有耐心,不愿做出决策,希望他人助其一臂之力。

沟通的有效行为：了解内心世界；多谈主题内容，多提封闭式问题；以自己的观点影响他。

沟通的无效行为：开放式问题；增加主观意识（压力太大，令人退却）；跟着此人的思路走。

4. 思维型

特征：推理、一丝不苟、严肃、按部就班、谨小慎微，把握不准时间，不敢承担风险，要求专业水准。

沟通的有效行为：资料齐全，举证充分，逻辑性强，数字观念强，引导其分析方向；表达准确，内容突出；鼓励或激励其尽快作出决定。

沟通的无效行为：空谈；任其方向偏离；过分要求其迅速决策；流于表面。

▶ 任务六：练职业素质

训练一：破 冰 暖 场

1. 训练目的

尽快与他人建立良好人际关系，融入新环境；学会简单的沟通礼仪以及必要的语言技巧；接触更多的成员，相互熟悉，建立稳定的团体关系。

2. 训练准备

每组 10~15 人，宽敞、安静舒适的室内。训练道具包括姓名牌、4 个有趣的话题、总人数两倍的 A4 纸、准备好的答题纸 2 张、教师规定好的题目。

3. 注意事项

题目设计宜新奇有趣，其性质、内容和题数，视需求及时间长短而定；每个人都要表达意见；教师应把握时间。

4. 训练过程

（1）呼唤你，走近我：给每一个人做一个姓名牌；让每位同学在进入培训室之前，先在名册上核对自己的姓名，然后给他一个别人的姓名牌；等所有人到齐之后，要求所有人在 3 分钟之内找到姓名牌上的人，同时向他做自我介绍；邀请他站到你的身边，直到最后所有的人站成一个大的圆圈。(教师说明：在这一过程当中我们须保持微笑，礼貌而有风度，恰如其分地运用我们的肢体语言。你是否能让对方记住并欣赏你，还取决于你的口头表达能力，在这一环节里我们可以适时地运用幽默词或夸奖词。）

(2) 认识你,了解我:选择拿你姓名牌或者你拿走其姓名牌中的一人,在 5 分钟时间内,两人用彼此喜欢的方式自由地了解对方。

(3) 团体成员互相认识:所有的学员都站成一个圈,接连报 1、2,1、2……报数"1"的在内圈,报数"2"的在外圈。内圈面向外,外圈面向内;在 1 分钟内,每位学员与其他学员握手,同时说:"上午好(或下午好),见到你很高兴。"在一分钟内握手的人数越多越好。(要求:学员必须说完话后,才能与下一位握手)

(4) 团体成员轮流沟通:教师念出第一个题目(题目事先设计好),相对的两人讨论这个问题,内圈的先讲,外圈的听;两分钟后,换外圈的讲,内圈的听;再两分钟后,我们更换题目,内圈的顺时针转动一个位置,然后以上面同样的方式进行"讲与听"直至全部题目讨论完毕。(教师说明:这是一种面对面的强迫谈话活动,借着特殊的位置安排,以及事先安排的有趣话题,使每位成员都有表达意见的机会。你可以批评也可以表扬,甚至通过沟通后发现误解并及时致歉。)

5. 训练分享

(1) 你知道和陌生人第一次见面该说什么吗?

(2) 与人交往中,你能够通过交流基本掌握每个人的特点吗?你希望找到兴趣爱好相似的同学,和他多聊聊吗?

6. 训练启迪

良好的第一印象是成功沟通的起点和关键点,所以与人交往中要特别注意自己的礼仪和表达的条理性。构成第一印象的主要元素有:外表(相貌、姿势、气质、服饰);口才(方言、音调、语气、语速、节奏);言语的内容。一般来说一个人永远不会有第二次机会给人以第一印象。因此,我们在交流中必须重视第一印象所发挥的作用。

训练二:拼 图 接 力

1. 训练目的

会有条理地表达自己的观点;养成良好的倾听素养;真诚地给予他人鼓励和赞扬;提高沟通和协调的能力。

2. 训练准备

每个队伍准备一个完整的拼图,然后把拼图分成固定数目的小块。

3. 注意事项

同学们需要分成 10 至 12 人的小组,拼图的块数要和队员的人数相等。每位队员要对接力的下一位队员真诚的表达鼓励和赞扬。

4. 训练过程

每个队伍选出一名队长,队员们依次站在一条起跑线上,队长手上拿着完整的拼图。

当裁判发号施令时,队长开始将拼图的一块交给队伍中的第一名队员,队员接过拼图跑到终点后就开始拼图任务,同时队伍中的下一名队员会站在起跑线上准备接过下一块拼图,每完成一块拼图之后,下一名队员跑到终点,前一名队员必须将拼图交给下一名队员,讲述完成拼图的方法和技巧,并鼓励和赞扬下一名队员。当最后一名队员完成最后一块拼图后,队伍成功完成任务。

5. 训练分享

认真聆听别人的话,记住准确的方法和技巧才能更好更快地完成任务;真诚地为队友提供友善的情绪价值,增强团队的凝聚力。

6. 训练启迪

游戏过关必须通过团队的群策群力,通过合作、沟通和展现友善的行为,可以增进彼此之间的了解和团队的凝聚力。

【训后延伸】文明有礼、巧妙沟通,掌握良好的谈话技巧

第一,闲聊是与人交谈的重要组成部分,应学会闲聊。不善交谈,大多是不知道怎样抓住谈话时机。有心理学家说过:"与人交谈时,若能做到思想放松、随随便便、没有顾虑、想到什么就说什么,那么谈话就能进行得相当热烈,气氛就会显得相当活跃。"抱着"说得不好也不要紧"的态度,按自己的实际水平去说,是有可能说出有趣、机智的话语来的。所以,闲聊并不需要过多的才智,只要聊得愉快就行了。

第二,适当地暴露自己,以自己为话题开始谈话,增加对方对你的信任。每个人最熟悉的莫过于自己的事情,所以与人交谈的关键是要使对方自然而然地谈论自己。谁都不必煞费苦心地去寻找特殊的话题,而只需以自身为话题就可以,这样自己很容易开口,对方也会慢慢敞开自己的心扉。

第三,掌握批评的艺术。在交谈过程中,如果不得不对对方提出批评,一定要委婉地提出来,并注意以下几点:

(1) 避免当着别人的面批评。在进行批评之前应说一些亲切和赞赏的话,然后再以"不过"等转折词引出批评的方面,即用委婉的方式提出建议。

(2) 批评对方的行为而不是对方的人格。

(3) 用协商式的口吻而不是命令的语气批评别人。

(4) 就事论事。

第四,附和对方的谈话,使谈话气氛轻松愉快。谈话时若能谈谈与对方相同的意见,对方自然会对你感兴趣,进而产生好感。谁都会把赞同自己意见的人看作是一个提高自身价值感、开展交往礼仪训练和增强自尊心的人,进而表示接纳和亲近。假如我们非得反对某人的观点,也一定要找出某些可以赞同的部分,为继续对话创造条件。此外,还应该开动脑筋进行愉快的谈话,除非是知心朋友,否则不要谈论那些不愉快的伤心事。

视频 13-1
交往礼仪
训练

第五,不失时机地赞美对方。利用心理上的相悦性,要想获得良好的人际关系,就要学会不失时机地赞美别人。当然,赞美必须发自内心,同时应注意赞美他的具体的行为和变化,而不是笼统地夸这个人好。

第六,学会表达感谢。在人际交往中,免不了互助,所以哪怕是一件微不足道的小事,也不要忘记说声"谢谢"。要不断去发现值得感谢的东西;感谢必须使用亲切的字眼;仅仅在心里感谢是不够的,还需要表达出来,这一点非常重要。感谢时应注意以下几个方面:

(1) 真心诚意、充满感情、郑重其事而不是随随便便地表示感谢。
(2) 不扭扭捏捏,而是大大方方、口齿清楚地表示感谢。
(3) 不笼统地向大家一并表示感谢,而是指名道姓地向每个人表示感谢。
(4) 感谢时眼睛应看着对方。
(5) 在对方并不期待感谢或认为根本不可能收到感谢时表示感谢。

▶ 任务七:成良好习惯

我的学习心得

雷锋是一位具有高度文明素养的人。他充分尊重每一个人,不论他们的身份、职业或背景;他时刻关心关爱他人,为人真诚坦率,信守承诺。我们要向雷锋学习,待人文明有礼、温和包容、热情真诚,共同营造良好的社会风尚。

我的感想:_____
_____。

我的课后训练

1. 改变一个坏习惯,每天改变一点点,直到彻底改变它。
2. 给自己制订一个与人交往的礼仪计划,比如每天使用文明用语、每天微笑等,记录坚持的情况;或坚持读一本交往礼仪方面的书籍,通过实践不断规范自己的言行。

我的训练计划

请填写一周的"我的训练计划"并记录"我的训练足迹",由老师点评。

训练目标	
训练项目	
时间(第　　周)	活动内容
第一天(星期　)	
第二天(星期　)	
第三天(星期　)	
第四天(星期　)	
第五天(星期　)	
第六天(星期　)	
第七天(星期　)	

我的训练足迹

第一天：_____
第二天：_____
第三天：_____
第四天：_____
第五天：_____
第六天：_____
第七天：
教师评价：😺 给予奖励；　☺ 可以；　😐 不错；　☹ 再努力
教师点评：_____
　　　　　_____

项目十三　文明有礼——交往礼仪训练

项目十四

团队协作——合作能力训练

> 70年历史发展反复证明,加强团结合作、增进沟通理解是各国共迎挑战、共创未来的有效途径。
> ——2024年6月28日习近平在和平共处五项原则发表70周年纪念大会上的讲话

训练目的

训练团结、协调、合作的能力,做到心往一处想、劲往一处使,谋事"一颗心"、干事"一股绳",像雷锋那样具有"团队协作"的职业品质。

▶ 任务一:读雷锋日记

由于党的教育,我懂得了这个道理:一朵鲜花打扮不出美丽的春天,一个人先进总是单枪匹马,众人先进才能移山填海。

(1959年10月21日)

一滴水,只有放进大海里,才永远不会干涸;一个人,只有当他把自己和集体事业融合在一起的时候才能最有力量。

(1959年10月25日)

力量从团结来,智慧从劳动来。行动从思想来,荣誉从集体来。

(1960年3月9日)

▶ 任务二:讲雷锋故事

雷锋在演出队的故事

雷锋刚入伍不久,就被抽到了战士业余演出队。雷锋的积极性非常高,在报节目时,他一个人就报了诗朗诵、快板两个单人节目和三四个多人说唱节目,每天起早贪黑地背台词。

等到大家一起排练的时候,问题却出现了。雷锋的湖南口音显得非常"另类",别人念"风",他念"哼";别人念"吴",他念"湖"。雷锋一张口,其他人就止不住地哈哈大笑。眼看自己的口音耽误了大家的排练进度,雷锋连忙找人帮自己纠正发音,可口音并不是一时半会就能改过来的。正当大家感到为难的时候,雷锋却主动提出要把自己换下来。

雷锋诚恳地说:"我光凭一股子热情,事先没考虑自己的口音问题,给大家添了麻烦。为了不影响排练进度,请换其他同志接替我。"雷锋虽然退出了演出,但并没有从此轻松起来,什么事也不做。表演不行,他就把自己的角色从台上转到台下,从幕前转到幕后。

雷锋做的第一件事是去机关食堂帮厨。演出队员们都在机关食堂吃饭,吃饭的人一下挤进几十个,再加上伙食标准、开饭时间等一系列难以决定的问题,机关干部和炊事员都产生了意见。冷言冷语不说,战士们来得晚了,连口热饭都没有。有的战士气不过,就发牢骚、踢板凳,双方关系十分紧张。雷锋看到这种情况,主动提出让自己去厨房帮厨,一来战士们吃不好饭会影响排练,二来厨房也有难处,如果处理不好,不仅战士的权益得不到保证,还会影响部队的和谐氛围,必须有人从中调和,做"润滑油"才行。果不其然,雷锋一去帮厨,炊事员的脸色好看多了。演出队员不管什么时候来吃饭,都有热饭热菜。

从这件事可以看出,雷锋能够把团队的利益、集体的目标放在第一位,不斤斤计较个人得失。他不因自己失去了在台上表现才华的机会而闹情绪、消极怠工、袖手旁观，而是自觉地调整自己的岗位，从台上到台下，从幕前到幕后，用心做好帮厨、烧水这类不是小事的"小事"，为整个团队服务，为演出成功贡献自己的一分力量。

【故事启迪】

雷锋精神强调无私奉献、助人为乐和团结协作，这些价值观在团队合作中非常重要。在现实生活中，有很多团队以雷锋精神为榜样，积极参与公益活动，为他人提供帮助和服务，为社会作出了积极贡献。

▶ 任务三：学职场雷锋

1. 接过雷锋枪，追随雷锋足迹
——"学习雷锋标兵连"先进事迹

雷锋连是雷锋生前所在的连队。几十年前，雷锋第一次走进这座军营；雷锋牺牲后，雷锋连的官兵们接过雷锋的枪，继承雷锋的精神，追随着雷锋的足迹走下去。如今，数十年过去了，在这个雷锋曾经生活过的连队里，官兵们团结在一起，把雷锋精神传播到祖国大地，这样的行动一代又一代，从未停歇。"走进来知雷锋学雷锋，走出去做雷锋颂雷锋"，这句话已经成为雷锋连的真实写照。

雷锋连的所有官兵团结在一起，共同弘扬雷锋精神。2013 年，抚顺发生"8·16"特大洪灾，连队接到命令后顶着暴雨加剧、天黑路滑、路面塌方等危险紧急赶赴灾区。车行途中，半米长的裂缝将道路切成两块。雷锋班老兵杨桃和副手拿起木轨就往上冲，凭着扎实的基本功，车队顺利通过"双轨桥"，第一时间将救援官兵和抢险器材送到灾区。在救灾期间，官兵们不仅走进 7 岁的刘絮家中帮助清淤，还开导、鼓励刘絮的家人坚强面对困难，并表示将帮助刘絮顺利完成学业。

时任雷锋班副班长的任凯说：奉献、传递爱心，携手扶弱助困一直是连队的传统。2012 年 2 月份，雷锋班在网上发起"爱心字典进校园"活动，并邀请抚顺的"雷字号"单位先后为贫困山区学校募集《新华字典》1.3 万余册。9 月，雷锋班又联合抚顺的爱心公益团队走进第九中学，开展"大手拉小手，爱心齐步走"捐资助学活动，为生活上困难的农民工子女送去生活必需品及学习用品。

多年来，雷锋连所有官兵团结一致，坚持知雷锋、学雷锋、做雷锋，用行动向老班长交出一份份满意的答卷，先后被四总部、原沈阳军区评为"全国十佳红旗车分队""学习雷锋标兵连",荣立集体一等功3次。

2. 为了万家灯火,甘愿倾尽丹心
——"抚顺雷锋号"先进事迹

在国网抚顺供电公司活跃着这样一支共产党员服务队,他们以扶贫助困、惠民服务为己任,以雷锋精神为引领,有呼必应,有难必帮,本着"停电不停服务""你用电我用心"的崇高理念,以最平凡、最朴实的行动,倾力服务每一位电力客户。他们有一个响亮的名字:"抚顺雷锋号"。

服务队紧紧围绕"为民服务,创先争优"活动和党的群众路线教育实践活动,以雷锋精神为引领,点亮自己,照亮他人,共同见证光明;以"党员引领示范、带动全员参与、提供优质服务"为活动原则,通过"共产党员服务队竞赛"这个平台,保证抚顺供电公司"雷锋工程"在基层落地生根,促进党员服务意识、优质服务水平、供电企业管理水平、员工能力素质的全面提升,实现"彰显国网品牌形象、促进社会发展、实现和谐共赢"建设愿景。多年来,服务队累计捐款50余万元,义务献工7 000余天,收到锦旗500余面,表扬信1 000余封,与全市19家福利院、30多家养殖户建立帮扶关系,加入市学雷锋联合会,助推抚顺市大力弘扬雷锋精神、建设全国雷锋文化"高峰"。

数十年来,国网抚顺供电公司借助"打造雷锋文化"的方式,把服务队建设与岗位学雷锋有机结合,先后受到中宣部、中央文明办领导的充分肯定和社会各界的广泛关注。服务队分别于2013年、2015年荣获国家电网公司"优秀共产党员服务队"荣誉称号,被辽宁省文明委、中共抚顺市委授予"雷锋号"先进集体,被省总工会授予"工人先锋号"荣誉称号。

(来源:《辽宁日报》)

▶ 任务四:悟品质内涵

📖 经典故事

三千孤儿入内蒙

1959年到1961年,全国面临新中国成立以来前所未有的严重经济困难,上海、江苏、安徽等地被政府收养的几千名孤儿因为粮食不足,面临营养不良的威胁。这些幼小的孩子该怎么办?党和国家决定把他们送到牛奶和肉食相对充足的内蒙古草原。

内蒙古先后接纳了三千多名孤儿,人们称呼这些孤儿为"国家的孩子"。当时的内蒙古,虽然也经受着困难时期的严峻考验,但内蒙古各族群众宁可自己节衣缩食,也要主动担起这份国家责任。年迈的额吉(蒙古语,意为母亲)、中年妇女、新婚媳妇……她们有的骑着马,有的赶着勒勒车,有的长途跋涉,争先恐后前来收养这些孤儿。刚到草原时,孩子们衣服上都别着一块小布条,上面的数字编号是他们的代号。走进蒙古包,草原额吉给他们取了好听的名字——国秀梅、党育宝、格日勒、娜仁花……

如今,这些"国家的孩子"已经深深融入了自己生长的草原,与草原各族人民像石榴籽一样紧紧拥抱在一起,休戚与共。这是历史的丰碑,也是促进民族团结、患难与共的大爱真情。

品质探析

1. 概念与内涵

团队协作是指多人形成团队,通过共同合作,相互配合实现共同目标。团队一般具有共同目标、相互依存、合作信任、沟通协作、团队精神、协同效应等特点。

团队成员有着一个共同的目标,大家为了实现这个目标而努力;团队成员之间相互依赖,分工协作、相互补台,相互支持;团队成员承担不同的角色任务,形成有效的分工合作;团队成员之间有良好的沟通,积极分享信息、意见和想法,共同解决问题;团队成员相互支持鼓励,共同克服困难和挑战,形成一种团队精神;通过团队协作产生的团队整体效果,往往大于个体效果的简单相加,能产生协同效应。

2. 现状与问题

某所高职学校的调查显示:54%的学生经常参加团体活动,还有一半的同学不太积极,只是偶尔参加团体活动;在团队成员关系中,54%的同学更愿意表现自己,偶尔会忽略队友。当团队有新任务时,75%的学生选择等待任务安排,愿意合作共建;20%的同学选择独自完成工作。当意见有冲突时,89%的同学都会选择商量并交换意见。可见,大学生对团队协作持肯定态度,愿意在团队中共商共建,愿意在团队中承担责任;但参加团队工作的主动性和积极性还不够,多数人有个人表现欲,偶尔会忽略团队成员,对团队成员的照顾还不够全面。目前,团队协作精神存在的主要问题是:朋辈辅导缺失,环境适应能力较弱,集体观念较淡薄,团队协作能力较弱。这些问题会影响大学生的全面发展,应当引起高度重视。

3. 作用与意义

团队协作有助于提高工作效率。"独木成林,焉能存在。"在一个团队中,每个成员都

▶ 任务一：读雷锋日记

我觉得自己活着，就是为了使别人过得更美好。

（1961 年 11 月 26 日）

我是人民的勤务员，自己辛苦点，多帮人民做点好事，这就是我最大的快乐和幸福。

（1962 年 5 月 2 日）

▶ 任务二：讲雷锋故事

春天般的温暖

雷锋在日记里写道："对待同志要像春天般的温暖，对待工作要像夏天一样火热。"在部队里，雷锋对待同志正如他自己所说，像春天般温暖。

战友小周是个乐观的小伙子。一天，他接到一封家信，脸上突然失去了笑容。雷锋问他："怎么了？"小周把信装进衣袋说："没什么。"可是，雷锋注意到，小周自从接到那封家信后，笑话不说了，家乡小调不唱了，工作也受了些影响。雷锋有意想帮助他，又摸不着头脑。这天，小周在换洗衣服，雷锋无意中看到了他的家信。信上说他父亲病得很重，希望他寄些钱给老人治病。雷锋知道小周工作积极，从不谈个人问题，父亲病了也不想请假，更不想让公家救济。雷锋就悄悄地抄下通信地址，用小周的名义写了一封信，给他家里寄去 10 元钱。

不久，小周就接到家信，信上写道："你寄来的钱收到了，正好用作医疗费。父亲病渐好，你安心工作吧……"小周摸不着头脑，纳闷地想着："是谁给我家寄的钱呢？"后来，他才知道是雷锋寄的，感动得不知说什么好。

除了这种特别的事以外，雷锋还经常利用休息时间，帮助班里战友洗衣服、补袜子，这种暖心行为不胜枚举，对待同志真正地做到了像春天一样的温暖。

有自己的专长和能力,通过合作和互相补充,可以将工作分解成更小的任务,并由各个成员分工合作完成。这样,不仅能够充分利用每个人的优势,还可以减少重复劳动,提高工作效率。团队协作有助于增强凝聚力和团队精神,促进团队成员之间相互信任、理解、支持。通过共同面对困难和挑战,成员之间关系会更加紧密,所形成的团队精神和归属感,是提高团队工作效能的强大内驱力。

团队协作有助于提升创新能力。"只有完美的团队,没有完美的个人。"在一个团队中,每个成员都有独特的思维方式,成员之间通过头脑风暴和碰撞,相互交流与分享,可以激发出更多的创意和想法,产生更多的创新解决方案。团队协作也是现代科技发展的要求。当今科技飞速发展,各门科学相互渗透,科学上的重要课题往往牵涉许多方面,个人的力量总是有限的,不能单独完成宏大的工作。在攻坚克难方面,团结协作的作用与意义不可忽视。

团队协作对于个人成长意义重大。"人在团队中成长,在岗位上历练。"通过参与团队协作,成员可学习和借鉴其他成员的经验和技能,提升自身的工作能力和水平,培养领导力和团队管理能力,提高工作效率和工作质量,减轻个人心理负担,使成员在团队中发挥更大作用。

▶ 任务五:测职业品质

测试一:激发团队合作能力测试

团队精神不只是运动场上的成功要素,亦是现代企业在激烈的竞争中求生存的关键。随着科学技术日益复杂,许多工作必须靠团结协作才能完成。作为团队领导,你表现如何?以下问题回答"是"得1分,"否"不得分。

1. 你能预见团队成员对某项新任务、新计划的消极反应,并积极准备好相应对策吗?(   )
2. 你能公正地对待影响整个团队声誉的人吗?(   )
3. 你鼓励团队成员彼此合作、互相帮助、互通信息吗?(   )
4. 你能及时解决可能会引起大纠纷的团队内部成员之间的分歧吗?(   )
5. 你是否让团队成员对团队内部变化有着清楚的了解,如团队业绩、组织变动、人事政策等?(   )
6. 无论是与同事交谈或向上级汇报,在提到自己团队成员的成就时,你引以为傲吗?(   )
7. 你是否曾邀请全体团队成员一起出去聚餐?(   )
8. 你是否曾邀请团队成员去你家吃饭?(   )

9. 你不在时,团队成员们表现得一如既往吗?（   ）

10. 你是否在征求过全体团队成员的意见后,才制定指标明确、切实可行的团队规划?（   ）

11. 你是否召开讨论该规划的会议,回答问题,征求意见?（   ）

12. 你是否把工作计划打印出来,发到每位团队成员手中?（   ）

13. 你是否定期召开团队会议,听取汇报,检查工作?（   ）

14. 你是否愿意根据会议反馈的信息对原计划做必要的修改?（   ）

15. 你如果觉察出有人对团队实行的变革不满或抵制,能否积极调查研究,消除他们的疑虑与误解?（   ）

测试结果分析:

0~3分:你目前欠缺团队领导才华,极不适于领导团队,做与人打交道的工作。

4~7分:你要设身处地为团队成员着想,多从他们的角度考虑问题,这样才能形成一个团结战斗的集体。

8~12分:你懂得怎样领导一个集体并使团队成员团结起来,但在某些方面还需要继续摸索。

13~15分:你是一个出色的领导,能够把下属紧密地团结在自己周围,朝着共同的目标努力,并取得令人瞩目的成就。

测试二:你是一个什么类型的人?

本测试共有10道题,每题有A、B、C 3个选项,请根据自己的真实想法,选择一项进行回答。

1. 如果某位中学校长请你为即将毕业的学生举办一次介绍公司情况的晚间讲座,而那天晚上恰好播放你追看的电视连续剧的最后一集,你会（   ）

   A. 立即接受邀请

   B. 同意去,但要求改期

   C. 以有约在先为由拒绝邀请

2. 如果某位重要客户在周末下午5:30打来电话,说他们购买的设备出了故障,要求紧急更换零件,而主管人员及维修工程师均已下班,你会（   ）

   A. 亲自驾车去30公里以外的地方送货

   B. 打电话给维修工程师,要求他立即处理此事

   C. 告诉客户下周才能解决

3. 如果某位与你竞争最激烈的同事向你借一本经营管理畅销书,你会（   ）

   A. 立即借给他

B. 同意借给他，但声明此书无用

C. 告诉他书被遗忘在火车上了

4. 如果某位同事为方便自己去旅游而要求与你调换休息时间，在你还未决定如何休假的情况下，你会（　　）

A. 马上应允

B. 告诉他你要与家人商量

C. 拒绝调换，推说自己已经报名旅游团了

5. 如果在急匆匆驾车赴约途中看到你秘书的车出了故障，停在路边，你会（　　）

A. 毫不犹豫地下车帮忙修车

B. 告诉他你有急事，不能停下来帮他修车，但一定帮他找修理工

C. 装作没看见他，径直驶过去

6. 如果某位同事在你准备下班回家时，请求你留下来听他"倾吐苦水"，你会（　　）

A. 立即同意

B. 劝他第二天再说

C. 以家中有事为由拒绝他的请求

7. 如果某位同事要去医院探视，要求你替他去接搭夜班飞机来的领导，你会（　　）

A. 立即同意

B. 找借口劝他另找别人帮忙

C. 以汽车坏了为由拒绝

8. 如果某位同事的儿子想选择与你同样的专业，请你为他做些求职指导，你会（　　）

A. 立即同意

B. 答应他的请求，但同时声明你的意见可能已经过时，他最好再找些最新的资料做参考

C. 只答应谈几分钟

9. 你在某次会上发表的演讲很精彩，会后几位同事都向你索要讲话提纲，你会（　　）

A. 同意并立即复印

B. 同意但并不十分重视

C. 同意但转眼忘记

10. 如果你参加一个新技术培训班，学到了一些对许多同事都有益的知识，你会（　　）

A. 返回后立即向大家宣布并分发参考资料

B. 只泛泛地介绍一下情况

C. 把这个课程说得一文不值，不泄露任何信息

测试结果分析：

全部答"A"：你是一位极善良、有爱心的人，但要当心，千万别被低效率的人拖后腿，应该有自己的主见。

大部分答"A": 很善于合作,但并未失去个性,认为礼尚往来是一种美德,在商业生活中亦不可或缺。

大部分答"B": 以自我为中心的人,不愿意为自己找麻烦,不想让自己的生活规律、工作秩序受到任何干扰。

大部分答"C": 是一个名副其实的孤家寡人,不善于同别人合作,几乎没有团队意识。

▶ 任务六:练职业素质

视频 14-1
合作能力
训练

训练一: 坐 地 起 身

1. 训练目的

体现团队合作的重要性,懂得组织者存在的意义。

2. 训练准备

无须道具,仅仅需要平地即可,地上不能有任何物品,最好在塑胶跑道和塑胶球场上做训练。

3. 注意事项

训练进行中需要考察组员之间形成的深层次的人际互动关系。安排活动时,组员之间应已经建立比较良好的团队气氛;导师在进行前期的活动解释和说明时,一定要强调安全问题,注意不能因过分用力造成胳膊扭伤,以免组员大意造成身体损害;为营造整体活动的效果和气氛,导师在活动总结时一定要强调组员口号要整齐有力。

4. 训练过程

4 人一组,围成一圈,手挽手、背对背坐在地上;不能用手撑地,大家一起站起来;如果大家能够一起站起来,再申请增加 2 人,20 分钟到,人数最多的那一组胜利。

5. 训练分享

(1) 训练开始至训练结束,你是怎样看待协作同伴的?

(2) 在活动中遇到了哪些问题和困难,你们是怎样一起战胜的?

(3) 团队协作中是否需要临时的领导和组织者? 有没有组织者区别何在?

6. 训练启迪

在现实生活中,我们总会遇到一些挫折、困难,如何有效地克服困境? 这时,我们不单需要自助,同时需要有效地求助集体的力量。此外,当他人遇到困难时,我们也应施以援手并真诚相助。在团队协作中,信任是协作的基础,是我们在与外界交往过程中很重要的一个积极的人性假设,当我们对他人持有信任的态度时,表明团队彼此相互肯定、相信,而且愿意完全开放自我,全力以赴为共同目标奋斗。同时,团队合作中很重要的一个因素,就是愿意服从领导,兑现承诺、承担责任,尽最大努力贡献自己的力量。

训练二:孤 岛 求 生

1. 训练目的

培养团队成员运用头脑风暴法协作解决问题的能力,强化对团队精神的理解与感悟。培养团队成员之间的相互信任、相互鼓励与相互支持,体会奉献与感恩。

视频 14-2
团队合作
能力训练

2. 训练准备

报纸若干张,合适的背景音乐。

3. 训练过程

(1) 情境设定:我们在户外拓展时突然山洪暴发,所有人都陷入了汪洋大海,在救援部队到达之前,我们必须进行自救。这张报纸代表着我们唯一的安全地带:一座小岛,只有在岛上的人才能获救。现在需要各组想办法尽可能使全体成员都登上岛。

按每组 7~8 人(最好不要超过 10 人)组队,分别在不同角落(依组数而定)地上铺一张全开的报纸,请各组成员均踏在报纸上,无论用任何方式都可以,要求不允许脚踏出报纸之外,本组全部人员进入报纸后保持平衡。

在行动之前各组可以充分讨论,当组员都在报纸上时请大声喊出你们的口号"齐心协力,勇者无敌"来告诉大家,你们成功了。

(2) 插入音乐 1:《众人划桨开大船》。

第一轮,报纸全部展开,成员站上去,保持平衡 3 秒钟以上。

第二轮,报纸对折,请各组成员站在报纸上,同样保持 3 秒钟以上。

第三轮,报纸再次对折,请各组成员站在报纸上,同样保持 3 秒钟以上。若有同伴被挤出报纸外,或身体接触外界则该组被淘汰,不得再参加下一回合。

上述活动进行至淘汰到最后一组时结束,时间最长的团队获胜。

4. 训练分享

插入音乐 2:《相亲相爱的一家人》。

说说你面临困难时的想法和完成任务后的感受。组员分享后,训练师做小结。

随着报纸变小,难度增加了,但是大家丝毫没有放弃,一直在努力想办法,全组一条心,发挥了集体的智慧,克服了困难,解决了问题,也充分体会了团队合作的力量。让我们再来重温雷锋的这句话:"一朵鲜花打扮不出美丽的春天,百花齐放才能春色满园;一个人先进总是势单力薄,众人先进才能移山填海。"

5. 训练启迪

生活中处处充满竞争,有效的合作可以让我们在竞争中更主动。良好的合作,不仅需要双方有共同的目标,还需要双方之间有良好的沟通,以达成方法的一致。一个人不可能独自在社会中生活,人与人之间的合作是我们在社会中生存和发展的动力,同时也是我们个人不断进取的捷径。有效的合作可以让我们在竞争中更主动更有优势,可以打破"三个和尚没水喝"的魔咒,还可以给我们智慧和力量,我们每一位同学都应该像雷锋一样学会合作,在合作中健康快乐地成长。

【训后延伸】团队协作能力的主要训练方法

第一,坚持平等友善。与同事相处的第一步便是平等。不管你是资深的老员工,还是新进的员工,都需要丢掉不平等的关系,无论是心存自大或心存自卑都是与同事相处的大忌。同事之间相处具有相近性、长期性、固定性的特点,彼此应有较全面深刻的了解。要特别注意的是,只有真诚相待,才可以赢得同事的信任。信任是联结同事间友谊的纽带,真诚是同事间相处共事的基础。即使你各方面都很优秀,即使你认为自己一个人的力量就能解决眼前的工作,也不要显得太骄傲。你一个人并不能完成一切。

第二,善于与人交流。同在一个公司、办公室里工作,你与同事之间会存在某些差异,知识、能力、经历造成你们在对待和处理工作时,会产生不同的想法。交流是协调的开始,把自己的想法说出来,倾听对方的想法。你要经常说这样一句话:"你看这事该怎么办?我想听听你的看法。"

第三,做到谦虚谨慎。卡耐基说过:"如果你想得到敌人,就表现得比对方优越;但如果你想得到朋友,那就要让他表现得比你优越。"当我们让朋友表现得比我们还优越时,他们就会有一种被肯定的感觉;但是当我们表现得比他们还优越时,他们就会产生一种自卑感,甚至对我们产生敌视情绪,因为每个人都在自觉不自觉地维护着自己的形象和尊严。

第四,学会化解矛盾。一般而言,与同事有点小想法、小摩擦、小隔阂,是很正常的事,但千万不要把这种"小不快"演变成"大对立",甚至恶化为敌对关系。对别人的行动和成就表示真正的关心,是一种表达尊重与欣赏的方式,也是化敌为友的纽带。

第五,虚心接受批评。从批评中寻找积极成分。如果同事对你的错误大加抨击,即使带有强烈的感情色彩,也不要与之争论不休,而是从积极方面来理解他的抨击。这样,不但能够帮助你改正错误,还能避免语言敌对场景的出现。

第六,提高创造能力。培养自己的创造能力,不要安于现状,试着发掘自己的潜力。一加一大于二,你应该让它变得更大。一个有不凡表现的人,除了能保持与人合作以外,还需要所有人乐意与你合作。

总之,当我们走上工作岗位,作为一名员工,应该以自己的思想感情、学识修养、道德品质、处世态度、举止风度为荣,做到坦诚而不轻率,谨慎而不拘泥,活泼而不轻浮,豪爽而不粗俗,如能做到,则一定可以和其他同事融洽相处,提高自己团队合作的能力。

▶ 任务七：成良好习惯

我的学习心得

雷锋总是将集体利益放在首位，处处为国家、为集体的利益着想，他认为只有集体利益得到充分实现，个人利益才有可能得到充分满足。在新时代的广阔天地里，青年大学生也要相信和依靠集体的力量，充分发挥自己的聪明才智，实现自己的人生价值。

我的感想：_____
_____。

我的课后训练

1. 6~10人一组，共同完成一幅宽、高各十米的巨画，注意分工协作，总结反思实施过程，通过团队完成的巨作，引起队员的共鸣，激发团队荣誉感，从而提升团队凝聚力。

2. 6~10人一组，策划一个社会实践活动，注意分工协作，要有事前调查、活动计划、实施过程、总结反思、成果汇报等环节，并将活动中有关队员团结协作的内容列举出来。

我的训练计划

请填写一周的"我的训练计划"并记录"我的训练足迹"，由老师点评。

训练目标	
训练项目	
时间（第　　周）	活动内容
第一天（星期　　）	
第二天（星期　　）	
第三天（星期　　）	
第四天（星期　　）	
第五天（星期　　）	
第六天（星期　　）	
第七天（星期　　）	

我的训练足迹

第一天：_____
第二天：_____
第三天：_____
第四天：_____
第五天：_____
第六天：_____
第七天：_____
教师评价：☺ 给予奖励； ☺ 可以； ☺ 不错； ☹ 再努力
教师点评：_____
_____

素质八 奉献

项目十五

宽厚仁爱——爱的能力训练

> 希望广大志愿者、志愿服务组织、志愿服务工作者立足新时代、展现新作为,弘扬奉献、友爱、互助、进步的志愿精神,继续以实际行动书写新时代的雷锋故事。
> ——2019 年 7 月习近平致中国志愿服务联合会第二届会员代表大会的贺信

训练目的

培养懂得爱和学会爱,提高表达爱的能力,做一个能让别人幸福,自己也因此幸福的人,像雷锋那样具有"宽厚仁爱"的职业品质。

【故事启迪】

雷锋经常主动表达爱和付出爱,他总是默默关心战友,积极助人为乐,走到哪里就把好事做到哪里。我们要像雷锋那样,不断提升关爱和服务他人的能力和觉悟,从身边小事做起,在为他人、为社会服务的过程中实现人生价值。

任务三:学职场雷锋

1. 助学献血垒土成山 扶危助困十年一日
——记"当代雷锋"郭明义

辽宁省鞍山市,一座城,两代雷锋。

1960年1月,时任辽宁省军区鞍山军分区副政委的老红军余新元,亲手把雷锋送上了运兵的专列。1977年1月,余新元又把另一个小伙送上军列,他就是郭明义。

1977年,郭明义报名参军,成为一名解放军战士(图15-1)。当兵的5年里,郭明义种过菜、喂过猪、做过饭,干的全是脏活苦活,但他从不抱怨,把每件事情都做到最好,在部队多次受到嘉奖。郭明义回忆说:"退伍走时,连长拍着我的肩膀说,明义,你在部队是学雷锋标兵,回到自己的岗位上,一定要把雷锋精神坚持下去。"退伍以后,他长期参与社会公益事业,成立爱心志愿者团队,用自己的行动带动更多的人参加社会公益活动。

图15-1 郭明义(后排左三)参军留影

2014年3月,"郭明义爱心团队"收到了习近平总书记的回信。信中,总书记希望大家努力践行社会主义核心价值观,积极向上向善,从"赠人玫瑰、手有余香"中感受善的力量,以实际行动书写新时代的雷锋故事,为实现中国梦有一分热发一分光。

郭明义无偿献血6万多毫升,累计捐款50多万元,资助了300多名贫困学生,给500多个家庭送去了温暖和希望;他11次发起捐献造血干细胞的倡议,仅在辽宁省鞍山地区就有5 000多名志愿者采集了血样;他发起成立了遗体和眼角膜的捐献志愿者俱乐部,有1 000多名工友和社会志愿者加入其中。

2020年2月21日,"郭明义爱心团队"小分队队员将水果和鸡蛋等捐赠物资送到驰援武汉的辽宁医疗队手中。如今,橙色、红色的马甲,已成为小队志愿服务的标识。

中华大地上,志愿者精神与雷锋精神一脉相承。截至2022年年底,我国注册志愿者已超过2.3亿人,志愿服务已经成为新时代推进社会主义现代化建设,提升社会文明程度不可忽视的新兴力量。他们走进社区、走进乡村、走进基层,为他人送温暖、为社会做贡献,充分彰显了理想信念、爱心善意、责任担当。

人民有信仰、国家有力量、民族有希望。郭明义身上所具有的信念的能量、大爱的胸怀、忘我的精神、进取的锐气,正是我们民族精神的最好写照,他是我们"民族的脊梁"。

(来源:共产党员网,2023年2月24日)

2. 用全媒体点亮校园故事,以真心书写师生温情
—— "全国优秀教育电视工作者"于占豪

渭南师范学院,总有一个身影穿梭于新闻现场与全媒体中心办公室之间。深夜里,他伏案疾书,为学生的"家书"添上一笔温情。他是于占豪,一位用十余年光阴将"奉献"二字镌刻进校园血脉的教师,一位以全媒体为阵地、以真心为笔墨的"雷锋式"宣传战士(图15-2)。

图15-2 于占豪

"宣传工作是全年无休的马拉松。"这是他常挂在嘴边的话。于占豪是渭南师范学院 2010 级广播电视编导专业毕业生,自 2014 年留校工作以来,他身兼数职:专任教师、全媒体中心负责人……十载春秋,他创作的视听作品达 1 200 余部,将渭师故事化作主旋律作品,让校园点滴印记跃动成屏幕上的星光。他打造的全媒体平台,成为众多师生家长了解学校的"信息枢纽",获评陕西省学雷锋活动示范点和陕西校园好网民,多部新媒体作品屡获国家级奖项。他获评全国优秀教育电视工作者、陕西省岗位学雷锋标兵,入选全国"从事高校新媒体编辑工作满 10 年"荣誉表彰名单,个人事迹被教育部中国大学生在线、"学习强国"陕西学习平台等宣传报道。

2017 年冬日,一名学生记者收到一封手写信,信中细数她加入晨曦电视台后的成长,末页写道:"渭师亦是家,我愿做那棵供你乘凉的大树。"自 2014 年起,他每年为晨曦电视台成员私人订制信件,十年未辍。每一封信,从初识印象到点滴回忆,字迹工整如刻,情感炽热如火。有学生含泪感慨:"这封信让我知道,异乡也有亲人。"

无论是宣传、教学还是学生记者管理工作,于占豪都成绩斐然。他主讲的《电视节目创作》等课程,荣获课程教学创新大赛一等奖和课程思政教学竞赛一等奖,每年指导学生获省级以上作品奖 30 余项,主持的《视听"渭"来》获陕西好网民品牌工程项目,成为全省获此殊荣的两家高校之一。2018 年以来,他先后组建"十四运会全媒体宣传队""视听乡村实践团"等十余支队伍,用镜头记录乡村振兴,《青年说》系列作品成为乡村振兴的鲜活注脚。

于占豪说:"若能以萤火之光点亮更多人的前行路,便是此生最大的意义。"这,或许就是雷锋精神在新时代最生动的诠释。

▶ 任务四:悟品质内涵

📖 经典故事

六 尺 巷

在清朝康熙年间,文华殿大学士兼礼部尚书张英的老家人与邻居吴家在宅基地问题上发生了争执。起因是吴家盖房欲占张家隙地,但两家的地皮都是祖上产业,时间久远了就变成糊涂账,公说公有理,婆说婆有理,谁也不让谁,因此就告到了县衙。这时,张家人打起了如意算盘,飞书京城让张英打招呼"摆平"吴家。而张英阅罢,立即写道:一纸书来只为墙,让他三尺又何妨。长城万里今犹在,不见当年秦始皇。

家人看到书信后,主动在争执线上退让了三尺,下垒建墙。而邻居吴氏也深受感动,退地三尺,建宅置院。于是两家的院墙之间,产生了一条宽六尺的巷子,这就是闻名遐迩的六尺巷的由来。

这条巷子现存于安徽省桐城市内,是中华民族和睦谦让美德的见证。这个小故事启发人们,为人要大度,克己处事,忍一时风平浪静,退一步海阔天空。六尺巷,虽只有六尺,却可以作为一把人生的尺子。

品质探析

1. 概念与内涵

爱是人类最基本的情感之一,它是人类生存和发展的重要因素。爱的能力是指人类在感受、表达、付出爱的过程中,所具备的推动事物良性发展的能力。爱的能力包括爱的认知能力、爱的共情能力、爱的调节能力、爱的表达能力等多个方面,这些能力是建立和维护人际关系、促进个人健康成长和自主发展的重要因素,对社会和谐发展具有重要意义。

2. 现状与问题

拥有爱,传递爱,表达爱,既是一种天赋,也是一种能力。虽然绝大多数的大学生并不缺少爱,但一些大学生仍缺乏懂得爱的知识和付出爱的能力,对爱的感知、认知以及接受爱的能力也较弱。

一项关于大学生恋爱观的调查显示:69.63%的大学生认为大学恋爱是纯洁高尚的,是人生不可缺少的一段经历,必须认真对待;22.77%的大学生认为大学恋爱存在许多不确定的因素;还有7.59%的大学生认为不必太认真,大学不存在真正的爱情(李永枫,2023)[1]。这说明大多数人是认同大学恋爱的,也有小部分同学缺乏正确的恋爱观。

一项关于大学生亲情孝道教育现状调查显示(辛雅丽,2020年)[2]:每周与父母保持联系的大学生达79.83%;大学生与父母联系的主要原因是满足自身的精神与物质需要;有51.63%的大学生能够耐心对待父母;大学生感恩父母的方式主要是发短信或微信、打电话、帮父母做家务等。可以看出,大学生普遍具有亲情沟通的意识和行为,但仍然缺乏认识的深读,存在较大的提升空间。

3. 作用与意义

爱是人类生活中不可或缺的一部分,它对人际关系的建立、个体的身心健康、社会的和谐发展以及人类的进步都具有重要的作用和意义。

首先,爱能促进人际关系。爱是建立和维护人际关系的基石。在家庭、朋友、同事关

---

[1] 李永枫. 新时代大学生恋爱观存在问题及其引导研究[D]. 广西师范大学. 2023.
[2] 辛雅丽. 大学生亲情孝道现状及其教育对策研究[J]. 现代职业教育, 2020, (23): 20-21.

系中,爱能够增进亲密感、信任感,获得相互支持的力量,使人们能更加紧密地联系在一起,形成团结友爱的团队,积极应对外界的风险与挑战。

其次,爱能促进身心健康。处于爱的关系中,如亲情、友情和爱情之中的人,往往更快乐、更幸福、更自信,更能应对生活中的压力和挑战,并能降低个人焦虑和抑郁的风险,提升个人的生活满意度和幸福感。

最后,爱能促进合作发展。在社会交往层面,爱能够促进合作、理解和宽容,减少摩擦、冲突与矛盾,有利于营造一个充满力量、团结凝聚、和谐共处、共同发展的社会。

▶ 任务五:测职业品质

爱商测验

爱商,反映爱的能力、爱的智慧。如果智商决定能力,情商决定人际,财商决定财富,那提升爱商,才会创造属于你的幸福。

指导语:请仔细阅读以下语句,根据你的日常情况,选出符合实际的选项:

1. 亲人/爱人觉得与我相处很舒服。(　　)

　　A. 经常　　　　　　　　B. 一般　　　　　　　　C. 极少

2. 因为我们是亲人/爱人,所以我爱他/她,他/她也应该爱我。(　　)

　　A. 很对　　　　　　　　B. 不置可否　　　　　　C. 不对

3. 面对亲人/爱人,我爱在心底口难开。(　　)

　　A. 经常　　　　　　　　B. 一般　　　　　　　　C. 极少

4. 一直以来,我和父母的关系都很(　　)。

　　A. 亲密　　　　　　　　B. 一般　　　　　　　　C. 疏离

5. 我感觉身边很多人不关心我/喜欢我。(　　)

　　A. 经常　　　　　　　　B. 一般　　　　　　　　C. 极少

6. 对于亲人/爱人,我觉得我对他/她好,他/她就应该听我的。(　　)

　　A. 很对　　　　　　　　B. 不置可否　　　　　　C. 不对

7. 生活中的我很善于制造浪漫。(　　)

　　A. 经常　　　　　　　　B. 一般　　　　　　　　C. 极少

8. 从小到大,父母和家人都鼓励和夸赞我。(　　)

　　A. 经常　　　　　　　　B. 一般　　　　　　　　C. 极少

9. 我会莫名情绪失控。(　　)

　　A. 经常　　　　　　　　B. 偶尔　　　　　　　　C. 极少

10. 因为我们是亲人/爱人,所以他/她应该知道我的想法、感受或需要。(　　)
    A. 很对　　　　　　　　B. 不置可否　　　　　　C. 不对
11. 我很善于欣赏和肯定身边的伙伴。(　　)
    A. 经常　　　　　　　　B. 一般　　　　　　　　C. 极少
12. 从小我就很向往快点长大结婚。(　　)
    A. 是　　　　　　　　　B. 一般　　　　　　　　C. 不喜欢
13. 与异性(亲人/爱人)亲密肢体接触时,我通常感觉(　　)。
    A. 很自然　　　　　　　B. 一般　　　　　　　　C. 极度紧张
14. 亲人/爱人之间不应该有秘密。(　　)
    A. 很对　　　　　　　　B. 不置可否　　　　　　C. 不对
15. 朋友遇到不开心的事时,我很善于默默陪伴。(　　)
    A. 经常　　　　　　　　B. 一般　　　　　　　　C. 极少
16. 儿时的记忆中,爸妈经常陪着自己玩。(　　)
    A. 经常　　　　　　　　B. 一般　　　　　　　　C. 极少
17. 我觉得周围很多人很可爱。(　　)
    A. 经常　　　　　　　　B. 一般　　　　　　　　C. 极少
18. 因为我们是亲人/爱人,他/她应该永远考虑让我快乐。(　　)
    A. 很对　　　　　　　　B. 不置可否　　　　　　C. 不对
19. 当我伤心或生气时,我会主动向亲人/爱人表达内心感受。(　　)
    A. 经常　　　　　　　　B. 一般　　　　　　　　C. 极少
20. 在父母眼中,我是一个(　　)的孩子。
    A. 没出息　　　　　　　B. 一般　　　　　　　　C. 优秀
21. 我不大喜欢谈恋爱。(　　)
    A. 经常　　　　　　　　B. 一般　　　　　　　　C. 极少
22. 既然爱我,他/她就应该能为我去改变。(　　)
    A. 很对　　　　　　　　B. 不置可否　　　　　　C. 不对
23. 朋友和家人都说我很体贴和理解别人。(　　)
    A. 经常　　　　　　　　B. 一般　　　　　　　　C. 极少
24. 一直以来,我和父母的交流很容易冲突。(　　)
    A. 经常　　　　　　　　B. 一般　　　　　　　　C. 极少
25. 我觉得我是一个很值得被爱的人。(　　)
    A. 经常　　　　　　　　B. 一般　　　　　　　　C. 极少
26. 既然爱我,就该忍让我的一切缺点。(　　)
    A. 很对　　　　　　　　B. 不置可否　　　　　　C. 不对

27. 当和亲人/爱人产生不愉快时,我会重点倾听对方的需求。(　　)
   A. 经常　　　　　　　　B. 一般　　　　　　　　C. 极少

28. 从小到大,父母经常朝我发脾气。(　　)
   A. 经常　　　　　　　　B. 一般　　　　　　　　C. 极少

29. 一直以来,我感觉自己很不幸福。(　　)
   A. 经常　　　　　　　　B. 一般　　　　　　　　C. 极少

30. 既然是亲人/爱人,就应该永远爱我。(　　)
   A. 很对　　　　　　　　B. 不置可否　　　　　　C. 不对

31. 爱人或朋友说我是一个很有情趣的人。(　　)
   A. 经常　　　　　　　　B. 一般　　　　　　　　C. 极少

32. 从小到大,父母很少给我爱的拥抱和支持。(　　)
   A. 经常　　　　　　　　B. 一般　　　　　　　　C. 极少

33. 对于和亲人/爱人肢体接触,我(　　)。
   A. 很喜欢　　　　　　　B. 一般　　　　　　　　C. 挺不喜欢

34. 容忍对方能体现出我对他/她的好。(　　)
   A. 很对　　　　　　　　B. 不置可否　　　　　　C. 不对

35. 我会主动向亲人/爱人表达对他们的感谢或感恩。(　　)
   A. 经常　　　　　　　　B. 一般　　　　　　　　C. 极少

36. 我从小就感觉父母之间的关系很恩爱、很和谐。(　　)
   A. 是　　　　　　　　　B. 一般　　　　　　　　C. 很差

37. 一直以来,我对自己的感觉都是(　　)。
   A. 很喜欢　　　　　　　B. 一般　　　　　　　　C. 不喜欢

38. 因为我们是亲人/爱人,无论怎样我都应该永远考虑让他/她快乐。(　　)
   A. 很对　　　　　　　　B. 不置可否　　　　　　C. 不对

39. 当意识到自己的错误时,即便是亲人/爱人我也会主动作出道歉。(　　)
   A. 经常　　　　　　　　B. 一般　　　　　　　　C. 极少

40. 长大后,我很怨恨自己生活在这样一个家庭。(　　)
   A. 经常　　　　　　　　B. 一般　　　　　　　　C. 极少

计分方法:

题目:1、4、7、8、11、12、13、15、16、17、19、23、25、27、31、33、35、36、37、39 为正向题:选 A=2 分,选 B=1 分,选 C=0 分

题目:2、3、5、6、9、10、14、18、20、21、22、24、26、28、29、30、32、34、38、40 为反向题:选 A=0 分,选 B=1 分,选 C=2 分

评分量表：

评分量表名称	题目分布									分值
幸福体验	1	5	9	13	17	21	25	29	33	37	
爱的心念	2	6	10	14	18	22	26	30	34	38	
爱的行动	3	7	11	15	19	23	27	31	35	39	
爱的储蓄	4	8	12	16	20	24	28	32	36	40	
爱商总分											

得分解释：

4个分量表原始得分满分各为20分，在0~20分之间，得分越高说明在此因子上爱的能力水平越强。

爱商总分原始得分满分80分，换算成百分制：爱商分数＝爱商原始得分*1.25。

在0~100之间，得分越高说明爱商指数越高。

▶ 任务六：练职业素质

训练一：爱 的 方 式

1. 训练目的

培养爱、理解爱、表达爱、奉献爱，不断提升表达爱的能力，传承和发扬雷锋甘于奉献的职业精神，形成"宽厚仁爱"的职业品质。

2. 训练准备

学生搜集相关资料，老师准备好升华情感的故事。

3. 训练过程

（1）布置任务。给出训练主题，要求参训学生开始回忆往事、酝酿情绪。教师提问：爱的表达方式有哪些？你的父母、亲人对你是如何表达爱的？

（2）提出要求。围绕训练主题，要求参训学生每人说一种爱的方式，不能重复。

（3）师生互动。紧扣训练主题，学生结合亲身经历，说出自己的故事，教师总结：每个人爱的表达方式不尽相同，可以用赞赏关爱的眼光、美好真诚的夸奖、温暖的肢体语言、宽容的态度、鲜花和语言等物品表达爱。教师反向提问：你最不能接受的爱的方式是什么样的？请举例说明。

（4）教师点评。爱是一种善良，我们必须学会用正确的方式表达爱，使爱成为激励我们前进的力量。

(5) 训后作业。制作爱心卡,请你把对最爱的人最想说的话写在卡片上,课后亲自把卡片交到他手里。

4. 训练分享

(1) 你向哪些人表达过爱?

(2) 你是如何针对不同的对象,用不同的方式表达不同的爱的?

5. 训练启迪

人们常常会忘记爱其实也是一种奉献,一切美好的爱总是以付出开始的。我们的第一次付出往往是在外表上留给对方一个好印象。然而,仅凭这一点不会长久,我们想真正地去经历爱,去感受爱的过程,就要立即行动起来付出更多的爱,因为爱的全部奥秘就在于付出、给予和奉献,且常驻于心。

训练二:爱的语言表达

1. 训练目的

亲身体会到被赞美被肯定的重要性,提升爱的表达能力,成为拥有爱、表达爱、充满爱的有爱之人。

视频 15-1
爱的能力训练

2. 训练准备

教师创设各种情境,学生分角色扮演,可根据不同的情境准备相应道具。准备背景音乐等,用以调节氛围。

3. 训练过程

(1) 赞赏词的表达训练。

布置任务:将学生划分成若干小组,每个小组推荐 2 名同学。结合训练主题,布置场景:老同学多年不见。

提出要求:参演学生目光温柔、亲切、笑意盈盈;语言真诚、发自内心;肢体语言饱含激情、大方得体。

现场表演:请 2~3 组同学上台做情景表演。

教师点评:爱听表扬的话是人类的天性,如果在人际交往中都善于夸奖他人的长处,那么,人际交往愉悦度将会大大增加。

(2) 感恩词的表达训练。

布置任务:将学生划分成若干小组,每个小组推荐 2 名同学。结合训练主题,布置场景:向老师表达学有所成后的感恩之情。

提出要求:参演学生目光坦诚谦和,真情流露;语言表达要朴实深情,把握重点;肢体语言要饱含敬意,大方得体。

现场表演:请 2~3 组同学上台做情景表演。

教师点评:《现代汉语词典》给"感恩"一词的解释是:"对别人所给的恩惠表示感激。"懂得感恩,是形成良好人际关系的前提。感恩使人知足,感恩促人成长,感恩有利于社会和谐。

(3) 问候语的表达训练。

布置任务:将学生划分成若干小组,每个小组由 5~8 人组成。结合训练主题,布置场景:职场新人早上到达办公室。

提出要求:参演学生目光要闪亮专注,温情柔和;语言要善意温馨,表达关切;肢体语言有点头示意、摆手招呼、握手、拥抱等。

现场表演:请 2~3 组同学上台做情景表演。

教师点评:问候主要是让人感到喜悦,或者寻求心理上的舒适感。你会发现,一句"你好"的魔力无比巨大!大家会回报给你关切的目光,会喜欢和你亲近,你的人缘会越来越好,大家会越来越喜爱你。

4. 训练分享

(1) 通过爱的表达训练,你有哪些感悟?
(2) 在日常生活和学习中,你认为进行爱的表达需要注意些什么?

5. 训练启迪

人们通常会被三样"东西"所感染,即微笑、感谢和赞美。那永远挂在脸上的微笑,自然、恬静、真诚中透着关切与尊重;当"谢谢"成为人们的口头禅时,它会营造一种良好的氛围,久而久之化作一种感恩;微笑感染微笑,谢谢换来谢谢,赞美孕育赞美,当你被微笑、感谢与赞美所环绕时,你会发现,每一天都会更舒心、更快乐!

【训后延伸】爱的能力的主要训练方法

爱是能力,被爱亦是能力。爱自己需要努力,爱他人需要智慧。那么,如何表达爱,怎样培养爱的能力呢?下面有几种方法供大家借鉴。

(1) 学会付出爱。很多人都知道得到爱的前提是付出爱,但不是所有人都能做到这一点。爱是相互的,在与人相处时多站在对方的立场设想,将心比心,用温暖、尊重、了解的方式去沟通,这些都是付出爱的一种方式。当别人遇到困难时能够尽自己所能关心别人、帮助别人,哪怕只是一句简单的问候,都能让身处困境的人得到心灵的慰藉。

(2) 学会培养爱。培养爱的能力,并不是非要具体到对某一异性的爱,也可以是更广泛意义上的爱。我们的亲人、同学、朋友、祖国和人民,都值得我们去热爱。发展爱的能力,就是要培养无私的品格和奉献精神,要培养善于处理矛盾的能力,有效地化解生活中的各种矛盾纠纷,做到对他人负责、对社会负责,为自己创造幸福美满的生活。

(3) 学会珍惜爱。学会珍惜身边爱你的人,细心去体会和感悟每一个细节,要看到别人的付出和爱,包括亲人、友人和爱人的爱,千万不要等到"树欲静而风不止,子欲养而亲不待"的时候才后悔莫及。

任务七:成良好习惯

我的学习心得

雷锋在工作中懂得与人协作、关心他人、乐于奉献。我们每个人在自己成长道路上都不可避免地会遇到困难,帮助别人就等于帮助自己,把爱奉献给别人,自己也将得到爱的回报。我们应该学习雷锋宽厚仁爱的职业品质,让世间充满温暖、充满爱。

我的感想:_____
_____。

我的课后训练

通过以下四步,训练自己的微笑。

第一步:轻合双唇。

第二步:两手食指伸出,其余手指自然并拢,指尖对接,放在嘴前15~20厘米处。

第三步:让两食指尖以缓慢匀速分别向左右移动,使之拉开5~10厘米的距离。同时嘴唇随两食指移动速度而同步加大唇角的展开度,并在意念中形成美丽的微笑;并让微笑停留数秒钟。

第四步:两食指再以缓慢匀速向中间靠拢,直至两食指相接;同时,微笑的唇角开始以两指移动的速度,同步缓缓收回。需要提示的是,训练微笑缓缓收住,这很重要。切忌微笑突然停止,如此反复开合,训练20~30次。

我的训练计划

请填写一周的"我的训练计划"并记录"我的训练足迹",由老师点评。

训练目标	
训练项目	
时间(第　　周)	活动内容
第一天(星期　　)	
第二天(星期　　)	
第三天(星期　　)	
第四天(星期　　)	
第五天(星期　　)	
第六天(星期　　)	
第七天(星期　　)	

我的训练足迹

第一天:
第二天:
第三天:
第四天:
第五天:
第六天:
第七天:
教师评价　😺 给予奖励；　🙂 可以；　😐 不错；　☹ 再努力
教师点评:

项目十六

甘于奉献——豁达品质训练

> 广大青年要肩负历史使命,坚定前进信心,立大志、明大德、成大才、担大任,努力成为堪当民族复兴重任的时代新人,让青春在为祖国、为民族、为人民、为人类的不懈奋斗中绽放绚丽之花。
> ——2021年4月19日习近平总书记在清华大学考察时的重要讲话

训练目的

培养顾全大局、服务集体、乐于奉献的职业精神,像雷锋那样具有"豁达大气"的职业品质。

▶ 任务一:读雷锋日记

人的生命是有限的,可是,为人民服务是无限的,我要把有限的生命,投入到无限的为人民服务之中去。

(1961年10月20日)

我要永远愉快地多给别人,毫不计较个人得失……

(1962年3月7日)

▶ 任务二:讲雷锋故事

"傻子"精神

1960年夏末,报纸上发布了一条消息:辽阳地区遭受到了百年不遇的大水灾。对辽阳,雷锋有说不尽的深情厚谊——他在那儿参军,在那儿居住过,在那儿劳动过。他马上怀念起那里的伙伴们,那里的乡亲们。看了报纸,想起了当年的伙伴们和乡亲们,不由得为他们感到担忧。

当他在报纸上看到党中央派飞机给灾区人民送粮又送衣的时候,雷锋心里想:"党中央这样关心灾区人民,我这个人民战士,此刻能为灾区人民做点什么呢?"他想到自己还有公社退回来的一百元钱,便连忙写了封慰问信,顶着大雨跑到邮局,把一百元钱和信一起寄到辽阳。

他在日记里写道:"有些人说我是傻子,是不对的。我要做一个有利于人民、有利于国家的人。如果说这是傻子,那我甘心愿意做这样的傻子,革命需要这样的傻子,建设也需要这样的傻子。"

【故事启迪】

雷锋性格豁达开朗、乐于助人,从不计较个人得失,总是站在别人的角度考虑问题,愿意为他人为社会付出,这是信念坚定、境界高远的表现。我们要像雷锋那样将"小我"融入社会的"大我"之中,把有限的生命投入无限的为人民服务之中去。

▶ 任务三：学职场雷锋

1. 为中国品牌、中国速度作贡献
——记"大国工匠"洪家光

在工装制造车间里，机器轰鸣，火花飞溅。"刀具要磨削得极其锋利，车工具时要眼疾手快，微量地观察和进刀。"洪家光屏气凝神，正在加工用于航空发动机零件的工装工具。

1979年出生的洪家光，是中国航发沈阳黎明航空发动机有限责任公司高级技师（图16-1）。从普通技工到车工、数控车双料高级技师，再到企业内聘的高级制造工程师，从业20多年来，他始终坚持精益求精、努力钻研，先后完成200多项工装工具技术革新，解决300多个工装工具技术难题。

图16-1 洪家光

在洪家光看来，车工的一项关键技能便是磨车刀。许多高精度的零部件没有现成的刀具，必须靠自己手磨，他就从最基础的技术开始学。白天工作之余，他上手练磨刀；晚上回家，他看书琢磨。为了研究不同刀具的特性，他曾花3个月时间跟不同师傅学习，练习磨出上百把质量好、精度高、不同功能和材质的刀具，边实践边总结，积累的心得笔记有几万字。

"真正的工匠不仅要坐得住'冷板凳'，还要能精益求精，巧思创新。"洪家光说。航空发动机是航空器的心脏，其高速运转时，不能有任何偏差，近千片不同的叶片必须做到与叶盘完全精准对接。经过5年、1 500多次的探索尝试，洪家光和同事一次次观察、记录、

比对、调整,经历了常人难以想象的煎熬,终于成功突破毫微之差,研发出航空发动机叶片滚轮精密磨削技术,荣获国家科学技术进步奖二等奖。

2021年,洪家光被授予"全国优秀共产党员"称号。他的视频教材《车工技能操作绝技绝活》,先后为行业内外2 000余人(次)进行专业技能培训;以洪家光名字命名的"洪家光劳模创新工作室""洪家光技能大师工作站",承担起了"传帮带、提技能"的职责。在他与团队成员的共同努力下,工作室申报并获得31项国家专利授权,完成创新和攻关项目84项,成果转化63项。

毫厘之间守初心。当选党的二十大代表后,洪家光对自己的要求更加严格了。"作为一名共产党员,要继续带好头、做榜样,创新实干,为中国品牌中国速度作贡献。"洪家光说。

(来源:中国文明网2022年9月29日)

2. 愚公精神践行者
——记"全国劳动模范"李绍杰

李绍杰,男,中共党员,毕业于辽宁省建筑工程学校(现辽宁建筑职业学院),1993年7月参加工作,现为中铁十九局三公司一级专家兼兰渝铁路项目部1标三工区总工程师(图16-2)。在兰渝铁路的胡麻岭隧道施工中,他带领团队,历时8年,成功破解国内罕见世界难题,开创六级围岩领域隧道施工先河。

图16-2 李绍杰(左)

2017年6月19日,兰渝铁路胡麻岭隧道实现贯通,至此,连接祖国西南和西北的铁路大动脉兰渝铁路终于为实现全线通车做好了准备。通过兰渝线,重庆可直达兰州,节省运行时间约11个小时,给沿线13个国家级重点贫困县、4个省级扶贫重点县送上了一份最珍贵的礼物。然而,为了准备这份礼物,李绍杰和他的团队却整整花了八年时间。胡麻岭隧道距离贯通仅剩173米的时候出现了"拦路虎"——第三系富水粉细砂地质,这种地质被国内外专家定性为"国内罕见世界难题",一位德国专家甚至断言:"人类不可能在这种地质中打隧道。"仅仅173米的距离,耗费了李绍杰团队整整六年时间。

在与胡麻岭隧道战斗的3 000多个日子里,他们解决了胡麻岭隧道在"豆腐脑"中打洞的世界难题,填补了国内特殊地质条件下隧道施工的技术空白,把外国专家眼中的"不可能"在中国人手中变成"可能",展示了中国力量、中国智慧,展现了新时代铁路建设者"不怕困难、敢为人先"的宝贵品质!

道虽迩,不行不至;事虽小,不为不成。李绍杰凭借着对铁路建设事业的执着和努力,先后荣获"中央企业劳动模范""火车头奖章""中国铁建六好共产党员"标兵等称号。正是因为有千千万万个像李绍杰一样的铁建人默默坚守,才建成了祖国四通八达的铁路交通网,共同谱写了新时代铁路人"交通强国,铁路先行"的华丽篇章。

(来源:中国铁建股份有限公司网站2020年11月21日)

▶ 任务四:悟品质内涵

📖 经典故事

永远的丰碑:全心全意为人民服务的典范张思德

张思德是一名普通的共产党员、一名普通的战士。然而,中共中央、中央军委主席毛泽东,在张思德追悼会上做了题为《为人民服务》的著名演讲。一个普通战士引起领袖的如此关注,是因为在张思德的身上,体现了中国共产党全心全意为人民服务的宗旨,而坚持这个宗旨,正是我们党和军队战胜一切敌人、战胜一切困难的力量所在。

张思德,1915年生,四川省仪陇县人。出身贫苦,对共产党和人民军队有着深厚感情。1933年参加中国工农红军,同年加入中国共产主义青年团。1937年加入中国共产党。参加过长征;作战机智勇敢,曾在一次战斗中创造一人夺得2挺机枪的战绩;先后3次负伤。1938年任中央军委警卫营通信班长,工作认真负责,在带领全班完成机要通信、站岗放哨、开荒生产和建窑烧炭等各项任务中,成绩优异。

1942年11月部队整编，调中央警卫团第1连当战士。张思德愉快地服从组织分配，在毛泽东内卫班执行警卫任务。他全心全意为人民服务，经常帮助战友补洗衣服、编织草鞋，带头帮助驻地群众生产劳动。1944年，积极参加大生产运动，被选为农场副队长。7月，到陕北安塞县（今陕西省延安市安塞区）山中烧木炭，工作中处处起模范带头作用，不怕苦、不怕累、不怕脏，每到出炭时都争先钻进窑中作业。9月5日，因炭窑崩塌，不幸牺牲，时年29岁。

1944年9月8日，毛泽东在《为人民服务》的演讲中，对张思德全心全意为人民服务的革命精神给予了高度评价："张思德同志是为人民利益而死的，他的死是比泰山还要重的。"

品质探析

1. 概念与内涵

"豁达"是指心胸开阔、性格开朗、大度宽容、乐观豪爽的一种博大胸怀和洒脱态度。豁达是一种品格和美德，也是人生的一种修炼与境界。

2. 现状与问题

职业院校学生总体上能够做到心胸豁达、积极向上，但有些学生仍存在着责任感缺失、不能主动积极履行社会责任和义务、过分强调个人利益、忽视集体和公众利益、强调眼前利益、忽视长远利益的问题。这主要表现在以下方面：

（1）学习目的讲实用。关于学习的目的，一项调查显示：65%的同学选择"为了找一份更好的工作、赚更多的钱、进入上流社会"，35%的同学选择"为了探索社会和自然、提高自身修养、奉献社会和他人"。这些数据在一定程度上反映出大学生学习存在功利主义和实用主义倾向。

（2）就业择业求舒适。当选择职业时首选北上广等一线城市及金融、通信、房地产等热门高薪行业，对于偏远地区及基层职位通常很少选择。

（3）与人相处重索取。一些学生在与同学相处时，表现出心胸狭窄、自私自利、斤斤计较个人得失的个性，更多地去思考如何索取，而不愿意奉献和付出。

3. 作用与意义

内心强大的人往往在努力拼搏的同时，以一份豁达的心态面对结果。豁达心态对学生学习和生活的重要作用表现在以下几个方面：

（1）豁达有助于提高学习和生活质量。豁达心态的人，一般表现得积极乐观、热爱生活、人缘好，抗压能力强，无论是学习还是生活上，对自己的内耗都更小，质量也更高。

（2）豁达有助于形成健康的人际关系。豁达的人如一束光，往往会影响身边的人更加热爱生活，热爱学习。人们通常喜欢跟豁达、开朗、充满正能量的人交往，自己也在这一过程中变得阳光、开朗，这就是"近朱者赤"的道理。

（3）豁达有助于铸就积极向上的品质。一般来说，豁达的人懂得管理自己的情绪，而不容易受结果影响患得患失。他们不需要通过结果的成功来肯定自己，或者因结果不好就否定自己。相反，他们往往具有更强大的力量去克服困难、突破困境，工作上精益求精、思想上勇于创新，这样的人必然拥有更美好的前景。

▶ 任务五：测职业品质

测试：全　局　观

当今社会的竞争日趋激烈，信息量呈几何级增长，任何一个组织的成功都不仅仅依靠某一个人单枪匹马作战，全局观的重要性不言而喻。没有全局意识的人，将很难在这个社会立足。那么，来看看你的全局观如何？

1. 当班级来了一个新同学，你会（　　）。

A. 这跟我没有太大关系

B. 主动和他／她打招呼，帮助他／她尽快适应学校

C. 他／她跟我主动打招呼后再去帮助他／她

2. 当班级组织体育活动时，你会（　　）。

A. 积极参与，即使自己体育不太好也会在旁边加油

B. 不是不得不参加就不参加，忙自己的事情更重要

C. 自己喜欢的项目就参加，不喜欢的就不参加

3. 当你和朋友一起聚餐点菜的时候，你会（　　）。

A. 点自己最喜欢吃的菜

B. 点大多数朋友都比较喜欢吃的菜

C. 点自己喜欢大家也还能吃的菜

4. 和几个朋友一起约定去景点玩的时候，你（　　）。

A. 总是比约定时间早到几分钟

B. 一般是最晚到，让别人等你

C. 有时候早到，有时候晚到

5. 你参加的球队打比赛失败了，你会（　　）。

A. 抱怨那些没打好的人

B. 鼓励大家不要气馁

C. 让大家一起找出原因

6. 同学遇到不会做的题,而你正好会做,你会(　　)。

A. 如果是自己的竞争对手就不告诉他/她

B. 给他/她讲一遍,如果还是不懂的话就让他/她去问别人

C. 耐心地给他/她解答,直到他/她听懂为止

7. 宿舍同学生病的时候,你会(　　)。

A. 跟自己关系好就照顾照顾,不好就算了

B. 人人都应该学会照顾自己,不能指望别人

C. 仔细照顾他/她,为他/她做一些力所能及的事情

8. 宿舍熄灯后,你一般(　　)。

A. 已经忙完事情躺在床上了

B. 忙一些事情,不时发出声响

C. 忙一些事,但尽量轻手轻脚

9. 你的好朋友这次考试比你成绩好,你会(　　)。

A. 衷心地向他/她表示祝贺,并向他/她请教

B. 表面表示祝贺,心里不太舒服

C. 心里很不舒服,暂时先不理他/她

10. 对于那些学习成绩很差的人,一般情况下你认为(　　)。

A. 他们天生就比较笨,不想和他们打交道

B. 他们可能是不够勤奋,再努力点就好了

C. 他们在某些方面有我所不具有的优点

11. 当你和能力不如你的小组成员一起完成一项活动时,你会(　　)。

A. 自己一个人干算了,免得他们做不好我还得重做

B. 自己干最重要的部分,其他的分给他们做

C. 按照每个人的情况,合理分工,共同完成任务

12. 班级大扫除时,某个同学临时有事不能完成他/她的任务,你会(　　)。

A. 主动去分担他/她的工作

B. 不是分内的事情自己才不理会

C. 这次替他/她干,下次值日让他/她帮自己干

计分：

选项	题号											
	1	2	3	4	5	6	7	8	9	10	11	12
A	0	2	0	2	0	0	1	2	2	0	0	2
B	2	0	2	0	2	1	0	0	1	1	0	0
C	1	1	1	1	1	2	2	1	0	2	2	1

测试结果分析：

17—24分：你是一个很有全局观的人。遇到事情时，你能够为他人考虑，因此大家都愿意和你共事，你会有很不错的发展。

10—16分：你的全局意识中等。一般情况下你能够注意到别人的感受，但是需要加强对全局意识重要性的认识，这样你会更受欢迎。

10分以下：你的全局意识很差，需要有意识地去培养。在当今社会，学会和别人合作，从全局出发考虑，能让你取得更大的成就。

▶ 任务六：练职业素质

训练一：豁达思维　阳光心态

1. 训练目的

视频 16-1
豁达品质
训练

培养豁达思维和阳光心态，提高心理素质以及应对挫折和困难的能力，能够在逆境中换位思考、战胜困难，像雷锋那样顾全大局、服务集体，形成"豁达大气"的职业品质。

2. 训练准备

每位学生 2 张表格纸（表 16-1、表 16-2）。

表 16-1　第一张反应活动卡

活动句子	第一反应	积极思维	消极思维
学校			
老师			
父母			
朋友			
……			

表 16-2　第二张游戏清单

立场 A	利	弊	立场 B
因为老师不公平,我才在考试中作弊的			
不是我的错,不是我一个人这样,大家都这样			
我和我爸爸简直一模一样,他很胖,所以我也很胖			
……			

3. 注意事项

要求学生填写真实想法,确保表格填写的真实性。

4. 训练过程

"快速回应"——第一反应活动卡

(1) 当老师读出下列词汇时,请在活动卡纸上写出你听到词语后的第一个想法。

(2) 看一看你在每个词语后的回答。你的回答大部分是积极的还是消极的？为什么会这样？

"责怪"游戏——游戏清单

(1) 请在刚才的"消极评价"后面,写出理由。如果没有,请在活动卡纸上写下你最近所遇到的难题或让你觉得很郁闷的事,最多写三件。

(2) 在"游戏清单"里,如果用所给出的立场思考的话,各有什么利与弊？请尽可能列举更多的答案。

(3) 教师提问：你真的相信你对这些问题的看法？你的看法正确吗？

(4) 教师解说：在游戏清单 A 中,持有类似立场的人,叫作"责怪者"。顾名思义,他们被受害者心理支配,不再对自己的行为负责,甚至会在做了一个不恰当的决定之后将责任推给他人。那你能不能转变一下,用一个胜利者的立场看待问题呢？在"游戏清单"中使用胜利者的思维方式,完成"立场 B"一栏。

5. 训练分享

(1) 当你遇到个人利益与他人利益或集体利益发生矛盾时,你会怎么做？

(2) 通过参加训练,你有哪些感悟心得？

6. 训练启迪

学会换位思考能够把偶尔出现的失误当作对自己的鞭策,以促使自己更加努力。当学习工作遇到瓶颈时,不要自卑地认为自己不如别人,而要以热情的心态去面对,挖掘知识的宝库,从中吸取经验和教训,把挫折当作磨炼自己的一次机会。只有积极面对问题,以阳光的心态面对困难,才能真正地成长。

训练二:"雷区"取水

1. 训练目的

　　树立团队协作意识,提升团队协作能力及创新能力,逐步成为肯奉献、肯牺牲,具有豁达品质的职业人。

2. 训练准备

（1）相对开阔的小平地一块。

（2）25 米长的保护绳 2 根。

（3）15 米长的尼龙绳 1 根。

（4）纸杯 1 个。

（5）手套 3 双备用。

3. 注意事项

（1）开始前检查场地是否有尖锐物体,确认保护绳牢固。

（2）把身上所带的所有硬质物品放到旁边安全的地方。

（3）使用编织绳前要检查它的牢固性。

（4）学员在拉绳时不要将绳缠在手上,如果实在无法坚持,应请求其他学员帮助或立即停止。

（5）不能将水喝进嘴里,不能触及杯中的水。

（6）女学员在取水时应将衣服扎入腰带,长发必须扎紧,避免与绳交缠在一起。

4. 训练过程

（1）在直径 5 米左右的"地雷区"中有一杯水,小组需要在 40 分钟之内把它取出。

（2）在活动中,任何人和物不得触及"地雷",否则"地雷"将爆炸放出毒气,每次都将造成一人"变成"哑人。因此,可以利用仅有的 2 根绳索,开动脑筋取水,在取水的过程中水滴不得溅落出来,否则将视为失败;如需重新开始,每人需罚俯卧撑 5 次。

（3）整个活动要注意安全,将手上佩戴的饰物以及身上不利于活动的配饰摘除放在安全的地方。当出现危险动作,教师叫停时,活动须立即停止。

5. 训练分享

（1）通过参加训练,你有何感悟?

（2）请结合自身实际谈一谈在学习和工作中如何培养豁达的职业品质?

6. 训练启迪

　　奉献是一种品质,付出是一种美德。当一个人无法完成任务,但经过集体努力圆满完成活动时,我们能够感受到集体力量的强大。人是社会中的人,每个人的成长和成功都需要别人的帮助。通过这个训练项目,大学生要树立大局意识,懂得付出、善于奉献,只有共同努力,才能完成共同的目标。

【训后延伸】豁达品质的主要训练方法

豁达的心态不仅可以使人在遇到困难、面对逆境时,保持清醒的头脑,客观地认识自己,还有利于人们快速地找到正确的出口。因此,培养职业院校学生拥有豁达大气的心态对其健康成长非常必要,学生可从以下几点入手,自主培养豁达心态:

(1) 不因小事发脾气。尤其是碰到别人做错事情的时候,要怀着一颗宽容的心,不要因为一些鸡毛蒜皮的小事动怒,你的大度换回来的往往是别人的尊重和肯定。

(2) 微笑面对生活。要相信笑容可以包容一切,无论面对什么困难,笑容都是化解难题的最佳武器。多一点笑容,生活会变得更加美好,心胸也会变得更加开阔。

(3) 宽容豁达。宽容是一种艺术,宽容别人,不是懦弱,更不是无奈的举措。在短暂的生命里学会宽容别人,能使生活平添许多快乐,增加许多幸福。正因有了宽容,我们的胸怀才能比天空还宽阔,才能尽容天下难容之事。

▶ 任务七:成良好习惯

我的学习心得

雷锋对待同志像春天般温暖,对待工作像夏天一样火热。他的可贵之处在于时时处处尽己所能帮助别人,在持之以恒中无私奉献。我们要向雷锋学习,生活中豁达开朗、乐观友善,工作中积极主动、乐于奉献的优秀职业品质,身体力行展现新时代青年的良好风貌。

我的感想:_____

_____。

我的课后训练

一开始将手环戴在一只手腕上,当你发现自己正在抱怨、讲闲话或批评时,就把手环移到另一只手上,重新开始。坚持下去,可能要花好几个月,你才能达成连续21天不换手、不抱怨的目标。据统计,这一训练的平均成功时间是 4~8 个月。

训练中请放轻松一点。我们所谈的,只是被"说"出来的抱怨、批评和闲话。只有从口中说出才会算作重新开始的信号,如果仅是心想的念头,那就没有关系。你会发现,抱怨的想法会在练习过程中消失殆尽。

我的训练计划

请填写一周的"我的训练计划"并记录"我的训练足迹",由老师点评。

训练目标	
训练项目	
时间(第　　周)	活动内容
第一天(星期　)	
第二天(星期　)	
第三天(星期　)	
第四天(星期　)	
第五天(星期　)	
第六天(星期　)	
第七天(星期　)	

我的训练足迹

第一天：
第二天：
第三天：
第四天：
第五天：
第六天：
第七天：
教师评价：☺ 给予奖励；☺ 可以；☺ 不错；☹ 再努力
教师点评：

素质八　奉献

附录一

高职院校开展"雷锋式职业人"培育的典型案例

案例一

打造常态化学雷锋的职校样板
——长沙职业技术学院用雷锋精神兴校育人案例

长沙职业技术学院(以下简称"长沙职院")地处雷锋故乡雷锋镇,坚持用雷锋精神兴校育人,充分发挥"雷锋家乡学雷锋"的地域文化优势,在全国职教界率先提出了"培养雷锋式职业人"的育人理念,牵头成立了"全国雷锋精神职业教育联盟",创建了全国高校首家"雷锋精神职业教育实践教学基地"和"雷锋精神职业教育展示馆",开发了"雷锋精神传承与创新资源库",通过"四融入"路径,将雷锋精神有机融入校园文化、课程资源、实践活动、评价体系之中,通过"职业化"路径有效推进职业院校学雷锋的"常态化"与"时代化",为职业院校常态化学雷锋提供了新范式与新样板(附图1-1)。

一、主要做法

1. 聚焦价值认同,推动雷锋精神融入校园文化

一是提出"培养雷锋式职业人"的教育理念。 长沙职院于2013年3月在全国职教界率先提出了"培养雷锋式职业人"的教育理念,将具有"螺丝钉精神"和"钉子精神"的时代楷模雷锋,以学生喜闻乐见的"职业达人"形象树立为全校师生的学习榜样,号召全体师生将雷锋精神的实质与核心——"全心全意为人民服务"确立为内心信念和工作准则。

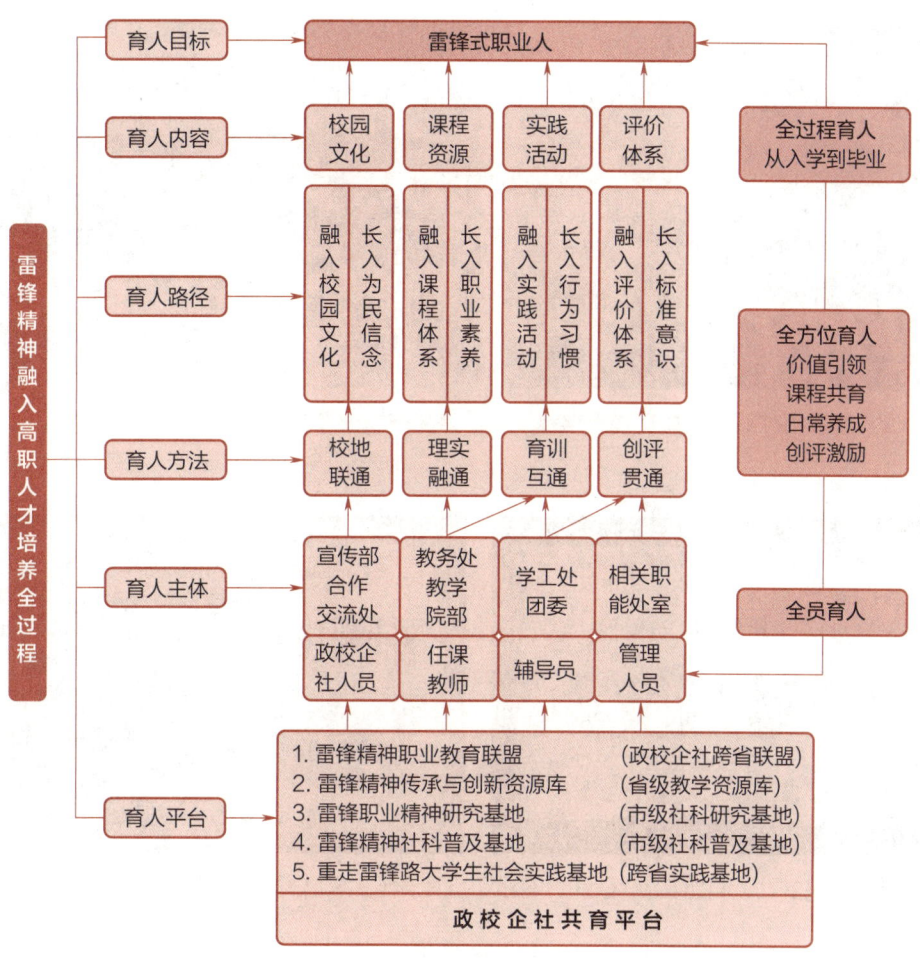

附图 1-1 "四融入"雷锋式职业人素质培养模式

二是提炼"雷锋式职业人"八大核心素质。学校成立"雷锋职业精神"研究基地,围绕"雷锋精神融入职业教育"开展研究,将雷锋精神与社会主义核心价值观、现代工匠精神有机融合,提炼出新时代"雷锋式职业人"八大核心素质,即爱国、责任、高效、敬业、创新、诚信、友善、奉献,将八大核心素质编入校本教材《雷锋式职业人素质训练教程》,作为职业院校学生素养提升和企事业单位员工培训教程,教材获评"十四五"职业教育国家规划教材。

三是创设"雷锋精神育人"的文化环境。学校创建了"雷锋精神职业教育实践教学基地"(附图 1-2),包括雷锋精神职业教育展示馆、雷锋主题广场、雷锋讲堂三个部分,占地面积 2 000 余平方米。"雷锋精神职业教育展示馆"展陈内容包括"优秀职业人雷锋""雷锋精神在职业教育中传承""新时代的职场雷锋""雷锋文创作品"四个版块的图文资料,以及传承雷锋精神的数字化资源。目前基地已立项湖南省社科普及基地、湖南湘江新区爱国主义教育基地(附图 1-3)、湖南省新时代文明实践基地。

附图 1-2　雷锋精神职业教育实践教学基地和雷锋精神职业教育展示馆

 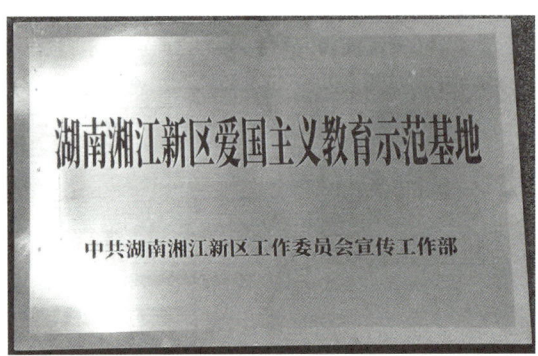

附图 1-3　湖南省社会科学普及基地、湖南湘江新区爱国主义教育示范基地

2. 聚焦第一课堂，推动雷锋精神融入课程资源

一是对接行业文化开发"雷锋精神传承与创新"资源库。学校紧密对接行业文化，主持创建了民族文化传承与创新资源库——"雷锋精神传承与创新"省级资源库（附图 1-4），开发并上线标准化课程 22 门，如《雷锋日记赏析》《雷锋故事》《雷锋精神与现代职业素质培育》《做雷锋式好教师》《做雷锋式白衣天使》《做雷锋式建筑工匠》《做雷锋式汽车工匠》等，相关课程纳入专业人才培养方案课程体系，学生可根据个人兴趣和专业发展需求进行选修。目前，资源库中有多门课程被认定为省级职业教育精品在线开放课程，全国用户单位超过 1 200 家，注册学员超过 10 万人，丰富的课程资源为学生成长成才提供着源源不断的精神滋养。

二是通过"课程思政"将雷锋精神融入专业课职业素养培育。雷锋精神传承与创新资源库拥有大量的雷锋微课、雷锋故事、雷锋视频、雷锋日记等素材，这些素材不仅融入思政课教学体系，而且通过全面实施"课程思政"，教师可结合学生所学专业和未来职业发展需求选择资源库中的相关课程和素材，将雷锋精神融入公共课和专业课教学之中，大力推进"课程思政与思政课程同向同行"，将雷锋精神潜移默化、润物无声地融入学生专业素养和职业素质教育之中。

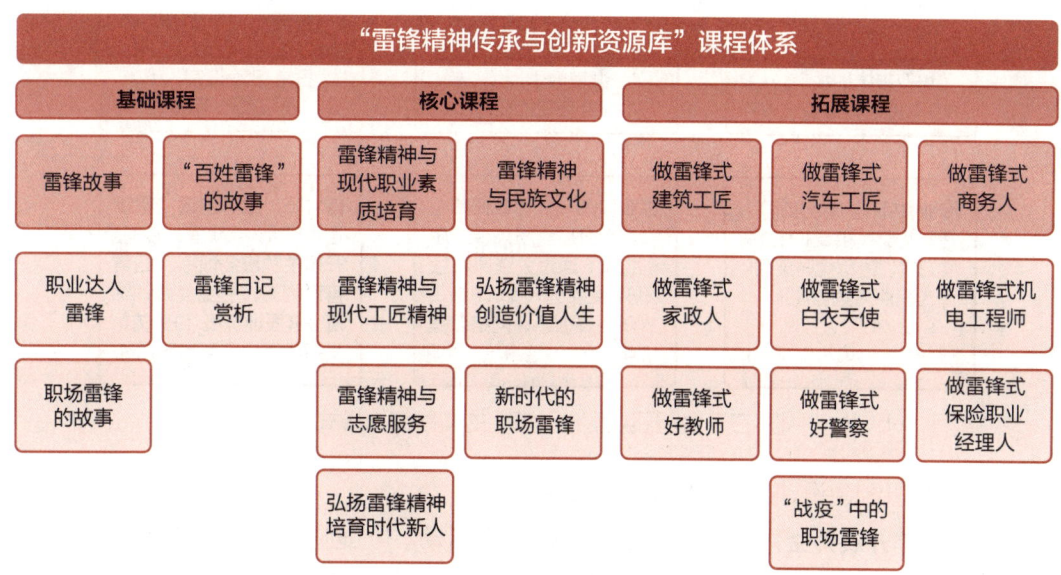

附图1-4 "雷锋精神传承与创新资源库"课程体系

3. 聚焦第二课堂,推动雷锋精神融入实践活动

一是全面推进"雷锋式职业人培育工程"。学校构建了"一中心、三平台、五队伍、七途径"的实践育人模式(附图1-5),全面推进"雷锋式职业人培育工程"。"一中心"即"雷锋式职业人素质训练中心";"三平台"即课程教学训练平台、专业素养训练平台、日常行为训练平台;"五队伍"即思政教师、专业教师、辅导员、素质训练师、学生素质训练员形成的育人团队;"七途径"即主题班会、课堂渗透、日常管理、社会实践、网络教学、素质拓展、素质展示等训练路径。每届新生在"中心"统筹安排下,完成"雷锋式职业人"八大核心素质的系列训练,在行动、习得、体验、感悟中,让优秀品质内化于心、外化于行。

二是开展雷锋式职业人日常素质训练。学校提出了学生常态化学雷锋"六个一"活动,以班级为单位开展活动,内容包括"读一本雷锋日记、唱一首雷锋歌曲、修一门雷锋课程、参观一次雷锋场馆、开展一次学雷锋活动、做一个学雷锋志愿者"。此外,学校将"日锻炼、日自习、日清扫""周升旗、周整理、周劳动""见面问好、微笑说话、主动帮助"等素质训练项目融入日常行为,用雷锋精神涵养学生文明气质,让雷锋的优秀品质在学生身上沉淀、传承。

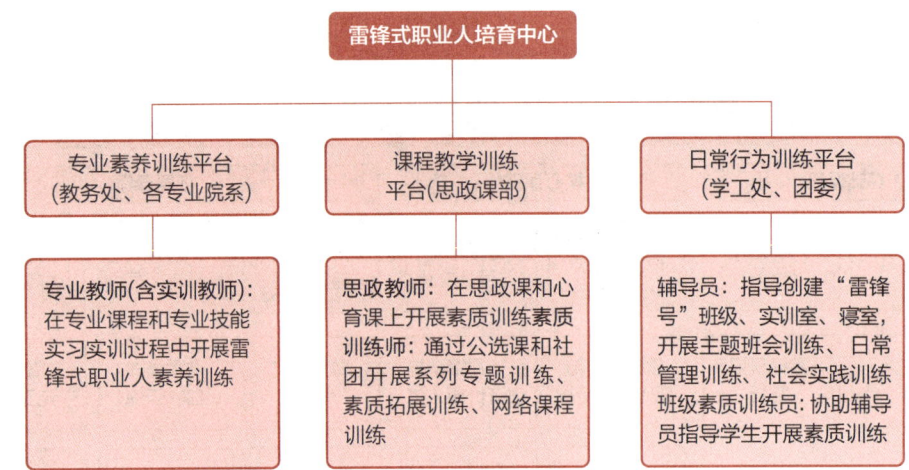

附图 1-5 "一中心、三平台、五队伍、七途径"的实践育人模式

4. 聚焦机制建设,推动雷锋精神融入评价体系

一是全年开展师生常态化学雷锋"三创三评"活动。"三创三评"活动覆盖全年,主要内容包括:创建"雷锋号"寝室、"雷锋号"班级、"雷锋号"实训室,评选"学雷锋先进个人""学雷锋标兵""学雷锋年度人物"。"雷锋号"创评标准和"学雷锋先进个人"评选标准是具有导向功能和激励功能的评价指标体系,通过"先创后评,以评导创,以创提质"的创评过程,不断规范学生行为,提升自我管理能力,逐步形成良好的行为习惯和职业素养。

二是每年举行师生常态化学雷锋表彰大会。学校每年举行师生常态化学雷锋表彰大会(附图 1-6),选树典型、树立标杆、引领潮流、提升内涵、促进发展。覆盖全年的"三创三评"活动和"师生常态化学雷锋"表彰大会结合,通过"设立标准,规范行为,表彰先进,再调高标准,提升素养,表彰先进"的方式形成螺旋式上升的闭环,实现师生素质不断提升,常态化的学雷锋育人机制不断完善。

附图 1-6 学校举行常态化学雷锋表彰大会暨"三创三评"活动启动仪式

二、主要成效

1. 提高了学校人才培养质量

学校建成了雷锋精神职业教育实践教学基地,成立了"雷锋学院"(附图1-7),通过开设传承和弘扬雷锋精神的理论与实践课程,培育一大批"雷锋精神的种子",推动学校形成"人人学雷锋、个个做雷锋"的浓厚学雷锋氛围。麦克斯质量年报显示,"雷锋式职业人培育工程"实施以来,学生就业率不断提升,涌现出了"长沙好人"邝倩云、"中国大学生自强之星"张友鹏等一大批"雷锋式大学生"。学校先后荣获湖南省职业院校育人成效20强和教学资源20强、湖南省普通高校就业创业工作"一把手工程"优秀单位、湖南省文明高校、湖南省文明实践示范基地。

附图1-7 创建"雷锋学院",培育"雷锋种子"

2. 构建了"雷锋式职业人培育工程"育人模式

通过解码道德楷模、大国工匠、技能大师、行业楷模等工匠成长密码,提炼出爱国、敬业、诚信、友善等8个维度的素质要点,形成了可观察、可衡量、可指导、可评测的雷锋式职业人素质评价模型。素质评价模型作为雷锋式职业人标准体系建设的基础,实现了技术技能人才素质培养培训的规范化、系统化和可视化。"雷锋式职业人素质训练工程"荣获湖南省大学生思想政治教育优秀示范建设项目,《雷锋精神融入高职人才培养"四融四长四通"育人模式的研究与实践》荣获湖南省职业教育教学成果奖特等奖(附图1-8)。

附图1-8 湖南省职业教育教学成果奖特等奖

3. 掀起了职业院校学雷锋新高潮

2023年,在毛泽东等老一辈革命家题词向雷锋同志学习60周年之际,学校牵头成立了"雷锋精神职业教育联盟"(附图1-9),来自全国150多家兄弟院校和企事业单位成为联盟成员;2024年3月,学校承办了"职业院校师生常态化学雷锋"专题研讨会,"雷锋式职业人"育人模式在全国推广,掀起了职业教育领域常态化学雷锋活动的新高潮。

附图1-9 全国雷锋精神职业教育联盟成立大会

三、经验启示

一是建强组织机构，形成育人合力。 学校成立"雷锋式职业人培育中心"，下设办公室，遵循"名师领衔、顶层设计、协作育人、评价考核、典型选树"的建设思路，全面统筹推进雷锋式职业人培养工作；学校将"雷锋式职业人"作为育人目标，整合育人队伍，推动构建"三全育人"工作格局；在项目推动过程中，注重"政校行企馆"深度合作，多元协同构建"大思政"育人新格局。

二是加强资源建设，立体推进实施。 学校坚持用雷锋精神兴校育人，以"做一颗永不生锈的螺丝钉"为主题，创建"雷锋精神职业教育展示馆"和"雷锋精神职业教育实践教学基地"，建设"雷锋精神传承与创新资源库"，将雷锋精神融入校园文化、课程体系、日常管理、评价体系，贯穿于教育教学全过程，融入师生血脉，将服务人民作为师生的人生追求。

三是加强推广交流，形成跨省联盟。 学校牵头成立了"全国雷锋精神职业教育联盟"，整合全国各地学雷锋资源，不断推动雷锋第一故乡（湖南）和第二故乡（辽宁）在课程资源等领域的合作共建，构筑职业教育领域雷锋精神育人的"同心圆"。

案例二

用雷锋精神引领校园文化建设
——抚顺职业技术学院用雷锋精神兴校育人案例

抚顺职业技术学院地处雷锋第二故乡,坚持落实立德树人根本任务,把弘扬雷锋精神贯穿到学生教育教学管理全过程,不断创新学雷锋活动的内容与形式,使雷锋精神内化为学生职业品格,让每一名学生都打上雷锋精神的烙印,助推人才培养质量的提升。

一、主要做法

(一)发挥雷锋精神文化育人作用,培育校园文化品牌

1. 军营一日兵,深入军旅寻访雷锋成长足迹

学校利用特有的地缘优势和雷锋文化资源,通过"军营一日兵"活动,带领学生走进雷锋生前所在部队,深入雷锋连、雷锋班,踏寻雷锋足迹,追忆雷锋故事(附图2-1)。"军营一日兵"活动使同学们走入雷锋所在的军营,感受雷锋精神的形成过程,实现教育、训练、实践的一体化,将雷锋精神内化为品格,将外在规范、约束和要求内化为自律需要。

附图 2-1 "军营一日兵"活动,参观雷锋班

2. 祭扫雷锋墓,缅怀先烈感悟雷锋高尚品格

学校连续十余年开展"千名大学生祭扫雷锋墓"活动(附图 2-2)。通过祭扫雷锋墓和参观雷锋纪念馆,感受雷锋精神感召与雷锋文化浸润,在实践体验中认知雷锋精神、锤炼雷锋品格、继承革命传统。大一新生在"学雷锋纪念日"走进雷锋纪念馆,开展向雷锋塑像敬献花篮、读雷锋日记、青年志愿者宣誓等纪念活动,接受雷锋精神的洗礼。2023 年 3 月,抚顺职业技术学院与抚顺雷锋纪念馆深度合作,建成省内第一家雷锋精神育人"大思政课"实践教学基地。

附图 2-2 "千名大学生祭扫雷锋墓"活动

3. 结合纪念日,铭刻成长传承雷锋大爱情怀

学校充分把握育人时机,利用典礼、仪式等活动载体,以春风化雨、润物无声的教育形式对学生实施革命传统教育。学校每月举办升国旗仪式,激励学生的爱国热情和传承红色基因的使命担当。同时,学校还利用开学典礼和毕业典礼,激发学生情感共鸣,启发学生树立职业目标,追逐人生理想,引导学生学习雷锋的大爱情怀,培育职业人感恩母校、服务社会、报效祖国的家国情怀。

4. 开设大讲堂,培养新时代雷锋式职业人

为了全面学习宣传贯彻习近平总书记关于弘扬雷锋精神的重要论述,学校以"学苑大讲堂"为抓手,传承弘扬雷锋精神邀请专家学者作雷锋精神主题宣讲报告10余场次。学校依托大讲堂每年举办辽宁省"新时代雷锋精神与高校思政育人"研讨会,引导师生深刻把握雷锋精神的时代内涵和永恒价值,激励师生树立崇高理想,自觉把个人追求融入党和人民事业之中,为实现民族振兴汇聚强大的精神力量。

(二)发挥雷锋精神管理育人作用,形成学生管理新模式

1. 完善管理制度,为雷锋精神育人提供保障

人的发展需要制度进行约束和引导,雷锋式职业人的培养同样需要规章制度保驾护航。学校按照《普通高等学校学生管理规定》修订学生管理相关制度,最终形成"1+17"的学生教育管理制度体系,并得到省教育厅领导的肯定,获准执行。通过学生管理规章制度的完善修订,可以充分发挥制度的导向和约束作用,促进学生管理工作的规范化、科学化发展。

2. 健全评价体系,为养成教育确定量化标准

学校立足树立职业品格的教育观,把学习雷锋精神融入操行评定目标设计,采取分类引导、突出重点和规范程序等手段,将学生学雷锋认知体验和行为表现作为学生操行评定的重要内容。通过对学生思想状况的定性评定和职业能力的量化考核,真实记录学生思想品德和职业素养的渐进过程,引导、教育、激励学生提升职业素质。

3. 创新育人机制,选树典型引领校园风尚

学校通过开展"创先争优"活动,以先进典型带动和引领学生成长、发展。创先争优活动有多种形式,一是实施榜样育人模式,开展学习雷锋先进集体和标兵个人的评选活动。二是发挥榜样辐射作用,将评选出的先进人物组建成"雷锋精神报告团",举行"雷锋精神主题报告会",大力宣扬身边的雷锋事迹,讲述身边的雷锋故事,使学生深化对雷锋精神时代内涵的理解。

(三)发挥雷锋精神实践育人作用,打造"第二课堂"新亮点

1. 聚焦"入学"第一课,用雷锋精神凝聚感召新生

每年的迎新季,是弘扬雷锋精神和培养雷锋式职业人的关键时期。为此,学校由学生科牵头,以"深化雷锋精神,着力打造雷锋式职业人"为主题开展系列迎新活动。一是以服务他人、奉献爱心为主题的迎新接待工作。二是以培育雷锋式职业人为主线,扎实做好新生入学教育工作,使学生能够学习有目标、生活有追求、未来有信心。

2. 聚焦"日常"第一课,用雷锋精神提升文明素养

引导广大学生像雷锋那样积极加强个人修养,自觉完善自我,大力弘扬文明新风,形成文明学习、文明生活、文明住宿的良好氛围,积极营造人人争做文明大学生、共创文明校园的良好风气。一是以学风建设活动月为载体,加强学风建设和班集体建设,引导青年学

生发扬善于"挤"、善于"钻"的"钉子精神",勤奋学习理论知识,刻苦钻研业务知识,苦练提升职业技能,在全校形成勤于学习、奋发向上的良好班风和学风。二是以新生军训活动为平台,加强爱国主义教育,像雷锋那样热爱祖国,树立为祖国建设奋斗终身的崇高理想信念(附图2-3)。三是以晨检、晚检工作为抓手,发挥学生自我教育、自我管理、自我服务功能,加强学生自律意识,像雷锋同志那样严于律己,争做新时代楷模。

附图2-3 学生军训

3. 聚焦"征兵"第一课,用雷锋精神激励矢志报国

坚持将学生参军入伍作为培养雷锋式职业人的重要组成部分,通过开展丰富多彩的校园文化活动,营造学生从戎的浓厚氛围;通过开展"投身军营,弘扬雷锋精神"为主题的演讲比赛、征文比赛,强化全校学生爱国主义情感,激发学生爱军尚武、矢志报国的热情;运用创新型手段深化育人效果,如新生走进军营与雷锋生前所在部队开展"军营一日兵"活动、开展"身边军人讲述身边故事"主题活动、成立军事兴趣社团和"雷锋兵"预征班,开展新兵体验活动等(附图2-4)。

附图2-4 "雷锋兵"预征班

二、主要成效

抚顺职业技术学院不断完善"雷锋式职业人"育人工程体系,确立了以新时代雷锋精神为引领的育人宗旨,在实践育人中取得了显著成效和丰硕成果。

(一)以雷锋精神引领道德养成,学生思想道德水平明显提升

学校创设学雷锋创先评优体系,"雷锋号"创评中涌现优秀集体115个,优秀个人773人次,学生积极献身国防事业,三年来报名参军人数达236人,为支援国防建设、保家卫国贡献了力量;学校多次荣获"辽宁省文明单位""辽宁省高校宣传思想工作先进集体""抚顺市国防教育贡献奖""辽宁省征兵宣传工作先进单位"等荣誉称号。

(二)以雷锋精神锻造工匠品质,学生职业技能大赛捷报频传

全校师生发扬雷锋刻苦钻研的"钉子"精神和干一行,爱一行的敬业精神,在"以赛代训"育人模式导航下,为学生搭建职业能力提升平台,鼓励学生刻苦钻研、勇于创新、积极实践。近年来,学校学生在省级以上职业技能大赛中获奖超过200人次,其中国家级赛事奖项50多项,充分展现了以雷锋精神塑造职业品格的卓著成效(附图2-5)。

附图2-5 学生在各级各类职业技能大赛获奖

(三)以雷锋精神倡导无私奉献,学生服务社会成效明显

"雷锋式职业人"培育工程不仅坚定了学生的理想信念,塑造了职业品格,也培养了学生服务社会、关爱他人的无私奉献精神。2023年6月,学校选派1 100余名学生参加"辽宁省第十四届运动会"开幕式、闭幕式演出,展现了学校师生无私奉献的志愿者精神。学校注册志愿者会员近2 000人,与多个社区、学校、疗养院等多家机构设立志愿服务活动站70余个,形成覆盖全市各区、县,深入社会生活各领域、服务群众生活各方面的志愿服务网络。学校与市中心血站建立联系,在校内常设献血站点,形成以献血为荣的良好风尚,为社会福利事业贡献了力量。

三、经验启示

一是发挥雷锋精神文化育人作用。通过打造雷锋元素突出的校园文化活动品牌,引导学生真实体验和认知雷锋精神实质,涵育学生职业品格。

二是发挥雷锋精神管理育人作用。将雷锋精神深刻内涵植入操行评定和创评机制目标设计,把学雷锋认知体验和行为表现作为考核评价学生的重要内容,用雷锋精神塑造职业品格,促进学生人格自我完善。

三是发挥雷锋精神实践育人作用。拓展实践平台,以学雷锋为主线,贯穿学生教育管理全过程,引导学生在雷锋精神的感召培育下,增强实践能力,争做雷锋式职业人。

案例三

让优秀成为习惯　做雷锋式职业人
——辽阳职业技术学院用雷锋精神兴校育人案例

雷锋是时代的楷模,雷锋精神是永恒的。辽阳职业技术学院全面落实立德树人根本任务,坚持用雷锋精神兴校育人,与长沙职业技术学院和抚顺职业技术学院共同实施"雷锋式职业人培育工程",形成了"让优秀成为习惯,做雷锋式职业人"的核心育人理念,积极引导全校师生"立足岗位学雷锋、立足专业学雷锋",不断拓展育人路径,创新育人模式,推进雷锋精神职业化,取得了良好的育人成果。

一、主要做法

(一) 注重理论研究,深挖雷锋精神内涵

1. 深化理论研究,夯实理论基础

理论源于实践,并指导实践。为做好雷锋式职业人培育工作,学校教研团队主持各项科研课题,发表科研论文 10 余篇,出版著作 1 部。解雅梦老师主持研究教育部科研课题《高职院校思政课在培育新时代雷锋式职业人中有效途径研究与实践》,佟艳教授主持的辽宁省高校思政课专项教改课题《高职院校思政课实践教学之雷锋式职业人培育模式研究》,为培育雷锋式职业人提供了理论基础。

2. 深化实践研究,编写训练教材

2016年,学校积极与长沙职业技术学院和抚顺职业技术学院进行合作,联合编写《雷锋式职业人素质训练教程》,并由高等教育出版社出版,教材入选"十四五"职业教育国家规划教材。2017年开始开设"雷锋式职业人素质训练"课,先后培训入校新生2万余人次,将培育"雷锋式职业人"融入新生入学教育中,为引导学生知雷锋、爱雷锋、学雷锋、做雷锋创造了良好的条件。

(二)推动教学改革,铸就雷锋职业品质

1. 雷锋精神融入思政课

思政课是落实立德树人根本任务的关键课程。学校将雷锋精神融入思政课教学之中,用雷锋精神点亮人生。一是开设了"雷锋式职业人素质训练"课,作为思政课实践教学课程。二是发挥知行社团育人载体作用。知行社成立18年来定期组织开展乡村支教(附图3-1)、义务宣讲、敬老爱老、扶弱助残等丰富多彩的社会实践活动(附图3-2),已成为弘扬雷锋精神、落实立德树人根本任务的重要载体,获评"辽宁省志愿先进服务集体"荣誉称号。三是开设雷锋讲坛宣讲雷锋精神。讲坛邀请雷锋工友、战友、职场雷锋(优秀毕业生)讲座;成立雷锋精神宣讲团,宣讲雷锋事迹,讲解辽阳雷锋纪念馆,引导和帮助大学生健康成长。四是开展"雷锋"主题实践教学活动。学校组织开展"雷锋精神永放光芒"知识竞赛,制作"诵读雷锋日记,感悟时代精神"音频播报,开展"讲述雷锋故事,践行雷锋精神"微视频比赛、组织学生观看《雷锋在1959》等电影,感悟雷锋的优秀职业品质和雷锋精神的深刻内涵。

附图3-1 大学生参加乡村支教活动

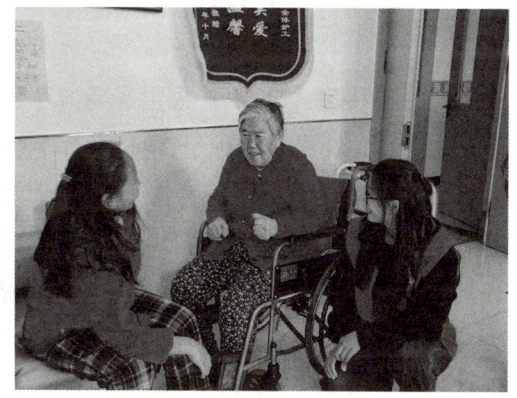

附图3-2 大学生参加敬老爱老志愿服务活动

2. 雷锋精神融入专业课

雷锋是一个干一行爱一行、专一行精一行的职业人。学校积极引导学生立足专业学雷锋。一是成立技能培训小组。选派优秀教师进行专业技能培训指导学生参加职业院校技能大赛和全国职业院校技能大赛,获得过国赛一等奖。二是引导学生续写雷锋日记。为

引导大学生践行"让优秀成为习惯,做雷锋式职业人"核心育人理念,思政课教师积极引导学生续写雷锋日记。教师续写雷锋日记 70 余万字,学生续写雷锋日记达到 7 800 余篇(有 100 余篇被发布在佟艳名师工作室公众号上)。续写雷锋日记,有助于培养学生养成优秀习惯,有利于教师了解学生的思想状态,帮助学生健康成长。三是拍摄学雷锋微课。拍摄了《雷锋故事》和《职场雷锋的故事》微课课程,在智慧职教平台上线运行具有显著的职业性和针对性。

3. 雷锋精神融入实践大课

学校积极构建"大思政课"建设格局,创建实践基地。先后在辽阳、抚顺、沈阳、丹东、长沙、井冈山、西柏坡、延安等省内外建立了 10 余个雷锋式职业人实践育人基地,组织近千名师生开展雷锋式职业人素质提升培训活动(附图 3-3、附图 3-4),传承红色基因,赓续红色血脉。

附图 3-3　在沈阳锡伯族学校开展雷锋式职业人素质提升培训

附图 3-4　在丹东锦江山公园开展雷锋式职业人素质提升培训

(三) 宣传育人成果,广播雷锋精神种子

为广播雷锋精神的种子,学校发挥了媒体育人功能。一是发挥名师工作室作用。佟艳名师工作室定位为"培育雷锋式职业人融入思政课教学研究工作室",创建了工作室微信公众号和视频号、春雨思政课抖音号,宣传我校雷锋式职业人培育成果。据统计,工作室公众号发表文稿 400 余篇,微视频作品 2 000 余部,总浏览量达 200 余万人次。二是发挥思政教育一体化牵头单位作用。学校是辽阳市大中小学思政教育一体化建设牵头单位。在 11 所学校中开展了"大中小幼同上一堂雷锋课"(附图 3-5、附图 3-6)教学展示活动,同课异构,推动大中小思政教育一体化建设,用雷锋精神点亮学生人生。三是发挥联盟牵头单位作用。学校是辽宁省高职高专院校思政课建设联盟理事长单位,将雷锋精神融入高职思政课教师、装备制造业专业带头人、道德模范培训中。据统计,共有约 3 000 名职场人员接受培训,反响良好。

附图 3-5　辽阳市卫国路小学王馨翊老师做"同上一堂雷锋课"教学展示

附图 3-6　辽阳市第一中学郑慧盈老师做"同上一堂"课教学展示

二、主要成效

（一）提升了人才培养质量

在培育雷锋式职业人过程中，我校逐步探索出培育雷锋式职业人的育人路径（附图 3-7），并形成了具有特色的育人模式（附图 3-8），提升了立德树人的效果。

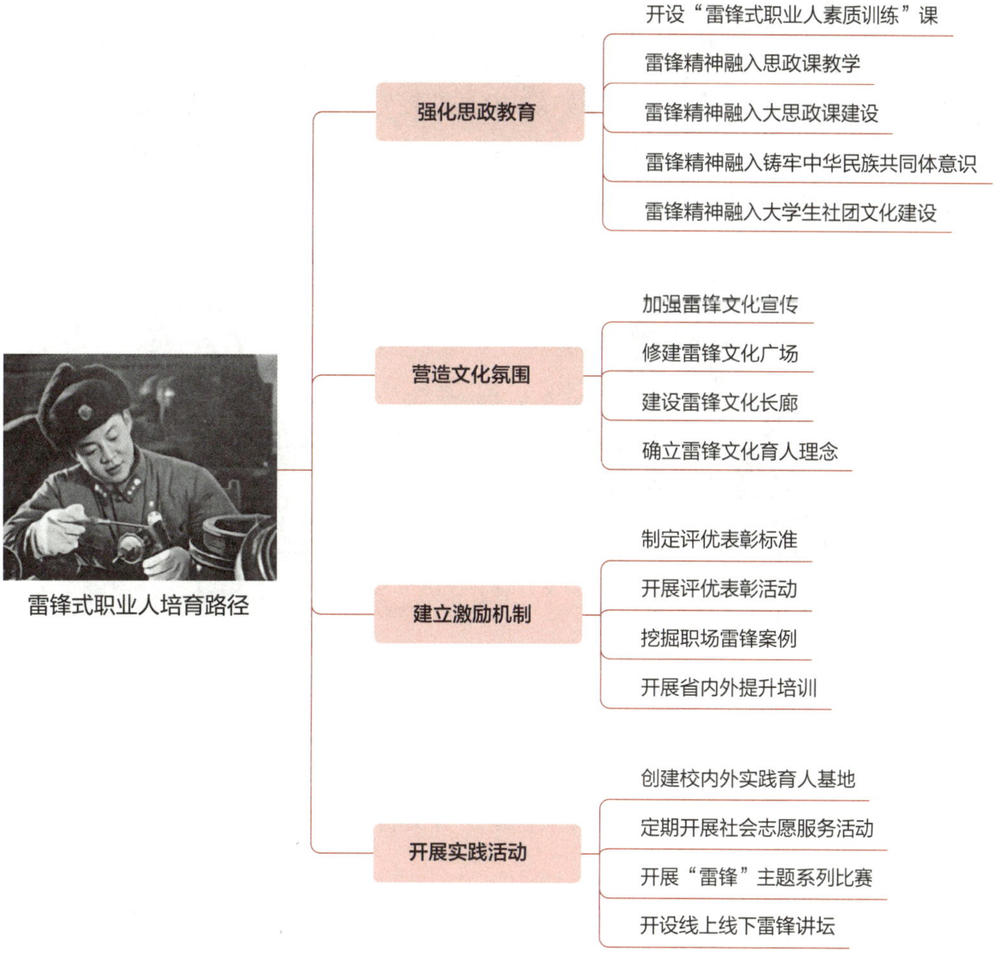

雷锋式职业人培育路径

- 强化思政教育
  - 开设"雷锋式职业人素质训练"课
  - 雷锋精神融入思政课教学
  - 雷锋精神融入大思政课建设
  - 雷锋精神融入铸牢中华民族共同体意识
  - 雷锋精神融入大学生社团文化建设
- 营造文化氛围
  - 加强雷锋文化宣传
  - 修建雷锋文化广场
  - 建设雷锋文化长廊
  - 确立雷锋文化育人理念
- 建立激励机制
  - 制定评优表彰标准
  - 开展评优表彰活动
  - 挖掘职场雷锋案例
  - 开展省内外提升培训
- 开展实践活动
  - 创建校内外实践育人基地
  - 定期开展社会志愿服务活动
  - 开展"雷锋"主题系列比赛
  - 开设线上线下雷锋讲坛

附图 3-7　辽阳职业技术学院雷锋式职业人培育路径

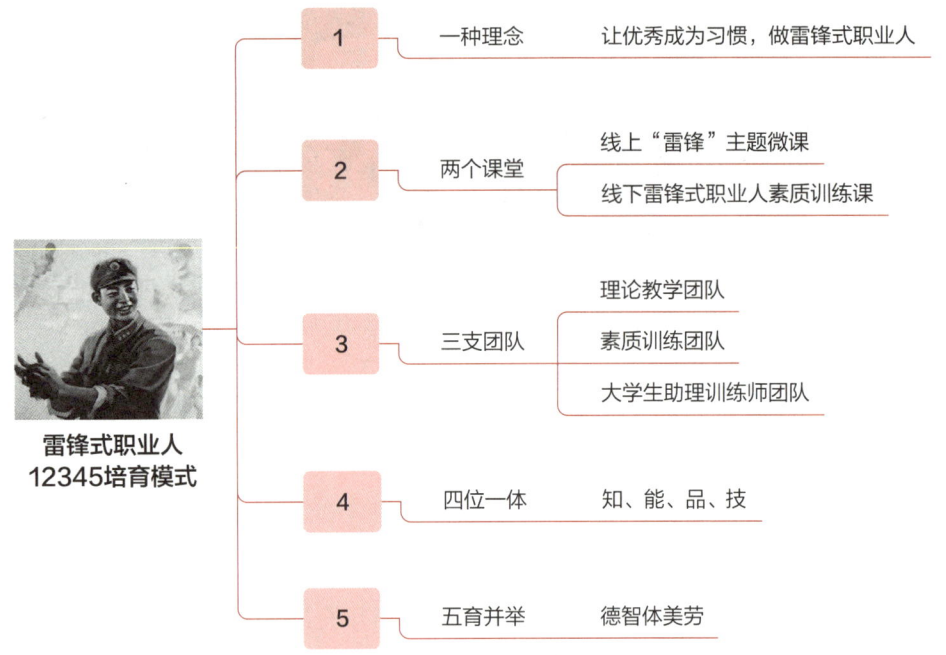

附图3-8　辽阳职业技术学院雷锋式职业人培育模式

涌现出一批学雷锋先进典型。譬如，2010届数控专业毕业生周庆学（附图3-9）、2018届福祉专业毕业生姜薇（附图3-10）等，他们都是雷锋式职业人，他们履职敬业、追梦圆梦的故事，深深地鼓舞着职院学子。

附图3-9　2010届优秀毕业生周庆学

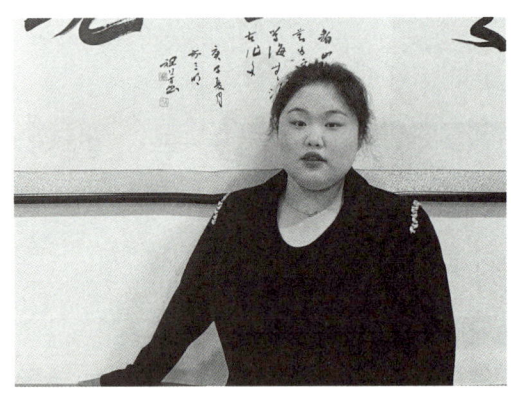

附图3-10　2018届优秀毕业生姜薇

（二）扩大了学校的社会影响力

学校是一所市属高职院校，自实施雷锋式职业人培育工程以来，不仅学生素质水平提升，就业工作顺利，还形成了特色品牌，荣获辽宁省文明学校、辽宁省教育系统雷锋式学校（附图3-11）等荣誉称号。

近年来，马克思主义学院院长佟艳教授应邀到省内外20余所同类院校开展经验交流，与多所院校开启合作模式，共育雷锋式职业人（附图3-12）。

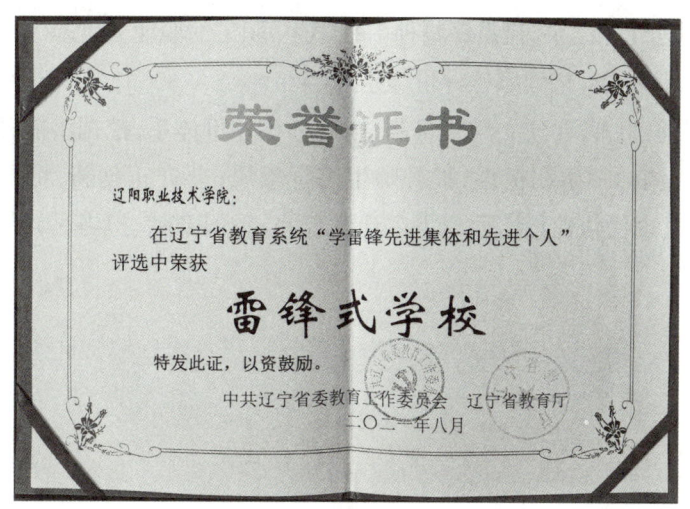

附图 3-11　学校获评辽宁省教育系统"雷锋式学校"

附图 3-12　佟艳教授为沈阳多迪正向文化有限公司做雷锋式职业人培训

三、经验启示

（一）多元融入雷锋精神，发挥合力育人功能

培育雷锋式职业人，要善于打破固有的思维模式，立足学校实际情况，结合思政课教学特点，将雷锋精神与"五育"并举相融合，促进学生的全面发展，将雷锋精神与大思政课建设，发挥合力育人的功能。

（二）搭建平台创载体，传播雷锋精神的种子

培育雷锋式职业人要打造多元化传播途径，搭建平台，创新载体，积极推广雷锋式职业人培育成果，不断扩大培育范围，广播雷锋精神的种子，让雷锋精神在学校、企业、事业

单位等各领域到处开花结果,让雷锋精神引领学生、职工的职业人生。

(三) 建立激励机制,构建考核评价体系

培育雷锋式职业人,要建立激励机制,构建考核评价体系,挖掘潜能,发现人才,树立榜样,培养人才,调动师生积极性,提升师生综合素质;要守正创新,将雷锋精神融入教学之中,为中国式现代化建设培养出更多让党放心、爱国奉献、担当民族复兴重任的时代新人。

案例四

争当追"锋"青年 做雷锋式白衣天使

——福建卫生职业技术学院用雷锋精神兴校育人案例

习近平总书记指出"雷锋精神是永恒的,它是五千年中华优秀文化和红色革命文化的结合"。雷锋精神作为中国共产党人精神谱系的重要组成部分,是对中国共产党"红色血脉"的传承和弘扬,也是社会主义核心价值观的生动体现,为新时代青年增强志气、骨气、底气,把青春奋斗融入党和人民的事业提供了指路明灯。

福建卫生职业技术学院秉持"雷锋精神:人人可学;奉献爱心,处处可为"的理念,推进"行为养成工程+特色课程研修+红十字会品牌"培育,通过系统化、立体化、多元化的活动,让雷锋精神成为白衣天使底色、筑育医者仁心特色、锻造时代新人本色。

一、主要做法

(一)领:学习雷锋精神,引领青年风尚

(1)发布吉祥物形象,争做"学雷锋小卫"。基于学校在"互联网+"新时代引领健康生活的考量,创设一个专门护卫人类健康的 AI 机器侠"小卫"(附图 4-1),致力于及时发现病毒并给予消灭,这一举措成为打造敬畏生命、引领健康、无私奉献的校园文化的重要抓手。引领青年学子争当"学雷锋小卫"(附图 4-2),以奉献精神积小善为大善,发挥医药

卫生健康类专业优势,搭把手、出份力、尽份心,共创美好生活、健康生活。

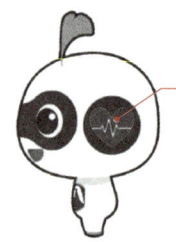

银杏树是健康、幸福的象征;杏林也是中华医学的代称。

胸前为学院logo,也是它的能量之源,通过它能够获取无限能量

耳朵上戴着多功能心电监测仪;能够在短时间内获取人体健康数据。

★一个专门护卫人类健康的AI机器侠,能够及时发现病毒并消灭它们;
★头顶的银杏叶会随着心情的变化而改变颜色;
★耳朵上戴着多功能心电监测仪,可以在短时间内获取人体的健康数据,分析、判断并给出最佳处理方案,快速恢复人体健康。

附图4-1 学校"小卫"卡通形象及内涵寓意

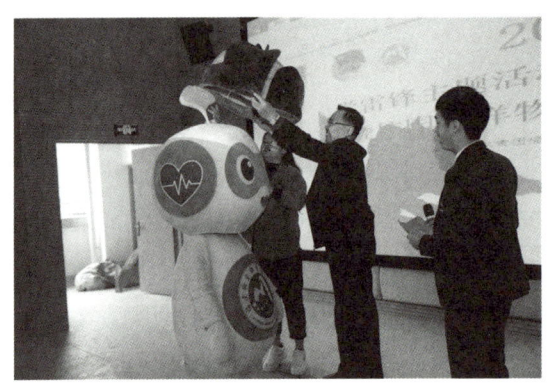

附图4-2 学校党委书记为"小卫"戴上雷锋帽,学雷锋活动正式启动

（2）寻访优秀校友,见贤思齐向光行。寻找身边的"活雷锋",开展"最美心灵生"评比活动,颁发学雷锋先进个人称号,举行星级志愿者授予仪式。通过表彰先进、树立典型,积极宣传优秀"活雷锋"榜样,使"雷锋精神"这面永不褪色、永放光芒的旗帜高高飘扬在青年学子心中,通过微信公众号、易班平台直播学雷锋典型事迹,让雷锋精神在校园内永续。

（二）承：弘扬雷锋精神,承传薪火之光

学生工作部、团委和马克思主义学院等相关部门联手,紧扣"特色课程＋主题班会＋

团日活动"三大抓手,实现学雷锋的时代化和常态化。

(1) 开设"做雷锋式白衣天使"特色课程。学校与长沙职院、湖南中医药高等专科学校联合打造职业素养类课程"做雷锋式白衣天使"(附图4-3),结合医药卫生健康类专业特点,将雷锋精神有机融入,开展"一体化设计、结构化课程、颗粒化资源"素质课程体系建设,引导学生铸雷锋品质,做人民健康的忠诚卫士。课程在智慧职教平台上线,供医学类院校师生、卫生健康类行业企业人员和医务人员选课学习。

附图4-3 开设"做雷锋式白衣天使"职业素养线上课程

(2) 开展"学雷锋"主题班会活动。通过班会形式大力宣传雷锋精神,组织学生观看雷锋相关的纪录片、名言语录,开展讲雷锋故事、读雷锋日记、唱雷锋歌曲、观雷锋影片等活动,让雷锋精神深入"00后"大学生的心中,正班风、促学风、树校风,形成"崇健臻善、仁而爱人"的"健·善·仁"大健康大爱文化。

(3) 举行"学雷锋,领风尚"主题团日活动。以雷锋为学习的楷模和榜样,团组织通过主题分享会等形式,学习以雷锋为代表的先进人物事迹,听雷锋故事、悟雷锋精神、拍学雷锋视频、寻雷锋传人,培育青年养成深究学问、严谨求实的学习态度,磨炼学无止境、终生不辍的治学毅力,砥砺知行合一、学以致用的学问之道,践行锲而不舍、踏实而为的务学精神。

(三) 践:赓续雷锋精神,践行志愿服务

(1) 志愿服务课程标准纳入各专业人才培养方案。利用学习雷锋主题活动月、全国保护母亲河日、植树节、世界水日、世界结核病防治日、"五八"博爱周、99公益日等重要节点开展关爱自然、促进健康的系列志愿服务活动(附图4-4、附图4-5)。每生每学年必须在志愿汇上完成40小时(校外志愿服务不低于10小时)的志愿服务,方能取得相应学分。

附图 4-4　赴兄弟院校开展爱心义诊活动

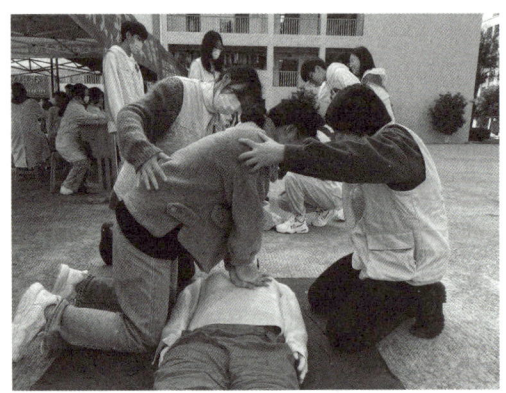

附图 4-5　校红十字会开展"救"在身边培训志愿服务

（2）志愿服务与学生第二课堂成绩单和综测成绩挂钩。学生在完成志愿服务的同时可取得第二课程成绩以及综测成绩的加分,这一规定将充分调动学生在完成40小时志愿服务的基础上,积极参加各类志愿服务活动。

（3）党团组织引领带动全体学生参与学雷锋志愿服务。结合大学生服务社区实践、服务乡村振兴、寒暑假社会实践等项目(附图 4-6、附图 4-7),积极发挥红十字会、青年志愿者协会、学生社团的功能,推动志愿服务工作向纵深发展,根据参加志愿服务的时间来认定星级。

 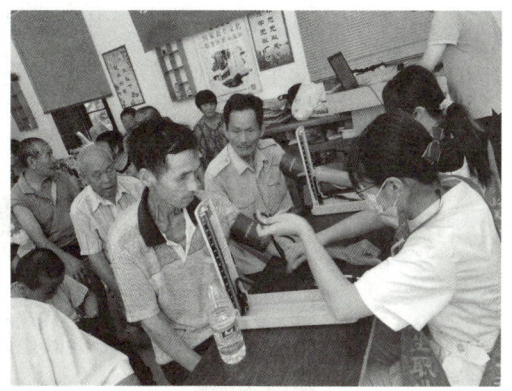

附图 4-6　学生向村民宣讲雷锋故事　　　　附图 4-7　学生为村民健康义诊

二、主要成效

（一）践行雷锋精神要与践行社会主义核心价值观结合

"跟着小卫学雷锋"成为校园文化品牌。学校以志愿服务为载体，鼓励和引导广大师生积极投身志愿服务事业。近年来，学校荣获 2021 年度全国大学生"返家乡"社会实践表扬单位、2022 年中国红十字模范单位、2023 年"3·5 学雷锋"全国联动活动"新'锋'校园"（附图 4-8）、2024 年"弘扬新时代雷锋精神，投身新征程志愿服务"第二课堂系列公益讲座优秀组织奖、2022 年度福建省红十字会"99 公益日"优秀组织单位等称号，3 名学生获评"中国红十字会员之星"，多年获评福建省无偿献血先进单位等荣誉。

附图 4-8　学校获评新"锋"校园

（二）融入日常、化作经常，雷锋精神有效融入"大思政"教育

大爱无疆、无私奉献、精益求精等雷锋精神在职业素养培育中沉淀、升华。带着瘫痪母亲求学的 22 届护理专业校友王林慧用瘦弱肩膀扛起家庭重担，历经风雨终成白衣天使，感念温暖立志回馈社会，她的事迹生动诠释了时代好青年的精气神，获评省道德模范、

福州身边好人,2022年光荣入选"中国好人榜"(附图4-9)。学校学生荣获教育部"我心中的思政课"大学生微电影展示活动一等奖、教育部"新思想引领新征程·新青年建功新时代"全国高校大学生讲思政课公开课展示三等奖。

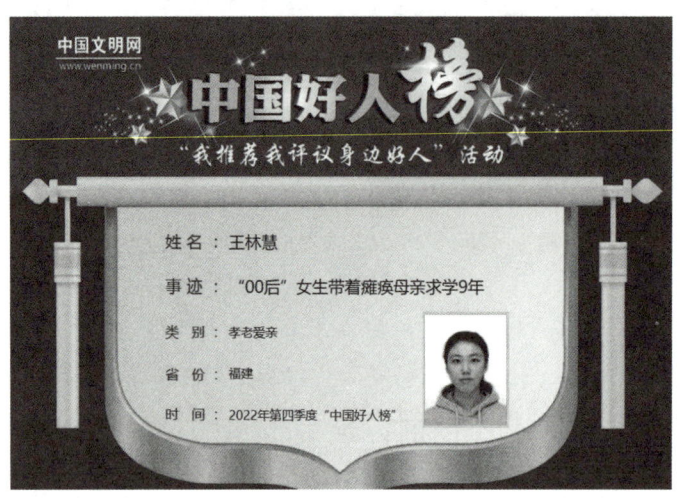

附图4-9　王林慧同学上榜"中国好人榜"

三、经验启示

1. "雷锋精神 + 大思政教育"

学校坚持为党育人、为国育才,将学习雷锋主题活动月与社会主义核心价值观主题宣传月相结合开展系列活动,具有提质培优的理论价值和增能赋值的实践意义。

2. "雷锋精神 + 特色课程"

坚守医者仁心、不负白衣荣光的医者精神,将雷锋精神融入医者职业素质进行培育,有利于引导医者成为爱岗敬业、勤奋钻研、精益求精的人民生命健康的守护者,解决德与术脱节问题,培育有激情、有热情、有温度的白衣天使。

3. "雷锋精神 + 红十字会品牌"

作为首批福建省红十字示范高校,学校发挥医学院校专业优势,促进红十字事业制度化、规范化、体系化发展,打造学校特色的红十字会品牌。每年开展"关爱生命""救在身边""生命接力""健康人生,绿色无毒""青春防艾,你我同在"等丰富主题活动。

爱心奉献传承雷锋精神,志愿服务彰显职教本色,将新时代医疗卫生职业精神和雷锋精神有机结合,化作经常、融入日常,让雷锋精神在新时代绽放更加璀璨的光芒。

案例五

雷锋伴我行　阳光进万家
——济南阳光大姐开展学雷锋活动八年探索与实践

习近平总书记指出,"让学雷锋活动融入日常、化作经常,让雷锋精神在新时代绽放更加璀璨的光芒。"济南阳光大姐服务有限责任公司(以下简称"阳光大姐")自成立以来,始终把无私奉献的雷锋精神作为企业发展的灵魂,通过抓思想、争先进、树标兵等形式多样的活动,培养了一大批学雷锋先进个人,促进了企业经济和社会效益双丰收。

一、项目简介

阳光大姐成立于2001年,是位于山东济南的现代家政服务企业。"阳光大姐"的含义是"让党的阳光照亮妇女就业创业之路,把党的温暖送进千家万户",企业的主要职责是帮助下岗失业人员、农民工以及大中专学生群体提升就业技能,提供就业岗位,为家庭提供养老服务、育婴服务、病人陪护、家庭保洁等系列家政服务。目前,企业有员工队伍7万余人,服务300多万户家庭。同时企业创办了阳光中职学校,与山东医专联办"阳光健康学院",培养家政、康养人才。目前,阳光大姐已成为家政行业的引领者,被国务院授予"全国就业先进企业",被中宣部确定为"全国学雷锋活动示范点"(附图5-1),荣获"全国五一劳动奖状""全国三八红旗集体"等称号。

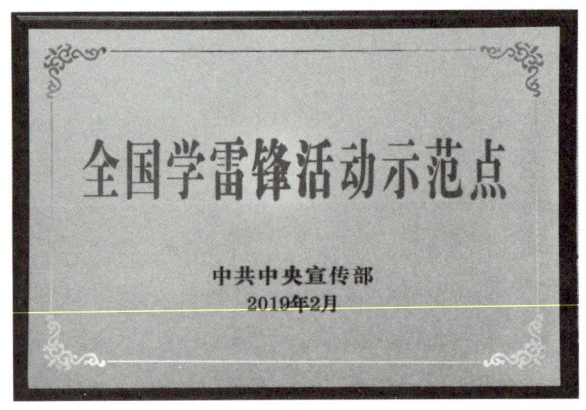

附图 5-1　获评"全国学雷锋活动示范点"

二、项目实施过程

1. 扎根家政行业，树立企业核心理念

常言道："家庭小事也是国家大事"，家政服务和每个家庭密切相关，家政人必须技能过硬、人品过关，家政工作正是在平凡中体现温暖、展现价值。通过什么抓手来提高服务员的职业素养，一直是阳光大姐思考的问题。必须找一个人人熟悉、人人可学的榜样。雷锋，平凡而伟大、干一行爱一行、乐观阳光，正是阳光大姐要寻找的精神标杆、光辉榜样。"雷锋伴我行，阳光进万家"，阳光大姐始终以雷锋精神引领企业文化，用雷锋精神武装员工头脑（附图 5-2）。

附图 5-2　阳光大姐推动"雷锋伴我行，阳光进万家"

2. 创设育人环境，建设第一家企业雷锋馆

2019 年，阳光大姐创建了一个 2 000 平方米的"雷锋展览馆"（附图 5-3），作为员工的思想教育基地。展览馆系统介绍了雷锋的成长历程、雷锋精神的核心内涵以及阳光大姐学雷锋的实践活动。在展览馆建设过程中，阳光大姐管理人员专程来到湖南长沙学习，得

到湖南雷锋纪念馆余旭阳馆长(附图5-4)、长沙职业技术学院罗慧玲教授以及雷锋生前的好友冯健、雷锋同事张建文(附图5-5)、雷锋老师常业勤等人的大力支持和悉心指导,我们感叹,"雷锋的故乡,处处有雷锋"。

附图5-3 设立雷锋展览馆作为思想教育基地

附图5-4 与湖南雷锋纪念馆结对共建

附图5-5 与雷锋生前的好友冯健(右三)、同事张建文(右二)开展交流

如今的"雷锋展览馆",是每期阳光大姐学员最想来的场所,已接待5万余人次,全国人大常委会副委员长,全国妇联、总工会等部门领导都来这里,对阳光大姐以雷锋精神为抓手提升家政从业者职业素养的做法给予充分肯定。

3. 突出"三爱"育人,培养雷锋式家政人

阳光大姐与长沙职业技术学院合作开发《做雷锋式家政人》在线开放课程。课程将"雷锋精神"与家政行业特点结合,提炼出雷锋式家政人的九种职业品质:即爱国、感恩、责任;敬业、专业、创新;热情、诚信、奉献。九大品质成为阳光大姐工作的执行标准和对照标尺。雷锋精神激励着广大员工争做新时代雷锋式家政人,在平凡的岗位上书写自己精彩的人生。全国各地的300多家阳光大姐分支机构7万余人掀起了学雷锋热潮,每天清晨,在阳光大姐的服务大厅里,伴随着《学习雷锋好榜样》歌曲,工作人员、服务员带着激情、带着爱心开启一天的工作,做雷锋式家政人!

"雷锋式家政人"突出表现为"三爱":爱党、爱岗、爱人。阳光大姐员工像雷锋那样爱党,爱人民,把有限的生命投入到无限的为人民服务之中;像雷锋那样热爱家政,学家政技能,精家政本领,做家政服务;要像雷锋那样,对工作像夏天般的火热,用热心、诚心对待客户。每位员工做到心里有雷锋,眼中有客户,人人做雷锋,处处有阳光!照护老幼是我们的工作职责,我们一起唱着《学习雷锋好榜样》去为人民服务,心里充满温暖,焕发青春活力(附图5-6)。

附图5-6 开展助老志愿服务

三、典型工作案例

1. 为超龄老人安排工作

宋广民、李秀芝是鲁西南农村一对年近七十的夫妻,女儿已出嫁,老人靠打零工维持生计,租不起房,两个老人从此成了这座城市的"游击队员",经常躺在银行二十四小时自助服务区。但生活还需要糊口,老两口想到了做保洁打工。在阳光大姐总部,老两口恰巧遇到了董事长卓长立,卓长立破例把超龄的老人安排到了阳光大姐大厦做保洁,并免费提

供二老的吃住，让老两口有了依靠。

2. 以生命守护生命

罗丽亚是一名养老护理员，服务对象是98岁的高龄老人，她已8个春节没能和家人团聚。有一次老人和罗丽亚都感染了病毒，老人被送进医院，医生下了病危通知书。此时，罗丽亚也发着高烧，想到老人无人照顾，决定留在医院照顾老人，每当老人情绪焦躁时，她就用在阳光大姐学到的方法安抚老人。罗丽亚不顾病痛精心照护老人，还主动帮忙护理其他病人。老人康复后，老人远在国外的孩子感动地发来微信说，一家人还能团聚，罗丽亚是"大功臣"。

3. 让失能老人有质量地生活

家政服务员蔺新燕为了让80多岁的老人家胃口好，每天变着花样改变饮食结构，照顾用餐，收拾房间、打扫卫生，给老人端过来暖暖一盆洗脚水。一天清早，蔺新燕买菜回来发现大门紧闭，她先是纳闷，接着对着门一阵急拍，门缓缓打开，只见老人家眼含泪花，歪歪斜斜倚在门口，双手提着裤子，浑身沾满了粪便。蔺新燕明白了是怎么回事，她二话没说，赶紧用毛巾蘸着温水为老人擦洗，扑上爽身粉，换上新衣服。在她的悉心照料下，老人身体一天一天好起来了，脸上有了幸福的笑容。

四、项目实施成效

雷锋精神是社会主义核心价值观的生动体现。阳光大姐一直致力于培育雷锋精神的种子。育婴服务员李晖，教会宝宝的第一首歌就是《学习雷锋好榜样》，她充满激情，几乎全年无休班，全身心为客户着想。像卓长立、罗丽亚、蔺新燕、李晖这样的人在阳光大姐有很多很多。这一切，都源于她们以雷锋为榜样，将雷锋精神落实在行动中。企业如能完全、彻底、真正地用雷锋精神武装员工头脑，企业必定能够得到长远的发展。

作为家政行业领跑者，阳光大姐积极践行社会主义核心价值观，以家庭为基地，把雷锋精神广播在祖国的大地上，让雷锋精神永放光芒。阳光大姐向全国家政行业发出号召，倡导200万家政企业、3 000多万家政人一起学雷锋。实践证明"谁学雷锋谁受益。"阳光大姐的成立与发展正是企业学雷锋的生动实践。未来，阳光大姐将继续与雷锋同行，让所有人携起手，一起为实现"天天有阳光，人人有笑脸"的美好生活共同努力！

附录二

精品阅读

第一篇

忠于"职业信仰"——像雷锋那样追求职业理想

——摘自《中国教育报》2008年3月5日第7版"即时关注",有删改
作者:祁金利、吴红梅

【雷锋很早就确定了自己的人生目标,清楚自己要成为一个"怎样"的人,"要怎样做"才能实现自己所确定的目标。】

1. 用目标引导航向、激励人生

雷锋是个很有"想法"的人。小学毕业那天,面对全校师生,他走上讲台热情宣布,他人生的三大目标是:当个好农民、当个好工人、当个好士兵。此后6年的时间里,雷锋始终围绕着自己的目标,不懈追求,而这些理想也逐一化作现实。

为了实现当个新式农民的愿望,他小学毕业便响应政府的号召回到了农村;一次偶然的机会,他成了县委书记的通讯员,后来又成为一名模范公务员;当鞍钢到湖南招收青年工人时,他放弃舒适的工作条件和待遇,成为一名学徒工人;当他成为一名技术熟练、深受领导和同事喜爱的推土机司机时,却再次转行,克服极为不利的因素,想尽办法实现了参军的梦想。

目标引领未来,目标激发潜力。按照职业生涯规划的观点,人要成就什么样的人生,取得多大的成就,常常取决于人是否有明确的目标。这正如一艘航船要确定自己的航向一样。

某大学曾经做了一个非常著名的关于目标对人生影响的跟踪研究。该研究选择了一些智力、学历、生活环境都差不多的年轻人。调查表明，27%的人对于未来没有目标，60%的人目标模糊，10%的人有清晰的短期目标，3%的人则有着很清晰的长期目标。25年后，那些有清晰的长远目标的人，几乎都成了社会各界的顶尖成功人士，他们当中不乏成功创业者、行业领袖、社会精英。那些有清晰的短期目标的人，多数成为各行各业中不可或缺的专业人士，如医生、律师、工程师、高级主管等。那些有较模糊目标的人，几乎都生活在社会的中下层面，他们能安稳地生活与工作，但都没有什么特别的成绩。那些完全无目标的人，则几乎都生活在社会的最底层，他们的生活都过得很不如意，常常失业，穷困潦倒。这些例子都说明了人生目标的重要性。

雷锋成功的重要原因之一，在于他很早就确定了自己的人生目标。用今天的话来说，就是为自己勾勒出了一幅职业生涯发展规划的蓝图。他清楚自己要成为一个怎样的人，清楚要怎样做才能实现自己所确定的目标。在各个人生关键点上，他都以自己的目标为方向做出选择。所以，有些专家认为，雷锋的一生完全是一个自我规划、自我激励和自我价值实现的完美典范。

按照职业规划理论，人确立的目标应当现实而富有挑战性。雷锋给自己确立的目标正符合这个原则。所谓现实，就是说目标一方面要符合个人的能力、兴趣和价值观，另一方面，应当是有益于社会的，为社会所需要的。所谓富有挑战性，就是说目标的实现不应当是轻而易举的，而应当是要经过一番艰苦努力才能达到的。我们看到，雷锋的每个目标都与当时国家和社会的需要密切相连，同时，这些目标又是具有一定挑战性的，一个目标更比一个目标大。只有这样，才能达到激励人生、挖掘潜力的作用。

与雷锋相比，我们很多人特别是很多大学生所缺乏的就是明确的职业目标。很多人从小学到中学、大学，都是在外界压力的驱使下，本能地随着潮流向前走，没有意识到总有一天，我们要离开学校，成为职业人，这些其实都是在为未来进入职场做准备和铺垫。这就是所谓的目标缺失症。缺失目标的人生，就像是缺失舵盘的航船，很容易随波逐流。面对这种情况，不论你是大一新生还是即将走上社会的毕业生，都不妨问一问："我毕业后的第一步应当怎么走？""5年后我要成为什么样的人？10年后我要成为什么样的人？"

【雷锋在实现人生理想的关键时刻，总是积极主动，全力以赴，用真情投入，实现柳暗花明、峰回路转。】

2. 用真情、执着、技巧赢得宝贵机会

1959年12月初，新一年的征兵工作已经开始。此时雷锋虽然在鞍钢才工作了一年零一个月，但已经是一个名气很大的"老模范"了。他在决心书中表达了自己参军的迫切愿望，领导却不同意，好不容易争取到了体检的机会，结果却是体重、身高、跑步样样不合格。在这种"天时、地利、人和"都不具备的形势下，雷锋硬是拿出十头牛都拉不回的劲头，跑了几十里路，来到辽阳市人民武装部向余政委讲述自己的苦难家史和工作经历，

表明他参军的志向和决心。精诚所至,金石为开,雷锋的努力打动了征兵领导,最终如愿以偿。

雷锋就是这样一个人,在实现人生理想的关键环节,总是积极主动,全力以赴,用真情的投入、百折不挠的执着和善抓关键的技巧,让人生柳暗花明、峰回路转。

从择业的角度看,雷锋的求职方式很特别,这让他在众多求职者当中脱颖而出。首先他很真诚,对于自己要争取的机会,总是表现出十二分的热切,"苦难家史＋我的理想"就是一份极具感染力、富有个性的"简历＋求职信",能让人从内心产生强烈的共鸣。其次,雷锋很执着,身边的领导和同事都知道,雷锋下定决心要干的事情,十头牛也拉不回来。为争取参军的机会,往返几十里路程,无论做什么都不厌其烦、不辞辛苦,不达目的决不罢休。其三,雷锋并不是一个只会使蛮劲的人,他很有头脑,善于抓住问题的关键环节。报名参军过程中,他单刀直入,直接找具有决策权力的领导;针对自己身体不合格的问题,他突出强调自己的责任感,突出自己工作中的实际表现,用自己的长处代替了自己的短处。

雷锋这种求职方式,对于今天大学生来说,极具借鉴意义。目前,许多大学生在求职过程中存在如下问题:一是简历的制作程式化、缺乏个性,使用的语言往往是概而论之、笼而统之。简历的作用是什么？首先要打动招聘经理和人力资源经理。所以,一定要深入考虑使用的语言方式、所表达的价值观,是否能让人产生共鸣？是否与希望获得的职位相匹配？二是"核心竞争力"不够突出。不同的岗位要求的素质和能力是不同的。不看对象,以不变应万变,一个版本闯天下,往往事与愿违。三是求职过程中只重视技巧的发挥,缺乏真情的表达。一些业务素质不错的同学在面试中往往过分注重技巧的发挥,殊不知用人单位选拔毕业生看重能力不假,但是更看重求职者的人品、求职动机等非智力因素。四是以为把简历交给工作人员就是万事大吉了,或者毫无目的地在网上海投简历,没有后期有力的跟进。现实告诉我们,那些更加积极主动、对职位具有强烈追求动机的人,更能引起用人单位的注意。

【雷锋的每次择业都获得成功,是因为他看重个人的成长和人生追求的实现,看重对国家和社会的贡献。】

3. 用科学的择业观指导岗位选择

雷锋不停转换岗位的过程,也是他不断选择、决策的过程。为什么雷锋每次择业都获得了成功？这是由雷锋的择业观决定的。

雷锋在农场开拖拉机的时候,每个月可以拿到32元钱;刚到鞍钢做学徒时,每月可以拿到22元钱;参军后,每月可以拿到6元战士津贴。从收入看,雷锋的每次"跳槽"都是在贬值。而在雷锋看来,这并没有什么不值的。刚到鞍钢时,老工人师傅问他为什么要来鞍钢,他说为了"1070"！"1070"就是当年党中央定下的钢铁指标。说到为什么要参军,他说保家卫国,人人有责,能成为一名国防军战士,就是最大的幸福。可见,雷锋每次转换工作都不以"金钱"来衡量,他看重的是自己的追求、目标、成长,是对国家和社会的贡献。

雷锋的择业观在今天也很有启发意义。社会主义市场经济条件下，人们的职业选择更多了。不同的人有不同的择业观、价值观。对于年轻人来说，看重什么、把什么放在择业的首要位置是决策之本。在很多情况下，工资的多少和事业的重要性之间并非一定成正比的。而且，一个职业给人带来的回报除了工资之外，还有归属感、荣誉感、社会地位、成长、休闲等很多方面。对于年轻人来说，能够带来更多锻炼和经验的职业就是好职业，但一些有前途的事业，起薪常常不是很高。现实中的决策难就难在这里。

利益有长远利益和眼前利益、根本利益和毫末利益之分。有眼光的人更注重长远利益和根本利益，注重把眼前利益和长远利益统一起来。为了长远的根本利益，必要的时候需要舍得眼前利益，谋划长远发展。

从长远发展来说，事业是人生的基础。留得青山在，不怕没柴烧。事业发展了，生活也就有基础了。反过来，一个职位，眼前待遇很好，但如果成长空间很小，没有更好的发展机会，将来也许就会一事无成。这就是事业和待遇的辩证法。雷锋很好地处理了这个关系，难怪毛主席看了雷锋日记后会说："此人懂些哲学。"

雷锋曾经说过，人活着要吃饭，但是吃饭不是为了活着。换句话说，职业，不仅仅是为了解决吃饭问题，它更是每个人实现个人价值和为社会作出贡献相统一的主要方式和途径。理解了这一点，就能理解"人的生命是有限的，为人民服务是无限的；我要把有限的生命投入到无限的为人民服务中去"的境界。

壮美的人生总是和挑战联系在一起、和奋斗联系在一起。对于今天的大学生来说，机会在哪里？目标在哪里？看看我们国家全面建设小康社会的伟大事业，看看振兴东北地区规划、中部崛起战略、西部大开发战略、建设社会主义新农村重要政策……或许会对我们的选择有所启发。

第二篇

乐观、感恩、负责——像雷锋那样工作

——摘自《中国教育报》2008年3月5日第7版"实况评论",有删改
作者:祁金利、吴红梅

　　一位教育家说,干什么都能干得很好的人,才是真正有素质的人。从农村合作社到县委机关、工厂、部队,雷锋的每一个职业环境差别都很大,但他对每一个环境都能够很快适应,干什么都干得很好,其原因不能不归结为他出色的个人素质。

　　雷锋是一个乐观向上的人。他热爱生活,作为一个年轻人也喜欢时尚。他有当时很少见的瑞士手表、漂亮的皮夹克、潇洒的发型;雷锋爱笑,真诚的笑容总是出现在他的生活中;雷锋爱美,短暂的一生留下了不少好照片。无论走到哪里,他都是一个人见人爱的年轻人。雷锋的乐观,不仅仅是在顺利的时候;遇到不顺利的事情,他也能冷静对待。他也曾被人误解批评甚至穿过"小鞋",但他总是从工作出发,不记恨,不消沉,将完成工作放在首位,很快就能调整好状态。他的这种品质感染着身边的每一个人。

　　现实生活中,人们总是比较喜欢乐观向上的人、有着阳光心态的人。心态阳光的人并非没有烦恼,也会遇到被人误解、与人冲突的时候,但他懂得,同事之间最珍贵的是真诚和友谊,如果遇到这样那样的麻烦,要沟通、要宽容,批评对事不对人,给对方留下时间和空间。常言说,浇树要浇根,交人要交心,你对别人这样,多数人也会这样对待你。赠人玫瑰,手有余香。你阳光了,你的世界里就会有更多的阳光,你的机会也会更多。

雷锋有着感恩的心态。他的感恩不仅表现在对领袖、对国家、对社会的由衷热爱和拥护，也体现在对身边领导、师父、同事、群众发自内心的感激和认同，他总是感到大家对自己的帮助和支持太多太多，而自己为他们做得又太少太少。因为觉得自己做得太少，因而总有用不完的劲为大家服务；因为觉得自己做得太少，因而对自己的获得就很满足，当听说人民受灾，他就毫不犹豫地拿出自己的"巨额存款"捐献出去。

有些人总是觉得自己付出太多，抱怨同事不理解，领导不理解，不加分析地把坏情绪带入工作和交往中，结果往往形成恶性循环。其实，在职场上，人们总是欣赏那些有感恩心态的人，越是具有感恩心态的人，越容易和大家相处，也越容易得到更多的关怀。有感恩心态的人，幸福指数会很高。有感恩心态的人，往往是乐于奉献的人。这看上去有点"傻"，却是真正的智慧。

雷锋有着很强的责任心。他走到哪里就把哪里当作自己的家。遇到需要奉献的时刻，总是首当其冲；遇到荣誉，又总觉得工作都是自己应该做的。

不同的单位具有不同的文化，但是没有一个单位喜欢索取多而奉献少的人、干事少而牢骚多的人、照顾别人少而要求别人照顾多的人、能同甘不能共苦的人。主人翁心态是具有责任感的心态，拥有这种心态的人能够忠诚于自己的单位，尊重领导，热爱工作，关心同事，时时处处考虑单位的利益，考虑同事的利益，遇到失误多补台，做了好事不留名，困难面前不退缩，荣誉面前不争功。主人翁的心态是奉献的心态，没有太多个人的斤斤计较，有的只是踏踏实实、任劳任怨。

雷锋的成功证明了有作为才能有地位，有贡献才能有发展。一个人要想在职场中受到重视，提升自己的地位，等不来，靠不来，要不来，只能靠自身过硬的素质和对单位的贡献。当我们进入单位时，首先要问一问自己：我能够为单位的主流工作做什么贡献？我是否能为单位中绝大多数人的最急迫的需要做点什么？一个单位总是最青睐那些对组织和群体有着积极贡献的人。从长远来说，为单位、为他人付出越多的人，得到的承认就越多。

评说：雷锋可以说是经典职业生涯规划理论的奠基人，他的一生完全是一个自我规划、自我激励和自我价值实现的完美典范。

附录三 雷锋生平

1940年12月18日：雷锋（原名雷正兴）出生在湖南省长沙市望城区安庆乡（现雷锋镇）简家塘一户贫苦农民家里，这一年是农历庚辰年，父母给他取乳名叫"庚伢子"。

1947年秋：父亲雷明亮、哥哥雷正德、母亲张元满相继悲惨死去，年仅7岁的雷锋成了孤儿。

1949年8月：雷锋家乡解放，安庆乡人民政府成立，雷锋担任了儿童团大队长。

1950年年初：土地改革开始，雷锋分得3.6亩耕地，还有一些生活用品，如床、蚊帐、锅、箱子等。

1950年夏：入学，在刘家祠堂小学读书。

1954年夏：考入清水塘完小，加入少先队，入选中队委员。

1955年：转入荷叶坝小学。这年春天，在农业合作化高潮中，雷锋把土改中分得的3.6亩田全部入了社。

1956年7月15日：从荷叶坝小学毕业。

1956年7月~9月：雷锋在生产队当了近3个月秋征助理员，负责征收公粮工作。

1956年9月：在安庆乡政府当通讯员。

1956年11月17日：到望城县委当公务员。

1957年2月8日：光荣加入中国新民主主义青年团，同时被评为县委机关工作模范。

1957年夏：担任望城县治沩工程指挥部通讯员。治沩工程结束，被评为治沩模范。

1958年春：响应望城县团委提出的捐献一台拖拉机的号召，雷锋捐款20元，成为全县青少年中捐款最多的一个，县委决定派雷锋学开拖拉机。

1958年3月16日：在《望城报》发表第一篇文章《我学会开拖拉机了》。

1958年秋：到韶山瞻仰毛主席故居。

1958年10月：由原名雷正兴改为雷锋。

1958年11月15日：到鞍山钢铁厂参加社会主义建设，被分配在鞍钢化工总厂洗煤车间当推土机手，不久，出席鞍山市青年社会主义建设积极分子代表大会。

1959年8月20日：到鞍钢弓长岭矿山参加新建焦化厂工作。

1958年10月~1960年1月：在鞍钢一年零两个多月时间里，3次被评为先进工作者，5次被评为红旗手，18次被评为标兵，荣获青年社会主义建设积极分子称号。

1959年12月9日：弓长岭《矿报》发表雷锋《我决心应召》的申请书，表达了雷锋积极要求参军的坚定决心。

1960年1月2日：新兵换装集中待发，雷锋因无政审表，难以获批入伍。辽阳市兵役局余新元政委送雷锋到新兵大队。

1960年1月7日：当晚，接兵参谋戴明章通过长途电话向工兵团团长吴海山请示"雷锋虽无政审表，可是个优秀青年，能否先带到部队"，经同意，在登车出发前8小时，雷锋终于穿上新军装。

1960年1月8日：雷锋入伍第一天，来到营口新兵连。当天下午，作为新兵代表在全国欢迎新战友大会上发言。

1960年3月：新兵连训练结束，雷锋被分配到运输连当驾驶员，下连不久，又被抽调参加团里战士业余演出队。

1960年4月：从团里战士业余演出队回到运输连。一个月后，雷锋成为新兵中一名合格的汽车驾驶员，第一个下到战斗班。

1960年8月：参加上寺水库抢险救灾，带病连续奋战7天7夜，表现突出，团党委为雷锋记二等功一次。

1960年8月：把平时节约下来的200元钱分别拿去支援抚顺市望花区人民公社和辽阳水灾区，受到部队表彰，团党委决定树立雷锋为"节约标兵"。

1960年11月8日：运输连支部党员大会通过雷锋的入党申请。

1960年11月9日：工兵团党委在党委书记、政委韩万金主持下，在原沈阳军区（现北部战区）招待所临时召开党委扩大会议，批准雷锋为中国共产党党员。

1960年11月23日：原沈阳军区（现北部战区）工程兵党委做出授予雷锋"模范共青团员"称号决定。

1960年11月27日：雷锋荣立二等功，作为立功代表在全团授奖大会上发言，团长吴海山、政委韩万金分别向雷锋颁发二等功奖状和"模范共青团员"奖状。此后，雷锋又荣立过三等功一次，受团、营嘉奖多次。

1960年12月1日：雷锋从1959年8月30日至1960年11月15日的15篇日记在原沈阳军区（现北部战区）《前进报》首次发表。

1960年12月：雷锋在《前进报》发表署名文章《新中国成立后我有了家，我的母亲就是党》。

1961年2月3日：应邀到海城驻军做忆苦思甜报告，与全国战斗英雄郅顺义（董存瑞战友）亲切交谈。

1961年5月：雷锋作为全团候选人，被选为辽宁省抚顺市第四届人民代表大会代表。

1961年5月14日：雷锋被提升为副班长。

1961年7月27日：接到抚顺市人民委员会通知书，7月31日至8月3日出席抚顺市第四届人民代表大会第一次会议。

1961年8月：雷锋被提升为运输连四班班长。

1962年1月27日：雷锋被批准晋为中士军衔。

1962年春节：雷锋在《前进报》发表《62年春节写给青年同志们的一封信》。在此前后，雷锋又在《前进报》发表了《在毛主席的哺育下成长》《我是怎样从一个苦孩子成长为毛主席的好战士的》《做毛主席的好战士》等文章。

1962年2月14日：雷锋被选为党代会代表，出席中国共产党工程兵十团代表大会。

1962年2月19日:雷锋以特邀代表身份,出席原沈阳军区(现北部战区)首届共产主义青年团代表会议,并被选为主席团成员,在大会上发言。

1962年5月:雷锋被共青团抚顺市委评为抚顺市优秀校外辅导员。

1962年8月15日:上午8时,雷锋与战友乔安山在准备洗车时,雷锋下车指挥倒车,车轮打滑,碰倒了一根晾衣服的木杆;这根木杆打到了雷锋左太阳穴上,雷锋当即昏死过去,经抚顺市望花区西郊职工医院抢救无效,于12时5分不幸逝世,年仅22岁。

参考文献

一、著作类

[1] 罗慧玲,李吉珊,彭赛红.做雷锋式职业人行动手册[M].长沙:国防科技大学出版社,2014.

[2] 罗慧玲,李吉珊,黄锦玲.高职成功素质训练教程[M].长沙:湖南人民出版社,2015.

[3] 克瑙斯.终结拖延症[M].陶婧,译.北京:机械工业出版社,2015.

[4] 李尚隆.胜在习惯:建立个人系统的21个关键[M].北京:东方出版社,2009.

[5] 杨敏毅,鞠瑞利.学校团体心理游戏教程与案例[M].上海:上海科学普及出版社,2006.

[6] 阳志平,彭华军.积极心理学团体活动课操作指南[M].2版.北京:机械工业出版社,2016.

[7] 田国秀.团体心理游戏实用解析[M].北京:学苑出版社,2010.

[8] 刘合群.职业教育学[M].广州:广东高等教育出版社,2004.

[9] 汪达,张惠丽.就业指导与实践[M].北京:科学出版社,2009.

[10] 何山.敬业就是敬自己[M].北京:中国长安出版社,2015.

[11] 小刀.受益一生的60个心理学实验[M].北京:中国纺织出版社,2014.

[12] 汪中求.细节决定成败[M].北京:新华出版社,2004.

[13] 田雷.善待工作就是善待自己·全新升级版[M].北京:石油工业出版社,2015.

[14] 李仙,李践.效率教练[M].北京:电子工业出版社,2015.

[15] 吴卫刚,刘少恒.企画人生[M].北京:中国纺织出版社,2002.

[16] 余世维.管理者情商[M].北京:北京大学出版社,2005.

[17] 宿奕铭.自控力和自控术[M].北京:中国华侨出版社,2013.

[18] 李嘉曾.创造学与创造力开发训练(修订版)[M].南京:江苏人民出版社,2002.

[19] 卞华,罗伟涛.创造性思维的原理与方法[M].长沙:国防科技大学出版社,2001.

[20] 王玉强.智慧背囊[M].海口:南方出版社,2005.

[21] 国际劳工组织北京局.创办你的企业:创业计划培训册[M].北京:中国劳动社会保障出版社,2003.

[22] 德群,胡宝林.感谢折磨你的人大全集[M].北京:中国华侨出版社,2011.

［23］ 王娅.小故事大道理［M］.长春：吉林大学出版社，2011.

二、学位论文及期刊类

［1］ 邢伟.大学生创业能力素质评价研究［D］.长春：吉林大学，2011.

［2］ 于国庆.大学生自我控制研究［D］.上海：华东师范大学，2004.

［3］ 周男.大学生创业素质问题研究［D］.长春：长春理工大学，2013.

［4］ 朗绍.自制力与犯罪机会［J］.胡怡真，译.铁道部郑州公安管理干部学院学报，1999(3).

［5］ 但菲.儿童自我控制能力研究综述［J］.沈阳师范学院学报(社会科学版)，2001(1).

［6］ 杨红梅.学习拖延行为及其教育干预［J］.现代教育科学，2007(10).

［7］ 宋辉，杨丽珠.儿童自我控制发展研究综述［J］.辽宁师范大学学报(社会科学版)，1999(6).

［8］ 杭国英，平若媛，龙阳.论高职院校学生创新能力的培养［J］.教育研究，2008(10).

［9］ 莫俊峰.浅析高职院校学生创新能力现状及培养途径［J］.北京教育(德育)，2011(9).

［10］ 谢敏.高职学生创新能力培养的研究与探索［J］.高等职业教育(天津职业大学学报)，2007(1).

［11］ 武学成，王虹.高职教育应重视学生创新能力的培养［J］.辽宁高职学报，2007(7).

［12］ 杨启霞，韩吉衢，常显波.大学生创新实践能力现状、成因及对策措施分析［J］.吉林省教育学院学报，2011(9).

［13］ 吴忠宁，汪保安.全国大学生创业意识的调查和研究［J］.教育与职业，2009(17).

［14］ 沈晓敏.大学生创业能力现状调查与研究——以在杭高职院校大学生为例［J］.中国成人教育，2010(3).

［15］ 黄敬宝.安徽高职生创业状况调查分析［J］.职业技术教育，2012(23).

［16］ 杨清虎."家国情怀"的内涵与现代价值［J］.兵团党校学报，2016,(3)：60-66.

［17］ 朱瑶瑶.新时代大学生家国情怀的培养路径研究［D］.南京：南京信息工程大学，2023.

［18］ 李永枫.新时代大学生恋爱观存在问题及其引导研究［D］.桂林：广西师范大学，2023.

［19］ 辛雅丽.大学生亲情孝道现状及其教育对策研究［J］.现代职业教育，2020(23)：20-21.

郑重声明

高等教育出版社依法对本书享有专有出版权。任何未经许可的复制、销售行为均违反《中华人民共和国著作权法》,其行为人将承担相应的民事责任和行政责任;构成犯罪的,将被依法追究刑事责任。为了维护市场秩序,保护读者的合法权益,避免读者误用盗版书造成不良后果,我社将配合行政执法部门和司法机关对违法犯罪的单位和个人进行严厉打击。社会各界人士如发现上述侵权行为,希望及时举报,我社将奖励举报有功人员。

反盗版举报电话　(010)58581999　58582371
反盗版举报邮箱　dd@hep.com.cn
通信地址　北京市西城区德外大街4号
　　　　　高等教育出版社知识产权与法律事务部
邮政编码　100120

读者意见反馈

为收集对教材的意见建议,进一步完善教材编写并做好服务工作,读者可将对本教材的意见建议通过如下渠道反馈至我社。

咨询电话　400-810-0598
反馈邮箱　gjdzfwb@pub.hep.cn
通信地址　北京市朝阳区惠新东街4号富盛大厦1座
　　　　　高等教育出版社总编辑办公室
邮政编码　100029

资源服务提示

授课教师如需获得本书配套教学资源,请登录"高等教育出版社产品信息检索系统"(http://xuanshu.hep.com.cn/)搜索本书并下载资源,首次使用本系统的用户,请先注册并进行教师资格认证。